本书为国家社会科学基金项目"蒙古语族民族（东乡族、保安族、裕固族、土族、达斡尔族）文化变迁与构建和谐社会研究"（项目编号：06BSH045）研究成果

蒙古语族民族文化变迁与构建和谐社会研究

文化 著

MENGGUYUZU MINZUWENHUA BIANQIAN YU
GOUJIAN HEXIESHEHUI YANJIU

中国社会科学出版社

图书在版编目（CIP）数据

蒙古语族民族文化变迁与构建和谐社会研究／文化著 . —北京：
中国社会科学出版社，2014.10
ISBN 978 - 7 - 5161 - 5193 - 8

Ⅰ.①蒙…　Ⅱ.①文…　Ⅲ.①蒙古语族—民族文化—研究—
中国　Ⅳ.①K281.2

中国版本图书馆 CIP 数据核字（2014）第 289639 号

出 版 人	赵剑英	
选题策划	田　文	
责任编辑	徐　申	
责任校对	石春梅	
责任印制	王　超	

出　　版	中国社会科学出版社	
社　　址	北京鼓楼西大街甲 158 号（邮编 100720）	
网　　址	http://www.csspw.cn	
	中文域名:中国社科网　　010 - 64070619	
发 行 部	010 - 84083685	
门 市 部	010 - 84029450	
经　　销	新华书店及其他书店	

印　　装	北京君升印刷有限公司	
版　　次	2014 年 10 月第 1 版	
印　　次	2014 年 10 月第 1 次印刷	

开　　本	710×1000　1/16	
印　　张	19.75	
插　　页	2	
字　　数	334 千字	
定　　价	59.00 元	

凡购买中国社会科学出版社图书,如有质量问题请与本社联系调换
电话:010 - 84083683

目　录

绪论 ……………………………………………………… （1）

一　问题的提出 ………………………………………… （1）

二　研究目的与研究意义 ……………………………… （3）

（一）研究的目的 ……………………………………… （3）

（二）研究的意义 ……………………………………… （4）

三　学术界相关研究综述 ……………………………… （5）

（一）社会文化变迁研究的理论回顾 ………………… （5）

（二）蒙古语族民族研究状况 ………………………… （9）

（三）简要的评述 ……………………………………… （34）

四　本研究的理论依据 ………………………………… （36）

（一）族群边界理论 …………………………………… （36）

（二）集体记忆理论 …………………………………… （37）

（三）族群关系的理论 ………………………………… （38）

五　研究的内容与研究方法 …………………………… （39）

（一）研究的内容 ……………………………………… （39）

（二）研究方法 ………………………………………… （43）

上　编

第一章　东乡族文化变迁研究 ………………………… （47）

一　文化记忆与民族迁徙 ……………………………… （47）

（一）文化记忆：族源话语与民间口碑的叙述 ……… （47）

（二）迁徙：拓展的族群关系 ………………………… （51）

二 社会组织的演变 ……………………………………… (52)
（一）社会行政管理组织的演变 ……………………… (52)
（二）家庭结构与家庭关系的变化 …………………… (53)
（三）门宦的形成：群体的自我表达与分化 ………… (54)
三 经济生产方式的多样化发展 ………………………… (54)
（一）多种经济经营 …………………………………… (54)
（二）养羊业：生存中的文化创新 …………………… (56)
四 文化的重构与认同 …………………………………… (57)
（一）语言 ……………………………………………… (57)
（二）仪式与庆典 ……………………………………… (59)

第二章 保安族文化变迁研究 …………………………… (62)
一 文化记忆和民族迁徙 ………………………………… (62)
（一）文化记忆：族源话语与民间口碑的叙述 ……… (62)
（二）同仁"四寨子"至大河家"保安三庄"：移民拓展的
族群关系 …………………………………………… (65)
二 社会组织的演变 ……………………………………… (67)
（一）社会组织与家庭结构 …………………………… (67)
（二）门宦的形成：群体的自我表达与分化 ………… (68)
三 经济生产的演变 ……………………………………… (69)
（一）单一至多种经济经营 …………………………… (69)
（二）手工业的变化与保安腰刀：生存中的文化创新 ………… (72)
四 文化的重构与认同 …………………………………… (74)
（一）族际交往的书写：多种语言并存 ……………… (74)
（二）仪式与庆典 ……………………………………… (75)

第三章 裕固族文化变迁研究 …………………………… (77)
一 文化记忆与民族迁徙 ………………………………… (77)
（一）文化记忆：族源话语与民间口碑的叙述 ……… (77)
（二）移民：拓展的族群关系 ………………………… (79)
二 社会组织的形成、裂变与重构 ……………………… (80)
（一）"七族"及其特点 ……………………………… (80)

（二）"七族"的裂变及民族区域自治的建立 …………………（81）

三　经济生产与生活方式的变化 …………………………………（82）

（一）牧业经济的发展与生活方式的变化 …………………（82）

（二）养鹿：生存中的文化创新 ……………………………（84）

四　文化的重构与认同 ……………………………………………（84）

（一）语言 ……………………………………………………（84）

（二）仪式与庆典 ……………………………………………（85）

第四章　土族文化变迁研究 …………………………………………（88）

一　文化记忆与民族迁徙 …………………………………………（88）

（一）文化记忆：族源话语与民间口碑的叙述 ……………（88）

（二）迁徙：拓展的族群关系 ………………………………（91）

二　社会组织的形成、裂变与重构 ………………………………（93）

（一）"古列延"与"阿寅勒"、"亦马克"、"鲁思"、"库都"

及土族姓氏 ……………………………………………（93）

（二）土司管辖系统的延续与削弱 …………………………（95）

（三）宗教寺院的管辖 ………………………………………（96）

（四）保甲制度的废除 ………………………………………（97）

三　经济生产的变化 ………………………………………………（98）

（一）经济的发展脉络 ………………………………………（98）

（二）酿酒工艺、民间刺绣技艺：生存中的文化创新 ……（99）

四　文化的重构与认同 ……………………………………………（100）

（一）语言 ……………………………………………………（100）

（二）仪式与庆典 ……………………………………………（102）

第五章　达斡尔族文化变迁研究 ……………………………………（106）

一　文化记忆与民族迁徙 …………………………………………（106）

（一）文化记忆：族源话语与民间口碑的叙述 ……………（106）

（二）迁徙：拓展的族群关系 ………………………………（114）

二　社会组织的形成、裂变与重构 ………………………………（117）

（一）以"哈拉"与"莫昆"为中心的宗法制度 ……………（117）

（二）归附清朝：八旗服役、索伦总管 ……………………（121）

三 社会阶层结构的嬗变 …………………………………… (124)

　　（一）政治地位的变化 ………………………………… (124)

　　（二）经济地位的变化 ………………………………… (126)

　　（三）民族：身份标志到权益标志的转换 …………… (128)

四 经济生产与生活方式的变迁 ………………………… (129)

　　（一）早期渔业生产活动 ……………………………… (130)

　　（二）狩猎生产活动 …………………………………… (132)

　　（三）农耕发达，多种经营兼顾 ……………………… (134)

　　（四）生存中的文化创新：大轮车制造业与手工业、放排、

　　　　　烧炭业 ………………………………………… (135)

　　（五）农业经济一元化 ………………………………… (137)

　　（六）生活方式的变化 ………………………………… (138)

五 文化的重构与认同 …………………………………… (140)

　　（一）语言 ……………………………………………… (140)

　　（二）仪式与庆典 ……………………………………… (143)

小结 ………………………………………………………… (149)

下　编

第六章 东乡族实地调研 ………………………………… (153)

一 样本的状况 …………………………………………… (153)

　　（一）年龄 ……………………………………………… (153)

　　（二）性别 ……………………………………………… (154)

　　（三）职业 ……………………………………………… (154)

二 居住格局 ……………………………………………… (155)

　　（一）村庄 ……………………………………………… (155)

　　（二）村庄史 …………………………………………… (156)

　　（三）村民身份 ………………………………………… (158)

三 民族认同与族际交往 ………………………………… (159)

　　（一）族源记忆与民族认同 …………………………… (159)

　　（二）族际交往 ………………………………………… (161)

四 生产方式与生活方式 ………………………………… (173)

（一）生产方式与变化 ……………………………………（173）

（二）家庭结构 …………………………………………（178）

（三）收入与支出 ………………………………………（178）

（四）使用电器情况 ……………………………………（180）

五　文化与宗教 …………………………………………（182）

（一）语言的使用情况 …………………………………（182）

（二）受教育程度与受教育地点 ………………………（182）

（三）民族文化特点的认同 ……………………………（184）

（四）宗教信仰 …………………………………………（187）

第七章　保安族实地调研 ………………………………（188）

一　样本状况 ……………………………………………（188）

（一）年龄 ………………………………………………（188）

（二）性别 ………………………………………………（188）

（三）职业 ………………………………………………（189）

二　居住格局 ……………………………………………（189）

（一）村庄 ………………………………………………（189）

（二）村庄史 ……………………………………………（190）

（三）身份的认定 ………………………………………（191）

三　民族认同与族际交往 ………………………………（192）

（一）族源记忆与民族认同 ……………………………（192）

（二）族际交往 …………………………………………（194）

四　生产方式与生活方式 ………………………………（204）

（一）生产方式与变化 …………………………………（204）

（二）家庭结构 …………………………………………（209）

（三）收入与支出 ………………………………………（210）

（四）使用电器情况 ……………………………………（212）

五　文化与宗教 …………………………………………（214）

（一）语言的使用情况 …………………………………（214）

（二）受教育程度与受教育地点 ………………………（214）

（三）民族文化特点的认同 ……………………………（216）

（四）宗教信仰 …………………………………………（218）

第八章　裕固族实地调研 ……………………………………（219）

　　一　样本的状况 ………………………………………………（219）

　　　（一）年龄 …………………………………………………（219）

　　　（二）性别 …………………………………………………（220）

　　　（三）职业 …………………………………………………（220）

　　二　居住格局 …………………………………………………（221）

　　　（一）村庄 …………………………………………………（221）

　　　（二）村庄史 ………………………………………………（222）

　　　（三）村民身份 ……………………………………………（223）

　　三　民族认同与族际交往 ……………………………………（224）

　　　（一）族源记忆与民族认同 ………………………………（224）

　　　（二）族际交往 ……………………………………………（227）

　　　（三）民族交往 ……………………………………………（229）

　　四　生产方式与生活方式 ……………………………………（230）

　　　（一）生产方式 ……………………………………………（230）

　　　（二）家庭结构 ……………………………………………（230）

　　　（三）消费状况 ……………………………………………（231）

　　　（四）使用电器情况 ………………………………………（232）

　　五　文化与宗教 ………………………………………………（232）

　　　（一）语言的使用情况 ……………………………………（232）

　　　（二）受教育程度 …………………………………………（233）

　　　（三）民族文化特点的认同 ………………………………（233）

　　　（四）宗教信仰 ……………………………………………（237）

第九章　土族实地调研 ………………………………………（238）

　　一　样本的情况 ………………………………………………（238）

　　　（一）年龄 …………………………………………………（238）

　　　（二）性别 …………………………………………………（238）

　　　（三）职业 …………………………………………………（239）

　　二　居住格局 …………………………………………………（240）

　　　（一）村庄 …………………………………………………（240）

（二）村庄史 ………………………………………………（240）

三　民族认同与族际交往 …………………………………（241）

（一）族源记忆与民族认同 ………………………………（241）

（二）族际交往 ……………………………………………（244）

四　生产方式与生活方式 …………………………………（246）

（一）生产方式 ……………………………………………（246）

（二）家庭结构 ……………………………………………（247）

（三）消费 …………………………………………………（248）

（四）电器的使用情况 ……………………………………（248）

五　文化与宗教 ……………………………………………（249）

（一）语言的使用情况 ……………………………………（249）

（二）受教育程度 …………………………………………（250）

（三）土族文化特点的认同 ………………………………（250）

（四）宗教信仰 ……………………………………………（251）

第十章　达斡尔族实地调研 ………………………………（253）

一　样本状况 ………………………………………………（253）

（一）年龄 …………………………………………………（253）

（二）性别 …………………………………………………（253）

（三）职业 …………………………………………………（254）

二　居住格局 ………………………………………………（255）

（一）村庄 …………………………………………………（255）

（二）村庄史 ………………………………………………（256）

（三）村民身份 ……………………………………………（257）

三　民族认同与族际交往 …………………………………（258）

（一）族源记忆与民族认同 ………………………………（258）

（二）族际交往 ……………………………………………（262）

四　生产方式与生活方式 …………………………………（268）

（一）生产方式 ……………………………………………（268）

（二）家庭结构 ……………………………………………（270）

（三）收入与支出 …………………………………………（270）

（四）电器的使用情况 ……………………………………（272）

　　五　文化与教育 …………………………………………（274）
　　　　（一）语言的使用情况 ………………………………（274）
　　　　（二）受教育程度与使用情况 ………………………（274）
　　　　（三）民族文化特点的认同 …………………………（275）
　　　　（四）宗教信仰 ………………………………………（275）
　　小结 ………………………………………………………（276）

结语 ………………………………………………………（278）
　　一　族际互动与文化交融,孕育了蒙古语族各民族本体
　　　　文化形态 …………………………………………（278）
　　二　主体文化的凝聚力与边缘文化的向心力"两种文化力"的合力,
　　　　推动了蒙古语族各民族文化上的再创造与文化变迁 ………（280）
　　　　（一）经济与商业贸易文化的变迁 …………………（280）
　　　　（二）宗教文化的变迁 ………………………………（282）
　　　　（三）语言文化的变迁 ………………………………（283）
　　三　蒙古语族各民族文化变迁对构建和谐社会引发的启迪 ……（285）
　　　　（一）在构建和谐社会过程中,应关注民族地区的民族间族际
　　　　　　共生关系 ……………………………………（286）
　　　　（二）在构建和谐社会过程中,应关注民族地区的民族间文化
　　　　　　共享的问题 ……………………………………（290）
　　　　（三）在构建和谐社会过程中,应关注在民族地区推动文化
　　　　　　创新 ……………………………………………（293）

参考文献 …………………………………………………（296）

绪　论

一　问题的提出

　　沿着甘肃和青海的边界上聚居着一连串人数较少的民族。如，保安族、东乡族、土族、裕固族（其中的东部裕固人）等。学术界称这些民族为"甘青特有民族"，从语言学的角度，这些民族的语言属于阿尔泰语系蒙古语族语言，故被称为"蒙古语族民族"。

　　为什么这些人口较少的民族聚居在甘肃、青海边界的细长地带呢？

　　费孝通教授在其1985年、1987年发表的《甘南篇》《临夏行》两篇文章中认为，"紧接青藏高原的这一线黄土地区出现了一条成分复杂、犬牙交错的民族地带，不妨称为陇西走廊。在现有的分省地图上，这条走廊沿着甘青两省边界，北起祁连山，南下四川，接上横断山脉的六江流域，民族成分颇多。从经济上看，这个走廊正处在青藏牧业和内地农业地区之间的夹缝里。从民族角度来说，正是在藏族与汉族之间。13世纪蒙古军队西征中亚回师所带来的'探马赤军'签发东来，称'回回'。其中重要的一部分在甘肃河洲一带'屯聚牧养'定居下来，后即和早来的番客混合，并不断吸收汉人，形成这一带的回族。在回族前后转入黄河两岸的还有驻扎在这军事要地的蒙古军队和其他中亚移民集团。他们的后裔形成了目前居住在这个地区的一些小民族。土族就是蒙古军队和曾经统治过这地方的吐谷浑的后裔霍尔人相混杂而成，至今说蒙古语。东乡族和保安族都是信仰了伊斯兰教的蒙古人的后裔，说蒙古语"。① 在其《甘肃行》一文

---

①　费孝通：《费孝通论西部开发与区域经济》，群言出版社2000年版。

中提到居住在甘肃省河西走廊①的裕固族的历史文化与风土人情。费孝通教授从"甘青特有民族"的生存空间、汉文化与藏文化的融合性特征，以及这些民族自身经济生产上的适应性特点角度，阐释了汉文化边缘地带地区衍生聚居的少数民族及其相互间的共生关系。

1988 年费孝通教授提出"中华民族多元一体格局"理论，推动了中华民族文化格局的整体研究的进展。他高瞻远瞩地指出，"中华民族是高一层次认同的民族实体和统一体，其中存在着多层次的多元格局；中华民族作为一个自在的民族实体则是几千年的历史过程中所形成的，但作为一个自觉的、休戚与共的民族实体是在近百年来共同抵御西方列强的侵略中形成的；中华民族的凝聚力在形式上主要表现在对中原地区和中央政府的向心力；中国几千年来民族融合的历史，也就是中华民族多元一体格局形成的历史，许多孤立分散存在的民族单位，经过接触、混杂、纷争和融合，同时也有分裂和消亡，形成了一个你中有我、我中有你，而又各具个性的多元统一体"。② 许多学者将这个理论分析框架和方法，运用于学术研究中，在社会学、民族学、民族史等领域产生了不少重要的学术研究成果。笔者也深受该理论方法的启示，试图探讨这样的问题——沿着甘青两省边界聚居在"陇西走廊"、"河西走廊"的保安族、东乡族、土族、裕固族中的东部裕固人，还有与这些民族相距遥远聚居在东北地区的达斡尔族民族的语言为何与蒙古语有许多相似之处？蒙古文化与这些民族间的文化关联是怎样的呢？更广泛地讲，蒙古语族民族的文化变迁过程与特点，体现了怎样的民族间共生的关系呢？笔者基于这种思考，从文化社会学、民族社会学角度，具体考察蒙古语族各民族文化变迁的过程，归纳分析蒙古语族各民族的文化变迁的特点，以期对以上费孝通教授之说：中华民族多元一体格局，以及民族间你中有我、我中有你的和谐共生关系进一步加深认识与理解，并以此探究各民族文化变迁与构建和谐社会之间的关联问题。

---

① 河西走廊是指黄河以西夹在内蒙古腾格里沙漠和甘青分界线上祁连山中间的一块狭长地带。

② 费孝通等：《中华民族多元一体格局》，中央民族学院出版社 1989 年版。

二　研究目的与研究意义

（一）研究的目的

按照民族语言学分类法，我国现有的 56 个民族的语言分属五个语系，即汉藏语系、阿尔泰语系、南亚语系、马来—波利尼西亚语系（又称南岛语系）和印欧语系。这些民族的分布格局基本上客观地反映了中国各民族语言乃至文化上的接近程度，可以作为民族研究者认识中国民族族源、族际关系和中华各民族历史发展的重要参考依据。蒙古语族民族，是指使用阿尔泰语系蒙古语族语言的民族。在国内使用蒙古语族语言的民族有六个：蒙古族、达斡尔族、东乡族、保安族、土族和裕固族中的东部裕固人。他们主要聚居于黑龙江、内蒙古、甘肃、青海、新疆等省、自治区。[①] 在广义的文化定义下，语言是一种历史文化现象。语言与民族关系密切，在民族的诸特征中，语言的变化是缓慢的，常常蕴含着民族间的交往印记和文化变迁的轨迹。蒙古语族民族即为一个具体的例子。从蒙古语族各民族的文化上的多元性特征形成的过程来看，不仅具有多民族统一体的多层次性文化特点，而且体现了中华各民族多种文化现象和睦共处、相互依存、互相包容的历史传统。在蒙古语族各民族东乡族、保安族、裕固族中的东部裕固人、土族、达斡尔族的形成过程中，或多或少地受到了蒙古族人及其文化的影响，这种影响明显体现在了语言特征及文化的某些特点上。

本课题研究的目的，不是对这些民族的族源和形成过程进行考证与细致描述，更不是阐述上述民族的族源、构成中哪一个族体成分占据主体位置的一元论观点，而是结合学术界已有的研究成果和实地调查研究资料，试图比较系统地从一个历史民族区域，尤其是在文化上密切关联的蒙古语族这样一个整体分析框架内，从其文化特征的形成的实际出发，对其社会文化变迁特点进行归纳研究，探讨怎样使这种多层次性文化间协调发展；怎样促进各民族多元文化因素在中华民族发展中发挥交融、向心变迁的积极作用等问题，观察并获得多元文化的发展规律、特征以及如何引导民族文化变迁态势方面的信息，对构建和谐社会，提供具有积极的现实意义和

---

① 　林耀华主编：《民族学通论》，中央民族大学出版社 1997 年版。

学术价值的参考资料。

(二) 研究的意义

1. 揭示蒙古语族诸民族间文化上相互借鉴、相互补充的文化关系的历史由来与特点，有助于深刻理解中华民族多元一体格局中各民族间你中有我、我中有你的共生关系

无论是整体中华民族文化的研究，还是一个历史区域内的民族文化研究，抑或某一具体民族文化变迁的研究，实际上都是一个动态的文化过程的研究。它必然深刻地反映着中华民族多元一体的传统文化与各民族之间的文化关系，以及各民族之间的文化关系、少数民族与主体文化汉文化之间的关系。中华各民族在历史发展和民族间融合过程中杂居相处，在交流与互动过程中逐渐形成了"一个你去我来，我来你去，我中有你，你中有我，而又各具个性的"中华民族多元一体格局。要研究这样的多层次多元一体格局和民族间的文化关系，应从时间上和空间上来系统地研究分析文化发展的历史过程，从社会系统入手研究它们的民族性及群体属性。任何文化都必须适合民族与社会发展的需要，任何文化都需要从时间上和空间上对其生存发展的轨迹给予关注，否则就会导致发生社会冲突。在世界各地并不缺乏因文化原因而引起的国家与国家、地域与地域、民族与民族之间的冲突而引发的强烈的社会动荡。我们研究文化的目的是为了有利于社会。在我们这个多民族国家中不同文化在其衍生的特殊时空中，因迥异的文化特质、发展轨迹与模式而形成了独具特色的民族文化和区域文化，尤其是这些独特的文化之间存在着历史的内在关联与现实的共生关系。因而，对这一事实的关注与深刻认识将有利于正确理解与处理好多民族国家中多元文化并存的事实，进一步巩固和完善我国各民族间的共生关系，探索中华各民族的共同繁荣的一些途径。本课题研究，通过实地考察可以获得第一手资料，丰富、加深这一领域的研究。同时，无论是历史上的还是现状的蒙古语族各民族研究，都是蒙古学研究与中国西北民族研究的主要内容。通过蒙古语族各民族社会文化变迁的研究，可以观察到蒙古语族各民族间的互动、共生协调的发展关系，由此探讨多民族国家的民族多元文化并存与构建和谐社会的特征、规律等内容。因此，该研究可对中国社会学、民族学学科建设方面的基础研究以及蒙古学研究领域的拓展等方面，提供理论方法的参考资料。

2. 揭示蒙古语族诸民族间的民族互动与社会文化变迁的动态过程，有助于正确理解与把握"民族"、"文化"因素与构建和谐社会的关联问题，探索我国构建和谐社会中遵循的某些规律与途径

社会主义和谐社会的基本要求，是要形成经济繁荣、政治民主、文化进步、社会安定、人与自然生息相融的良性互动的局面。和谐社会的构建中不可缺少的重要内容就是要推动民族文化的创新和发展。文化与民族有着紧密的联系。民族是文化的载体，文化传统与特色是民族的重要标志。因而在多民族国家构建和谐社会过程中，从中华民族多元一体结构的多层次性出发，研究阐释民族及其文化的历史发展规律和在历史上所起到的作用；研究分析民族与文化的发展对现实社会生活的影响；研究探讨民族与文化的发展将在未来怎样影响和作用于人类的社会生活，是非常必要的。我们看到，无论是历史上还是在现实中，随着动态的社会文化变迁的过程，民族关系也随之产生动态发展或出现动态变化的趋势。在多民族国家中构建和谐社会，除了关注经济繁荣的因素之外，还应关涉其他诸多的重要因素的存在。我国是多民族，且文化上呈现多元一体特点的国家。我们应该认识到"民族"和"文化"因素是在我国构建和谐社会过程中不可忽视的重要因素。处理好民族与文化间关系直接关联着国家与地区的稳定，且深刻影响着各民族的发展与进步。所以，如何促进各民族间的文化上的理解，营造和维护和谐的民族关系，促进各民族的发展，共建和谐社会是我们面对的现实问题。社会文化变迁作为和谐社会建设中的重要内容，对其进行理论与实践性探讨，不仅有助于社会成员对社会变革的接纳和认同，还能够生动而直观地反映社会发展中的各种关系和观念形态的起源及演化，为我们构建和谐社会提供宝贵的历史和现实的实证材料。同时，有利于稳定社会秩序，有利于民族地区经济、社会和自然环境的和谐发展、共生协调的发展关系。由此探讨社会文化变迁作为和谐社会建设中的重要内容，其发生、发展的特点、规律以及以此引发的民族多元文化并存与构建和谐社会的关联问题的现实意义与启迪。

三　学术界相关研究综述

（一）社会文化变迁研究的理论回顾

"文化变迁"（cultural change），又称"社会文化变迁"（social and

cultural change），指或由于族群社会内部的发展，或由于不同族群间的接触，而引起一个族群文化的改变。① 关于文化变迁的研究，最初是由进化论学派人类学家研究"文化进化"逐渐发展起来的。19 世纪末 20 世纪初，由于反进化论思潮的兴起，开始使用"文化变迁"一词。

不同的学派对文化变迁有不同的解释。早期进化学派用文化进化理论来说明文化发展的普遍性，认为人类文化是普遍地由低级向高级、由简单向复杂发展的进化，形成了一个发展顺序。如斯宾塞将社会的发展看作生物有机体从简单到复杂的进化过程，社会的各个部分也是如同生物有机体的不同器官一样履行着不同的职能。他把伦理、道德、语言、知识、风俗、法律、制度等文化现象看作"超有机体"的存在。② 英国的约翰·麦克伦南在其著作《原始婚姻》中指出进化论是人类社会和文化发展的基本法则。英国的人类学家爱德华·泰勒在其著作《原始文化》中集中表达了有关社会文化的进化论思想，他认为"文化是一个包括知识、信仰、艺术、道德、法律、风俗以及人们在社会里所得到的能力和习惯在内的一个复杂的整体"③，是社会发展过程中"遗留"下来的事物，它既是过去各个历史阶段的活的见证和纪念碑，又是在未来的形成和发展中发挥作用的社会遗产，文化是不断进化和完善的，它构成了一个由简单到复杂的系列。但是，进化学派理论主要关注的是族群历史上的文化变迁，不大重视族群之间在文化接触后及正在发生的文化变迁的过程。

传播学派侧重于进化论所忽视的文化的地理、空间和地方性变异，着重研究文化的横向传播，认为文化变迁的过程就是传播过程，文化主要在传播过程中发生变迁。英国传播学派的代表人物是威廉·里弗斯和格·埃·史密斯及佩里。里弗斯多从文化接触上来说明和解释文化现象的产生，在他看来，一种文化与另一种文化接触就会产生一种新的文化，这种文化较之原来的旧文化就是一种进步。史密斯持一种"泛埃及主义"的观点，认为"埃及文化是世界文化的中心"④。佩里则将这种观念继续阐述发扬，认为古埃及文化是"太阳之子"，这种文化传播到世界其他角落

---

① 黄淑娉、龚佩华：《文化人类学理论方法研究》，山东教育出版社 1996 年版。
② 侯钧生主编：《西方社会学理论教程》，南开大学出版社 2006 年版。
③ ［英］爱德华·泰勒：《原始文化》，连树生译，上海文艺出版社 1992 年版。
④ ［英］格·埃·史密斯：《文化起源论》，周进楷译，商务印书馆 1950 年版。

就会与当地文化混合形成各种各样的文化，由于它远离原始中心，所以会越来越匮乏。不可否认，他们的理论有着合理的成分，但是他们否定各族人民文化的独立发展道路就显得理论的匮乏了。美国历史学家博厄斯强调"每个民族的历史和文化的特殊性"①，认为这种特殊性一方面取决于社会的内部发展，另一方面取决于外部的影响。这既考虑到独立发明，也考虑到传播的作用。他既强调传播，也反对极端传播论。

德国的巴斯蒂安试图从心理学的角度解释文化变迁，他认为心理学史研究人类发展的基础，人类最初的心理决定了文化的发展。在此基础上，他提出了"原始观念"、"族群观念"及地理的区域性问题。他认为，"人类之初有着共同的心理，即原始观念。这种共同的心理是文化创造的根源，后来不同的族群在发展过程中又形成了具体的'族群观念'，因而发展出不同的文化模式和文化特征"②。对于此，吉登斯又以"同类意识"来说明文化的起源，认为任何生物都有区别于他类生物的意识形态，在人类社会中，由于政治、经济以及种族的种种原因，产生了各种"同类意识"，文化传统、群体思想、价值观念等都是"同类意识"的产物。巴斯蒂安所指地域性问题，是指每个民族文化的地理分布及其形成受到地理环境的影响，这种观念对文化地理学派产生了一定的影响。如德国的拉采尔，他把社会看成如同生物一样的有机体，从地理环境方面描绘人类文化的进化与分布，他看中的是物质文化现象，认为物质文化特征是不同族群发展的标志，从各种物质文化上可以看出不同族群之间的历史联系，看出文化的移动和传播。

功能学派注重于社会文化的功能、结构的研究，讲文化现象的变化着重讲它的功能的变化、消失与替代，认为研究文化变迁的过程，共时态研究要优于历时态研究。比如功能学派的创立者马林诺夫斯基（又译作马凌诺斯基），认为文化的价值"都是直接或间接地满足人类的需要"，一切文化要素"都是活动着，发生作用，而且是有效的"，"文化历程是具有一定法则的，这法则是在文化要素的功能中"，所以在他看来，"人类学的重要工作就在研究文化的功能"。③ 他把文化的功能划分为两种，第

① ［美］弗朗兹·博厄斯：《人类学与现代生活》，刘沙等译，华夏出版社 1999 年版。

② 司马云杰：《文化社会学》，山西出版集团 2007 年版。

③ ［英］马凌诺斯基：《文化论》，费孝通译，华夏出版社 2002 年版。

一种是满足人们的生物性需要的功能，第二种是满足社会调适需要的功能，一切社会制度、礼仪、风俗以及道德、法律、教育等都具有这种功能。因此，马林诺夫斯基说，文化功能"是它在人类活动体系中所处的地位。这个结论的重要性是在于人类活动的体系，包括对于物质文化的应用，并不是偶然堆集而成，而是有组织的，完善配置的及永久的，这就是说，同样的体系可以见于全球各地不同的文化中"。由此可见，马林诺夫斯基认为的文化论是一种统一所有社会科学并充当其基础的理论科学。

社会学派认为文化变迁是经历时日的文化的修正，是社会变化的结果。这一学派的代表人物是拉德克利夫－布朗。布朗认为，研究人类社会及文化发展的规律时，不能用心理的方法，而必须用归纳、类比的方法，才能说明习俗、信仰一类文化怎样满足社会的需要而发展，在布朗看来，文化只是社会体系的特征，因此应该把它放到整个社会结构体系中去研究。布朗的这些思想对后来的西方结构功能主义者有着深远的影响。

结构主义学派认为，文化变迁是文化特质和文化模式的变化，或是文化内容的增量或减量所引起的结构性的变化等。这一学派的主要代表人物是美国的帕森斯、默顿和法国的列维－斯特劳斯。他们的主要观点是将社会看成一个稳定的、平衡的体系，而文化则具有维护社会体系"稳定"、"平衡"的功能。认为不同的角色有不同的行为规范，即道德、伦理、制度等文化的要求，如果违背了这种规范，就会受到社会的制裁和控制。结构功能主义学派在利用现代自然科学成果，从整体方面研究社会文化上是有成绩的，但由于他们过分强调"模式"、"体系"的作用，甚至把它绝对化，因此他们的理论带有机械论和形式主义的倾向。

西方的一些学派、流派关于文化变迁研究的思想先后传入中国，影响了一部分学者对文化的研究。国内学者运用国外文化变迁理论进行了理论上的探讨实证的研究，比如朱谦之的《文化哲学》基本上是按照德国有关文化变迁的路子走的；孙本文的《社会学上的文化论》《文化与社会》《社会的文化基础》等，则主要是受美国文化社会学的影响；梁漱溟的《东西文化及其哲学》是兼而有之，而费孝通先生的《生育制度》《江村经济》等著作则是受到英国功能学派的影响。这些研究为国内学界开展社会文化变迁的研究提供了一定的比照和参考。

（二）蒙古语族民族研究状况

1. 东乡族研究

马虎成的《五十年来东乡族研究简述》、马亚萍的《20 年来东乡族研究述评》与陈文祥的《东乡族研究现状及其前景展望》先后从不同角度，对东乡族研究所取得的成就作了论述。

（1）对东乡族历史、政治、经济、文化及现状的系统介绍，注重其历史发展的过程，从历史的角度对东乡族的族源、形成过程、社会发展等方面进行的研究。

在 1956 年开展的对少数民族的语言调查工作及 1958 年对少数民族的社会历史调查的基础上写成的《东乡族简史简志合编（初稿）》和《东乡族调查资料汇集》，是对东乡族的政治、经济、文化等方面，首次以书面文字的形式做了记载。随着对东乡族研究的深入，东乡族的地方史志研究取得了较大的进展，出版了一系列的专著。有《东乡族简史》（甘肃人民出版社 1984 年版）；《东乡族自治县概况》（甘肃民族出版社 1985 年版），2008 年在原《民族问题五种丛书》的基础上进行修订，由民族出版社出版了《东乡族简史》《东乡族自治县概况》；1987 年由甘肃民族出版社出版的《裕固族东乡族保安族社会历史调查》《积石山保安族东乡族撒拉族自治县概况》和《甘肃新县志便览》（甘肃人民出版社 1991 年版）、《东乡族自治县志》（甘肃文化出版社 1996 年版）、《积石山保安族东乡族撒拉族自治县志》（甘肃文化出版社 1998 年版）；《东乡族》（民族出版社 1987 年版）、《东乡族源》（兰州大学出版社 2004 年版）、《东乡史话》（甘肃文化出版社 2006 年版，2009 年又重印为《甘肃东乡族史话》）；《回族、东乡族、土族、撒拉族、保安族百科全书》（宗教文化出版社 2008 年版）等。

（2）语言、民间文学的研究。

国外专家研究东乡族的语言始于 1884—1886 年俄国探险家 G. H. Potanin 在兰州和河州间的宋家村收集了不到 200 条东乡语单词，成为当时外界了解东乡语仅有的材料。苏联学者托达叶娃在我国语言科学工作者的协助下，于 20 世纪 50 年代后期在东乡地区对东乡语进行了调查研究，发表了论文《论东乡语》（俄文）。之后，托达叶娃在《中国的蒙古语的方言》一书上发表了《东乡语》，而后于 1960 年正式出版了第一部研究东乡语的专著《东乡语》（俄文），对东乡语的语法、词汇等第一次做了比较细致的研究。

1955 年，我国语言科学工作者也开始进行大规模的少数民族语言调查。80 年代，内蒙古大学蒙古语文研究所对国内蒙古语族语言又做了一次调查。在此基础上出版了颇多相关研究成果，如《东乡语简志》《东乡语和蒙古语》《东乡语词汇》《东乡语话语材料》《东乡研究语论集》等。

对东乡族民间文化的研究，起步于民间文学的搜集。如《白羽飞衣》（《民间文学》1959 年 11 月）、《挡羊娃与牡丹花》（《民间文学》1963 年第 6 期）、《米拉尕黑》（甘肃人民出版社 1981 年版）、《东乡族民间故事集》（中国民间文艺出版社 1981 年版）、《东乡族民间故事选》（甘肃人民出版社）、《东乡族、保安族、裕固族民间故事集》（上海文艺出版社 1987 年版）、《东乡族文学史》（甘肃人民出版社 1994 年版）、《中国阿尔泰语系诸民族神话选》（民族出版社 1997 年版）。

（3）宗教、文化、人口与族际关系的研究。

关于东乡族民俗文化的研究，如《中国文化通志·蒙古、东乡、土、保安、达斡尔族文化志》《甘青特有少数民族文化形态研究》《中国少数民族文化史》《回族、东乡族、撒拉族、保安族民族关系研究》（中央民族大学出版社 2006 年版）、《甘肃民族文化——凤鸣陇山》《东乡族文化形态与古籍文存》《东乡族风俗志》《东乡史话》《东乡族文化艺术研究》（民族出版社 2009 年版）、《东乡族风俗文化探析》（《甘肃民族研究》2000 年第 3 期）、《东乡族打平伙》（《中国民族》2009 年第 9 期）、《从东乡平伙到东乡手抓的演进看东乡民俗符号的建构》（《重庆三峡学院学报》2010 年第 1 期）、《中国伊斯兰教与门宦制度史略》（宁夏人民出版社 1983 年版）、《中国伊斯兰教门宦溯源》（宁夏人民出版社 1986 年版）、《中国伊斯兰教库布忍耶门宦谱系》（天津古籍出版社 1994 年版）、《东乡族与伊斯兰教》（《西北史地》1981 年第 3 期）、《浅谈东乡族族源与伊斯兰教》（《甘肃民族研究》1981 年第 3 期）、《伊赫瓦尼派的形成及其在新疆的传播》（《西北民族学院学报》1990 年第 4 期）、《东乡族伊斯兰教概述》（《甘肃民族研究》1990 年第 2 期）、《东乡族的宗教信仰》（《甘肃文史资料选辑》第 50 辑，甘肃人民出版社 1999 年版）、《东乡族宗法文化论》（《民族研究》2002 年第 4 期）、《胡门门宦的历史沿革》（《世界宗教研究》2005 年第 4 期）等。人口与教育、家庭方面的研究有《东乡族保安族女性/性别研究》（民族出版社 2007 年版）、《东乡族妇女教育与社会发展问题思考》（《西北史地》1996 年第 4 期）、《关于东乡族妇女社会参与现状问题思考》（《西北民族研究》1997 年第 2 期）、《我国东乡族人口规模与分布》（《甘肃理论学刊》2005 年第 6 期）及《甘肃东乡族人口变迁分布及特点》（《西北人口》2005 年第 6 期）、《社会变迁中的东乡族家庭：结构、功能及家庭成员关系》（《社科纵横》2007 年第 4 期）等。

（4）社会经济的研究，如《东乡族经济社会发展研究》（甘肃人民出版社 2000 年版）、《东乡社会研究》（民族出版社 2006 年版）、《东乡族贫困与反贫困问题研究》（民族出版社 2007 年版）、《咀头村调查》（中国经济出版社 2010 年版）、《北庄家族的后代们——东乡族》（云南人民出版社 2003 年版）、《东乡哈木则宗族形成与发展的考察研究》（《西北民族研究》2003 年第 3 期）、《东乡族——甘肃东乡县韩则岭村调查》（云南大学出版社 2004 年版）、《社会学视野中的东乡族宗族研究》（《民族论坛》2007 年第 9 期）、《东乡唐汪人的民族心态》（《甘肃民族研究》1999 年第 2 期）等。

（5）东乡族移民的研究有：《东乡族移民迁移新疆情况调查》（《民族理论研究通讯》1985 年第 2 期）、《新疆伊犁地区东乡族的婚姻家庭问题》（《西北人口》1985 年第 4 期）、《新疆东乡族人口结构状况》（《西北史地》1986 年第 4 期）、《1950 年后东乡族移居新疆原因探析》（《新疆大学学报》2005 年第 5 期）、《1950 年后东乡族移居新疆特点及影响分析》（《甘肃民族研究》2007 年第 4 期）、《新疆伊犁地区东乡族语言状况调查》（《兰州大学学报》2007 年第 4 期）、《东乡族人迁移至新疆的原因与趋势》（《昌吉学院学报》2008 年第 4 期）、《新疆东乡族文化变迁研究——以老城村及其他三村为个案》《新疆东乡族的学校教育现状及对策建议——以伊犁地区 Y 家族的三代东乡族人为例》（《伊犁师范学院学报》（社会科学版）2010 年第 2 期）、《东乡族人移居城市后饮食习俗的传承与变异——以兰州市小西湖柏树巷社区东乡族聚落为例》（《中国穆斯林》2005 年第 1 期）、《城市少数民族流动人口聚落的形成与功能》（《中国穆斯林》2006 年第 2 期）、《边缘群体的城市适应——兰州市"东乡村"及其民俗生活研究》（西北民族大学 2006 年硕士学位论文）、《城市化进程中少数民族流动人口的教育观念研究——以兰州市东乡族流动人口为例》

(《发展》2009 年第 1 期)、《城市中穆斯林流动人口的空间行为特征及动力机制研究——以兰州市回族、东乡族为例》(《世界地理研究》2010 年第 2 期)、《从生态人类学的视角看都市流动人口文化适应的双向性——以兰州市东乡族流动人口为例》(《黑龙江史志》2010 年第 9 期)、《固原地区回族、东乡族简述》(《固原师专学报》1991 年第 3 期)、《玉门市小金湾宗教生活调查》(《甘肃民族研究》1999 年第 1 期)、《甘肃省古浪县东乡族移民问题调查研究》(2009 年)、《疏勒河流域东乡族移民调查研究——以郁闷小金湾东乡族移民乡为例》《生态脆弱地区移民情况及问题浅析——以甘肃省临夏回族自治州东乡族自治县为例》(《甘肃高师学报》2010 年第 2 期)等。

2. 保安族研究

(1) 关于保安族族源与迁徙问题的探讨。

马亚萍、王琳的《保安族研究概述》中较全面地阐释了保安族的研究状况。保安族的研究主要体现在以下几个方面：

关于保安族族源的研究，20 世纪 50 年代调查资料的主要观点是："以蒙古语族为主，融合一部分回、汉、藏等民族，自然同化而成。"80 年代初，侯广济在《保安族族源初探》中，从民族语言、风俗习惯两个方面，引用相关的资料系统地研究后，认为保安族是"以古蒙古人为主，在其发展历史中与汉、回、土等相互交融发展而形成的一个民族"。然后，以详细的史料阐述其形成的历程，认为保安族的形成"从史料上看，约在明代中期开始，而在清初最后完成是可信的"。[①]《中国少数民族》中提到以"信仰伊斯兰教的蒙古人为主，和回、汉、藏、土融合而形成"。[②]新编的《保安族简史》则认为"以蒙古族为主和一部分当时在保安地区活动的汉、土、回、藏等族人民，通过密切往来和自然融合而成的"。[③]新编的《积石山保安族东乡族撒拉族自治县概况》则认为："保安族的族源是信仰伊斯兰教的色目人，后来与回、藏、汉、土（青海同仁土族）等民族长期交往，自然融合形成了今日的保安族。"提出此观点的理由是：保安族信仰伊斯兰教，保安族善于经商，保安族擅长制刀工艺，保安

① 侯广济：《保安族族源初探》，《甘肃民族研究》1982 年第 3 期。

② 国家民委《中国少数民族》编写组：《中国少数民族》，人民出版社 1981 年版。

③ 东乡族简史编写组：《保安族简史》，甘肃人民出版社 1984 年版。

族具有团结和睦、扶贫济困、性格强悍、不畏强暴的共同特性，保安族语言属于阿尔泰语系的蒙古语族。① 马少青在 1989 年出版的《保安族》中提到的是"由于经常因灌溉用水问题发生民族纠纷。而统治者一贯采取扶此抑彼'分而治之'的政策，挑拨当地土、藏民与信仰伊斯兰教的保安人不和，最后造成同仁地区紧张的民族关系，发生了大规模的民族械斗和保安人的迁徙"。他提出的观点是"水利纠纷是发生矛盾的直接原因，但这与统治阶级利用与扩大民族和宗教矛盾而造成严重恶果，也是分不开的"。② 在《裕固族东乡族保安族社会历史调查》一书中，也有相同的观点。《积石山保安族东乡族撒拉族自治县概况》一书中归纳了以下几种说法：一是清同治元年，麻巴部落头人联络保安地区的统治者以及信仰藏传佛教的部落排挤保安人；二是保安人与当地人因水渠灌溉问题引起的纠纷；三是同仁地区信仰佛教的统治者，强制信仰伊斯兰教的保安人改信藏传佛教。其主要观点是"宗教信仰的矛盾迫使保安族迁徙"。③ 在菅志翔著的《族群归属的自我认同与社会定义》一书中，"不论'谢乃'是不是四寨子蒙古人中间的一种特殊的社会组织方式，后来的移民全部被组织到'谢乃'中去了。从社会组织结构看，内地移民人口完全被吸收到蒙古人的后裔中"。由此，看出其观点是指"由迁徙所带来的结构同化"。④ 在迈尔苏日·马世仁著的《在"田野"中发现历史——保安族历史与文化研究》一书中，"在保安族迁徙过程中，有部分回回民族的融入，信仰伊斯兰教的蒙古人的融入，改信伊斯兰教土族的融入，因联姻部分藏族、汉族的融入"。⑤ 其观点认为，民族迁徙拓展了保安族原有的族群关系，促进了各民族融合。甘肃文化出版社出版的《甘肃保安族史话》一书中，"较之在同仁地区，在农业生产技术，生产工具上都有了很大的改进，手工业技术也有了一定程度的发展"。⑥ 其观点主要说明，迁徙以后保安族

---

① 《积石山保安族东乡族撒拉族自治县概况》编写组：《积石山保安族东乡族撒拉族自治县概况》，民族出版社 2008 年版。

② 马少青：《保安族》，民族出版社 1989 年版。

③ 《积石山保安族东乡族撒拉族自治县概况》编写组：《积石山保安族东乡族撒拉族自治县概况》，民族出版社 2008 年版。

④ 菅志翔：《族群归属的自我认同与社会定义》，民族出版社 2006 年版。

⑤ 迈尔苏日、马世仁：《在"田野"中发现历史——保安族历史与文化研究》，中国社会科学出版社 2008 年版。

⑥ 董克义：《甘肃保安族史话》，甘肃文化出版社 2009 年版。

的社会生产力有了很大的提高。在《中国民族村寨调查——保安族》一
书中，"一个民族的语言在它的发展过程中，总会通过直接或间接的方式
向另一个民族的语言或更多民族的语言吸收借词"。① 其观点认为，语言
作为一种文化记忆形式，在保安族迁徙过程中的变化是比较显著的，是保
安族赖以生存和沿袭的基本依据和重要纽带。

（2）有关保安族语言研究。

对中国保安族语言的研究，起步于50年代对保安族语言资料的搜集，
并取得了初步的成果。改革开放以后，该项研究工作得以重新展开，取得
了重要的研究成果，有关保安语的研究如下：

自1952年保安族被正式认定以后，一些语言专家、学者开始了对保
安语的初步研究。起初，布和、刘照雄等语言学家在参与"保安族人"
民族识别的过程中便积极着手保安语的探究，坚持不懈地进行了词条收
集、整理和分析等工作，最终编写了《保安语简志》；内蒙古大学教授陈
乃雄也是在保安语研究方面颇有造诣的专家，先后发表了《保安语和蒙
古语》《保安语的演变轨迹》《保安语及其方言土语》和《保安语词汇》
等论文、专著；此外，西北民族大学的华侃教授对保安语与藏语的关系方
面也有过研究，著有论文《保安语中的藏语借词》；内蒙古大学的呼格吉
勒图教授发表了《蒙古语族语言概论·保安语》《保安语话语材料》等文
章。在国外，日本广岛大学北京研究院的佐藤畅治博士在保安族语言研究
方面较为深入，且有所建树。

布和、刘照雄的《保安语简志》中提出了其主要的观点，认为保安
语是阿尔泰语系蒙古语族的一种。它和同一语族的蒙古语、达斡尔语和裕
固族的恩格尔语有一定的关系，跟土族、东乡族语言比较相近。同时认
为，保安语与各亲属语言，特别是蒙古语比较有不少特点，不仅保安语内
部比较一致，没有方言差异，而且保安语不存在元音和谐的现象。② 乐·
色音额尔敦依据同仁地区的调查材料认为：保安语中存在着谐音合成词，
大体以名词、形容词的重叠形式表现。③ 布和、陈乃雄的《同仁保安话概

① 杜鲜、彭清深主编：《保安族——甘肃积石山县大墩村调查》，云南大学出版社2004
年版。
② 布和、刘照雄：《保安语简志》，甘肃人民出版社1982年版。
③ 乐·色音额尔敦：《同仁保安语里的谐音合成词》，《民族语文》1982年第1期。

要》是依据保安下庄土族居民语言与今积石山县保安族语言的一致性，采用前者的语言资料，从语言、语汇、语法三个方面较为完整地论述青海同仁保安语的语言体系。① 陈乃雄依据历史上保安族的分离与融合，把保安语分为同仁方言和积石山方言，从不同角度对保安语的方言进行了研究，丰富了保安语研究的内容。② 在《中国民族村寨调查——保安族》一书中提到，"由于历史上长期同蒙古族、汉族和藏族交往，语言上受汉语、藏语和蒙古语的影响，词汇里吸收了大量的汉语、藏语和蒙古语借词。保安族信仰伊斯兰教，吸收了与伊斯兰教相关的阿拉伯语和波斯语词汇"。③

（3）有关社会生活、宗教信仰的研究。

《保安族简史》认为伊斯兰教"不仅对他们的精神领域，而且对他们的政治、经济、文化和日常生活等方面都产生着重大的作用和影响"。④陈国光的《东乡族、撒拉族、保安族宗教信仰述略》（《新疆社会经济》2000 年第 3 期），做了有益的阐述。高占福的《保安族中的伊斯兰教》一文比较详尽地记述了伊斯兰教在保安族中的传播、发展历程，但没有涉及伊斯兰教在保安族形成、发展中所起的作用。

3. 裕固族研究

关于裕固族的研究状况，李光毅的《近 10 年（1995—2005）裕固族研究综述》、李晓东的《十年来国内裕固族研究综述》、李建宗的《近 50 年来裕固族文学研究述评》等研究综述中，从不同的侧面对裕固族的研究状况进行了阐释。

（1）语言方面的研究。

国内对东部裕固语的研究始于 20 世纪 50 年代。1956 年，以清格尔泰为队长的中国科学院少数民族语言调查第五工作队对东部裕固语进行过较为系统的调查，并撰写了调查报告。1964 年，由内蒙古大学中国语言文学系蒙语教研室编写的《现代蒙古语》，介绍了东乡语、土族语、保安语、西喇裕固语、达斡尔语同蒙古语之间的异同及对其进行了相互比

---

① 布和、陈乃雄：《同仁保安话概要》，《民族语文》1981 年第 2 期。
② 陈乃雄：《保安语及其方言土语》，《内蒙古社会科学》1995 年第 1 期。
③ 杜鲜、彭清深主编：《保安族——甘肃积石山县大墩村调查》，云南大学出版社 2004 年版。
④ 东乡族简史编写组：《保安族简史》，甘肃人民出版社 1984 年版。

较。① 照那斯图在《东部裕固语简志》一书中，第一次比较全面地描写了东部裕固族的语言全貌。他指出东部裕固语在蒙古语族内，同土族语、保安语、东乡语和蒙古语比较，居于特殊的地位。在语音方面，它和土族语、东乡语、保安语的共同性较多，在词汇和语法方面同蒙古语的共同性较多。② 《东部裕固语词汇》中收录词语 4000 多条，词条分为主条和副条两种，主条标注词类，由词目、词源和释义三部分组成。词目用国际音标录写，词源、释义用汉语书写。与蒙古语同源的词，多注有其同源的蒙古语词，并用蒙文标记。副条的词源，只注明与主条不重复的部分。对藏语借词，标有其书面写法，与西部裕固语相同的语词，也有明确标注，另外，该书还附有裕固族姓氏和裕固族地区部分地名裕固—汉对照材料。③ 保朝鲁、贾拉森编著的《东部裕固语话语材料》，包括用音标记录的两类话语材料：一类是调查大纲所规定的汉语材料的东部裕固语口头意译；另一类是用该语言讲的口头文学及个人谈话，具体分为日常会话翻译、故事翻译、故事、传说、谜语、谚语、谈话及其他共八个部分。④ 格日勒图在《试论东部裕固语构词的附加成分》一文中，主要讨论了东部裕固语构词附加成分的语音构成形式，另外又从功能上分析了东部裕固语的构词附加成分等。最后，他指出，东部裕固语构词法中，在词根词素上添加附加成分的附加法占很重要的位置，其中构成名词、形容词的构词附加成分最多，构成动词的附加成分较少。⑤ 《东部裕固语和蒙古语》中不但对东部裕固语的全貌进行了详细描述，同时也和蒙古语做了各种比较，对某些语言现象还进行了系统探讨。贾拉森在该书中认为，东部裕固语是蒙古语族中诸多语言里最接近蒙古语的一种语言。书中还对这两种语言的共性内容做了详细的描写，对东部裕固语所特有的语言现象进行了描写，并力求说明它们的来源和发展变化的状况。同时，书中对东部裕固语在其发展过程中，所受到的除本语族和语系外的其他语言的影响也进行了描述。⑥ 赵杰在《现、当代东裕固语的变化及其与蒙古语之比较》一文中，通过"现、

---

① 钟敬文编著：《中国裕固族研究集成》，民族出版社 2000 年版。
② 照那斯图：《东部裕固语简志》，民族出版社 1981 年版。
③ 保朝鲁等：《东部裕固语词汇》，内蒙古人民出版社 1985 年版。
④ 保朝鲁、贾拉森：《东部裕固语话语材料》，内蒙古人民出版社 1988 年版。
⑤ 钟敬文编著：《中国裕固族研究集成》，民族出版社 2000 年版。
⑥ 同上。

当代东裕固语和现代蒙古语基本核心词之比较"、"现、当代东裕固语的语音存古性及与《蒙古秘史》之互证"两方面的分析，辨析现代东部裕固语和当代东部裕固语的历时音变过程，并与现代蒙古语进行语音对应比较，从中排列它们之间音变的先后顺序，得出了现代蒙古语是蒙古语族中音变最快、音节缩略最严重的语言，而当代东部裕固语是既存古又创新的语言等结论，从而为阿尔泰语系构拟和蒙古语族史研究提供参照性成果。① 董晓波在其博士学位论文《裕固族文化谱系解读及其现代性研究》中认为东部裕固语音节的最大特点表现在它紧密而有序的元音和谐律。元音和谐律是蒙古语族常见的一种语音规律。东部裕固语是与蒙古语最接近的一种语言，不管在音节还是语音构词方面都紧密地与其同族语蒙古语结合在一起，表现出了非常明显的语言谱系学特征及其发展脉络。东部裕固语的词汇主要包括与本族语同源的词，即固有词和汉语借词、突厥语借词、藏语借词，其中固有词占多数，各种借词中汉语借词最多；东部裕固语的构词法有两种：一种是专门的构词附加成分，即在词根上加相应的附加成分派生新词，一是用两个实词通过一定的结合关系表示一个新概念，造成合成词。在东部裕固语构词方面采取的这两种方法中，附加法是最普遍和最常用的方法。强调东部裕固语的构词特征，是因为这是东部裕固语区别于其他蒙古语族语言的主要特点之一，并且它含有从其他非蒙古语族中大量的借词，这更加体现了这种语言的独特性。东部裕固语在蒙古语族内，同土族语、东乡语、保安语比较，居于特殊的地位。在语音方面，它和土族语、东乡语、保安语的共性较多，都有长短搭配的元音系统等特征。从语言学上考证，它更接近于 13 世纪、14 世纪的古代蒙古语，所以研究和保护这种语言具有特殊而重要的意义。②

（2）社会生活与民间文学方面。

杜亚雄、高厚永在《裕固族东部地区民歌研究——兼论东部裕固人的族源》中从音乐的角度入手对裕固族民歌进行分析，更重要的是对东部裕固族的族源提出了质疑，认为东部裕固人主要是 13 世纪、14 世纪时

---

① 赵杰：《现、当代东裕固语的变化及其与蒙古语之比较》，《西北民族大学学报》（哲学社会科学版）2006 年第 6 期。

② 董晓波：《裕固族文化谱系解读及其现代性研究》，兰州大学博士学位论文，2007 年。

一部分蒙古部落的后裔。① 郑筱筠、高自厚在《裕固族——甘肃肃南县大草滩村调查》一书中，以甘肃省肃南裕固族自治县康乐区红石窝乡大草滩村为调查点，从民族历史、生态环境、人口、经济、体制、社会结构、生活方式、婚姻家庭、政治与法律、语言与文学、民族风俗、教育、科技卫生、宗教等各个方面对大草滩村进行了全面的实地调查，从而透视出整个东部裕固族的社会生活全貌。② 安玉红在《东部裕固族仪式祝词收集整理研究》中认为对东部裕固族仪式祝词的最早描述者为德国传教士海尔曼斯，在其《回鹘及其最近发现的后裔》一文中曾描述了裕固族供奉汗天格尔的宗教活动仪式，记录了东部裕固族地区的喇嘛介绍的关于祭祀汗天格尔活动的内容，并收录了藏于术布赞寺的一位喇嘛提供的祭祀汗天格尔方面的祝词。这应该是近现代历史上关于东部裕固族祝词方面的最早记录。此外，是高启安的《裕固族的几种仪礼及其赞词》。作者按人生仪礼、生活仪式等对流行于东部裕固族地区的剃发仪式祝词、戴头面仪式祝词、勒系腰仪式祝词、扬茶仪式祝词、扎新房子仪式祝词进行了梳理与记录，第一次较为系统地记录了东部裕固族仪式祝词的概况。2003 年，由肃南县文联搜集整理，天马图书有限公司出版的《裕固族民间歌谣谚语集》，收录了裕固族仪式祝词 8 篇。这是迄今为止收录裕固族祝词内容最多的一部书籍。书中所收录的祝词主要涉及婚礼祝词、小孩剃头祝词、酒宴祝词、扎新帐篷仪式祝词、剪马鬃仪式祝词、剪羔毛仪式祝词等，基本上展示了裕固族祝词的概况。但是，作者认为这些整理并不全面，并认为流传于东部裕固族地区的仪式祝词主要在喜庆仪式上诵说。其内容可以分为"人生礼仪祝词"和"生产生活仪式祝词"两大类。人生仪礼祝词在剃头礼、成人礼、婚宴仪式以及祝寿仪式上诵说，主要有"剃头祝词"、"戴头面祝词"、"勒系腰祝词"、"扬茶祝词"等；生产生活仪式祝词主要在第一次给马剪鬃、剪羊毛、擀毡、扎新房子时诵说，有"剪马鬃祝词"、"擀毡祝词"、"扎新房子祝词"等。两类祝词的内容都以吉祥、富裕的祝愿为主。高启安在《裕固族珍贵的文化遗产——裕固族创世史诗

---

① 杜亚雄、高厚永：《裕固族东部地区民歌研究——兼论东部裕固人的族源》，《南京艺术学院学报》（音乐与表演版）1982 年第 2 期。

② 郑筱筠、高自厚主编：《裕固族——甘肃肃南县大草滩村调查》，云南大学出版社 2004 年版。

的调查和介绍》一文中，对流行于东部裕固族地区的《沙特》的含义、主要内容、颂说场合等进行了介绍，并呼吁有关部门列专题进行全面搜集、整理。①

（3）乡村权力建构。

马丽娜从裕固族大草滩村的现有行政体系入手，参照权力的文化网络的相关理论，分析国家政权是如何加强国家力量并强化民族地区的乡村作为政府的最基层单位，探讨这一政策所引起的变化，认为在裕固族乡村与国家政权的重组中，可以看到不同阶级在相互作用中，均获得了最大利益。国家通过对部落首领、头人的封爵，使他们成为"命官"，这不仅可以加强国家政权在民族地区的统治，而且可以减少国家干预的必要，使裕固族乡村社会组织具有很大的可变性。在这一过程中，国家很好地利用了氏族部落这一文化网络中的各种象征，并通过部落头人加强自己的统治。同时，作者还分析了国家政权与乡村社会的互动关系，探索国家政权渗透乡村社会的方式和途径。② 曹义杰、那贞婷的《民族地区国家政权建设与经纪模型——以甘肃肃南裕固族自治县大草滩村为例》，从权力的文化网络角度探析甘肃省肃南县大草滩村这一民族地区乡村政权结构从传统社会到现代社会的变迁。即从安定王：传统时期保护型经纪；部落头人：民国时期的赢利型经纪；民族人士：肃南县成立后的保护型经纪。通过分析，作者得出三个结论：第一，民族地区与国家政权建设在不同历史时期有着不同的经纪关系。这些经纪模型不管是保护型经纪还是赢利型经纪，都扎根于本民族文化里，并起着连接国家与少数民族乡村社会的纽带作用；第二，民族地区和国家政权建设之间紧张与和谐的研究对中国民族关系有着非常重大的意义；第三，民族地区国家政权建设与经纪模型关系是我们的民族关系研究中最薄弱的环节，应通过专门调查进行深入研究。它对国家行政建设、法制建设及经济建设有着重要意义。③

---

① 高启安：《裕固族珍贵的文化遗产——裕固族创世史诗的调查和介绍》，《民族文学研究》1990 年第 3 期。

② 马丽娜：《国家与民族地区乡村社会的重组——裕固族大草滩村的个案研究》，《青海民族研究》2007 年第 4 期。

③ 曹义杰、那贞婷：《民族地区国家政权建设与经纪模型——以甘肃肃南裕固族自治县大草滩村为例》，《西北民族大学学报》（哲学社会科学版）2008 年第 3 期。

4. 土族研究

(1) 族源与语言的研究。

祁进玉的《土族研究一百年——土族社会历史、文化研究评述》、鄂崇荣的《百年来土族研究的反思与前瞻》、张照云的《1986—2005 年土族、撒拉族研究文献统计分析》等研究评述与文献统计分析中，较全面系统地对土族的研究状况进行了梳理。

关于土族的来源，学术界有不同的说法。有学者认为，土族来源于蒙古，最早是由比利时神父德斯迈和蒙塔尔提出的。张得善认为"青海土族，本可概括于蒙古族内。一言其人数，其丝毫未受同化者，不过三四万人，占全省人口百分之一。一言其势力，与政治上不发生多大效力，且与汉人同化之程度，比其他蒙藏族为深，只土司管制世袭未替"。[①] 庄学本的《青海旅行记》（1936 年）一文，从语言和体质特征及地理分布等方面研究土族，得出土人是蒙古人种的一支的结论。郭维屏、汪公量等人也赞同蒙古说。汪公量先生认为土族是由元代以前的蒙古族和元代的蒙古军两部分构成的，元代以前的蒙古族就是由大室韦徙居的阴山鞑靼。并说"辽金时，阴山鞑靼自东徂西，蔓延贺兰山外，而插帐到祁连山阴。这开进河湟流域的一部分鞑靼人，当然为土族的第一支族源"。[②] 薛文波的《西北民族史料散介》（1980 年）、陶克塔呼的《土族源流新议——兼谈土族的历史斗争》（1982 年）、李生华的《土族绝非吐谷浑后裔——对土族族源研究若干问题的思考》（2004 年）三篇文章，围绕"吐"与"土"阐释土族族源问题，并从九个方面论证了土族为蒙古族后裔。由崔永红、张得祖、杜常顺等主编的《青海通史》也主张蒙古说。土族学者李克郁借鉴了陈玉书《关于土族的历史来源》一文从"霍尔"之称蔓延伸张到匈奴、吐谷浑、契丹、鞑靼、蒙古尽为土族来源的思路，对汪公量的观点（土族来源于辽金鞑靼和元代蒙古军）进行了修正和扩展，认为"蒙古尔（土族）是历史上不同时期来到河湟流域的蒙古人"，或"现今的蒙古尔人就是不同时期来到河湟及浩门河流域定居的蒙古人"，包括唐五代时的室韦鞑靼、沙陀突厥以及吐谷浑，尤其是宋金时的阴山鞑靼、甘州回纥，

① 张得善：《青海种族分布概况》，《地方自治》1935 年第 3 期。

② 汪公量：《青海土族简况》（内部资料），1956 年。

元代的蒙古以及汪古部。① 后来经进一步研究，李克郁将土族的来源追溯到元代的蒙古和汪古部，并说"土族的来源及组成成分，我们可以分为主干部分和非主干部分。主干部分又可分为两个系统：第一个系统是元宗室驸马系统，第二个系统是宗室亲王系统；非主干部分也可分为两个方面：一是非宗室亲王系的蒙古人，以及撒里畏兀儿人；二是加入土族中的那些不多的汉人、藏人和其他少数民族的人"。② 随着研究的加深，李克郁对土族的来源也有了更广、更深的认识，他说"现今的土族是一个以达勒达为主体，融合有西域缠头族（色目人）、撒里畏兀儿、汉、藏等民族成分的多民族共同体"。并认为"就民族主体而言，达勒达这个主体根据汉文史籍的习称可分作黑达勒达（从事畜牧的草原达勒达）和白达达（较多地吸收了汉文化，亦稍懂农业的达勒达）。从他们与元皇室的亲疏关系可分作元宗室亲王系统、驸马系统和不属这两个系统的其他的达勒达人"。③ 还有李克郁的《鞑靼与察罕蒙古尔——也谈土族族源》（1982年）、《土族族称辨析》（1985年）、《霍尔杂谈》（1998年）、《民和三川地区土族来源之传说》（《青海民族学院学报》2005年第3期）等文，通过对土族的历史、语言、族称、人口分布、民间传说等的研究和考证，得出土族源于蒙古，是蒙古人的后裔的结论。除此之外，王继光的《青海境内民族迁徙与融合的几个问题》（《青海师范大学学报》2004年第2期）对安多藏区的形成时间、李土司家族《李氏族谱》与土族族源、青海境内的民族迁徙融合与民族格局的形成作了有意义的探讨。秦永章的《甘青宁地区多民族格局形成史研究》（2005年）一书，从汉文记载史料、土族族称、语言、藏文史料、本族口碑资料以及服饰、饮食、宗教等角度考察，认为蒙元时期陆续进入甘青地区的蒙古人是今天土族的主体来源。

关于土语的调查研究基本始于19世纪80年代，俄国伊尔茨博物馆院副院长坡塔宁（G. N. PoTanin）于1885年冬在民和官亭收集了土语三川方言资料。1892年，他写的《中国之唐古特吐伯特边地及蒙古中部》一书中载有三川土语。1881—1892年美国驻华公使馆秘书柔克义

---

① 李克郁：《土族（蒙古尔）源流考》，青海人民出版社1993年版。
② 李克郁：《拨开蒙在土族来源问题上的迷雾》，《青海民族研究》2000年第4期。
③ 李克郁：《土族组成成分分析》，《青海民族研究》2004年第1期。

(W. W. Rockhiee) 在土族地区旅行时，也收集了一些土语方言材料，收录在其撰写的《蒙藏旅行家》卷末。到了 20 世纪 30 年代，比利时天主教普爱堂神父德斯迈和孟塔尔依据互助沙塘川那林沟语言材料撰写了以《甘肃西部蒙古语蒙古尔方言》为题的三部著作：《音韵》（载于《Anthroplos（人类）》杂志，1929 年第 24 期，1930 年第 25 期，1931 年第 26 期）、《文法》（1945 年北平单行本）、《土语字典》（1933 年北平辅仁单行本）。这三部著作从语音、词汇、语法方面初步确认土族语言属阿尔泰语系蒙古语族。此外，罗纳塔斯写的《土语中的藏语借词与古代藏族方言的演变》一文，从民族关系方面表述了民族语言之间的相互影响及其演变。新中国成立后，大批语言工作者和有关专家对少数民族语言文字状况进行了广泛的调查研究。如吕光天的《青海土族语言》（载于《中国民族问题研究集刊》1955 年第 3 期）、李克郁的《土族语言研究》（载于《青海日报》1962 年 2 月 15 日）、照那斯图的《土族语概况》（1964 年）。此外，在 20 世纪 50 年代，中科院原民族语言研究所提出了以斯拉夫字母为字母形式的有史以来第一个土族文字方案。同时，在国外，曾参加过我国 50 年代土族语言调查工作的苏联学者施罗德、托塔叶娃，在莫斯科出版专著《蒙古尔语》。20 世纪 80 年代以来，土语研究越来越深入。照那斯图《土族语言简志》（民族出版社 1981 年版），以互助方言为基础，介绍了土族语言的基本面貌。照那斯图与李克郁撰写的《土族语民和方言概述》（载《民族语文研究文集》，青海民族出版社 1982 年版）一文以语音为重点，介绍民和方言，同时与互助方言作了比较研究。席元麟的《土语构法凡例》（《青海民族学院学报》1982 年第 1 期）一文对土语构词法作了归纳和分析。布和与陈乃雄在《同仁保安语概要》（《民族语文》1981 年第 2 期）一文中介绍了同仁方言的面貌。陈乃雄写的《年都乎土语的"数"》（《青海社会科学》1982 年第 4 期）对同仁方言的"数"进行了深入的研究。清格尔泰在《土语中"b"辅音的演变》（《西北民族研究》1988 年第 2 期）一文中对土语中"b"音的演变，从多角度作了深入的探讨。李克郁的《试析土族语词汇的组成》（《青海民族学院学报》1989 年第 1 期），对土族语中词汇的组成作了较详尽的分析。文字创制方面，1979 年，《土文方案》草案出台。1986 年 12 月，青海省政府办公厅转发互助县委县政府上报的《互助土族自治县第一次土文工作座谈会纪要》234 号文件，作为试行土文的指导性文件。1987 年 12 月，在北京召开"土文研讨会"。同时一些论著也相继问世，如照那斯图的《土族语民和方言概述》、清格尔泰的《土族话语材料》、孙竹的《蒙古语族语言词典》、哈斯巴特尔的《土族语词汇》、互助县原语文办编的《土汉对照词汇》、李克郁的《土汉词典》和《dolda（达勒达）辨析》等。20 世纪 90 年代，土族语言文字研究进入了新的阶段。席元麟的《土族命名习俗及语言特点》（《青海民族学院学报》1990 年第 3 期），对土族命名习俗及语言特点作了详尽的分类和分析。清格尔泰编著的《土族语和蒙古语》（内蒙古人民出版社 1991 年版），将土族语和蒙古语进行了比较探讨。李京霖的《土族语言刍议》（《中国土族》1992 年创刊号）、席元麟撰写的《土语文翻译述略》（《青海民族研究》1996 年第 1 期）、《土族惯用语浅析——兼议惯用语的土译汉问题》（《青海民族研究》1996 年第 4 期）和李美玲的《试论土族文字中解决新词术语的方法问题》（《青海民族研究》1995 年第 3 期）等文章，对土语运用和翻译中所出现的问题进行了探讨并提出了一些可行性建议。李克郁、李美玲撰写的《土族语蒙古语对照词表一、二、三、四、五》（《青海民族研究》1996 年第 4 期和 1997 年第 1、2、3、4 期）就土族语言词汇的组成作了详细的分析和描述，并与《华夷译语》《蒙古秘史》中的一些词汇进行了对照。李美玲、李永翎在《〈蒙古秘史〉语音与土族语音比较》（《青海民族研究》1999 年第 1 期）一文中对土语语音与《蒙古秘史》语音进行了比较研究。坚赞道杰、贡保草的《土族语天祝话亲属称谓简述》（《青海民族学院学报》1999 年第 3 期）一文在社会调查的基础上，对天祝土族亲属称谓作了分析。[1] 直至 21 世纪，土族语言文字研究更深入。如李美玲的《从"kurgeen"一词看土族古代婚姻制度》（《青海民族研究》2001 年第 1 期）一文通过对"kurgeen"一词原始形式的构拟及其词源意义的探讨，说明土语"kurgeen"一词蕴藏着古代土族社会曾有过的婚姻制度。李美玲在《土族语词首清擦辅音 f 的演变》（《青海民族学院学报》2001 年第 1 期）一文中运用历史比较法，从土语内部方言和亲属方言的空间差异上探讨了土语词首清擦辅音 f 的演变历程。钟进文的《日本的土族语言文化研究》（《青海民族研究》2007 年第 1 期）主要研究了土族语言的不同方言以及土族语言能够维持的社会原因。祁进玉的《文化融合与文化涵化的范例——基

---

① 鄂崇荣：《近十年来土族研究综述》，《青海民族研究》2002 年第 1 期。

于三大方言区的土族语同源、借词研究》(《西北民族大学学报》2007 年第 1 期) 主要通过对三大方言区的差异及其每个方言区内部的差异的分析，探讨土族文化的融合与涵化。宝乐日的《土族语言及新创文字在学校教育领域使用现状——互助调查个案分析》(《青海民族研究》2008 年第 2 期) 通过分析互助县东沟乡大庄村等地中小学教师、学生和家长使用土族语言和新创文字现状的问卷调查结果，从三者使用土族语言和新创文字的情感态度、行为倾向态度及其差异等方面较全面地描述了互助县土族语言及新创文字在学校教育领域的使用现状。乔生菊的《浅谈土族语言现状》(《中国土族》2010 年第 2 期)，论述了土族语言的使用现状和存在的问题，并提出了保护措施和建议。

(2) 政治制度研究。

元朝时，黄河以北地区属甘肃等处行中书省。元朝对土族首领分别授以官职，以统其众。明初就已经开始在河湟地区设置屯所，实行军屯，定边经略。西番诸卫所处的河湟地区历来属于战略要冲，历史上曾先后成为羌、吐谷浑、吐蕃、党项、唃厮啰与中原王朝长期争夺的地区之一。明朝为继续保持中原王朝对西北地区的统治，对这一地区进行重点经营，诸卫指挥使主要由流官担任。明初，西番诸卫是军政合一的管理体制。明朝对今河湟地区的施政，主要是设治派官，分封诸王。洪武七年 (1374 年)，明朝为了联络各族共同反元保塞，对付经常威胁其安全的塞北蒙古贵族，对西北少数民族首领不得不采用招抚羁縻政策。当时只要"率土归附"，便都"授以世职"。正是在此种情形下，形成了明初设置边疆卫所、委任大批土司的政治局面。[①] 清初，这些土司又投附清朝，就其原职授为土司。同时，土族地区有三种并行的政治管辖关系：一是地方政府流官管辖；二是土司管辖 (西宁地区十六家土司多数都在土族地区)；三是宗教寺院政教合一制管辖。[②] 一些史料都有记载，如《秦边记略》《西宁府新志》《西宁府续志》《循化志》《湟东祁氏宗谱》《青海民和李氏家谱》等。

对早期土族政治制度的研究，主要着眼于土司的始封、居地、辖区、

① 高士荣：《西北土司制度研究》，民族出版社 1999 年版。
② 祁进玉：《土族研究一百年——土族社会历史、文化研究述评》，《西北民族研究》2005 年第 4 期。

族谱世系等，如黎小苏的《青海之土司》（1934年）、卫聚贤的《李克用后裔的族谱》（1941年）、陈秉渊的《青海李土司世系考》（1942年）、童秀清的《青海土司史略》（1948年）等。[①] 陈永龄的《青海土族的政治演变》（1955年），从土司制度、寺院土官制度以及与中央王朝的关系等方面，加以阐述和说明。秦永章和李丽撰写的《明清时期土族地区的流官统治》（《青海民族研究》1991年第2期），从基层组织、政治统治、封建教育等几方面对明清两代土族地区的流官统治进行了详细论述；同时他们认为土族地区土司制度长期存在的原因是："1. 其作为一种上层建筑，较长地适应了土族地区的社会生产力；2. 设立土司是封建王朝的政治需要，土司在效力于封建王朝的过程中得到了倚重和信任；3. 建立土司，以土官进行统治则情易服；4. 土司与宗教保持着密切的联系，起着巩固和加强土司长久统治的作用；5. 土司接受封建儒家思想教育是土司制度长期存在的思想文化条件。"[②] 此外，李克郁的《土族赵土司族系考》（《青海民族学院学报》2002年第1期）、《土族土司研究——土族李土司家族史》（《青海民族研究》2002年第3期）、《土族组成成分分析》（《青海民族研究》2004年第1期）等专门讨论了土司的来源及其先世族属。李美玲译的《蒙古尔部族的组织》（《青海民族研究》2006年第1期）介绍了蒙古尔部族的组成、形成和发展，并对其族长、土司的特点和承继作了详尽的叙述。赵英的《李土司家族的婚姻关系及其社会影响》（《青海民族学院学报》2007年第1期）主要讲述了李土司家族的婚姻关系及其对社会的影响。上述诸文对土司制度的研究，在一定程度上拓宽了研究视野，也使研究更深入、细致，甚至有的文章提出了一些富有启发性的观点。

（3）社会经济研究。

关于土族社会经济的系统研究，主要在新中国成立以后开始。宋蜀华、王良志合写的《青海土族的经济生活》（1955年）一文，是第一篇比较全面地论述互助县、民和县土族的农业、副业、手工业、商业、生产资料占有情况、租佃关系以及人民生活等情况的文章。翟松天、胡先来等

---

① 祁进玉：《土族研究一百年——土族社会历史、文化研究述评》，《西北民族研究》2005年第4期。

② 秦永章：《浅谈土族地区土司制度长期存在的原因》，《青海社会科学》1992年第1期。

撰写的《互助土族自治县民族经济发展战略综合研究报告》（《中国土族》1992 年创刊号），对互助县十年改革进行了回顾和现状分析，并提出了经济发展的战略思路、战略目标、实施对策与措施。朱公甲、吕军伟等撰写的调查报告《民和民族经济改革实验区的调查》（《中国土族》1992 年创刊号），对民和民族经济实验区建立三年来的工作进行了回顾，并提出了一些可行性建议。席元麟的《互助土族农村经济生活的调查与思考》（《青海民族研究》1994 年第 1 期），根据作者对互助土族自治县 7 个乡、9 个村、14 个社的人口状况、生产和生活资料占有等情况的调查，对互助土族地区经济生活状况作了概要分析，并提出了如改变观念、培养人才、多种经营等建议。吴承义的调查报告《土族地区的忧与思——来自互助、大通土乡的诉说》（《青海民族研究》1994 年第 4 期），从土乡巨变、新的困惑、致富之路三部分分析了土族地区经济教育文化现状，并提出了优化产业结构、加快乡镇企业步伐等促进土族地区经济发展的建议。张振录、张忠孝的《青海土族地区旅游资源及开发探讨》（《中国土族》1994 年总第 3 期），对土族地区的主要旅游资源及特点进行了评价，并对发展旅游业条件进行了分析，提出了战略设想。吕建中的《市场经济的发展和民和三川土乡商品观念的转变》（《青海民族研究》1996 年第 3 期），重点从改革开放以来三川土乡种植结构的调整，耕作方式的改变，第三产业的兴起，乡镇企业的发展等方面论述了商品观念的转变。① 祁正贤、赵德兴的《社会转型时期土族经济价值观调查与分析》（《青海民族学院学报》2006 年第 1 期）一文主要对当前土族民众经济价值观的某些变化进行了分析和阐释。

（4）文化研究。

席元麟在《事象征兆与土族文化心理》（《青海民族学院学报》1992 年第 1 期）一文中对土族事象征兆及其反映的土族文化心理状况作了深入的研究。席元麟的《从土族语词汇看文化的多元性》（《青海民族学院学报》1993 年第 1 期），从土族词汇的历史分析，来透视它们所反映出的多元性文化现象。同时，他的《土族伦理道德文化》（《青海民族研究》1994 年第 4 期）一文，从家庭观念的形成与发展、亲属关系与称谓、传统道德伦理教育等几个方面系统地论述了土族的伦理道德文化，并就继承

---

① 鄂崇荣：《近十年来土族研究综述》，《青海民族研究》（社会科学版）2002 年第 1 期。

传统道德文化、树立社会主义道德观提出了自己的建议。马光星的《土族文化简论》（《青海社会科学》1994 年第 6 期），从土族传统文化的历史传承、流变关系、不同地域、宗教信仰等文化角度进行了介绍和探索。高丙中的《文化影响与文化重构》（《社区研究与社区发展》，天津人民出版社 1996 年版），依据在土乡田野调查的访谈和问卷资料，探讨了汉藏文化对土族文化的影响，并认为外来文化对土族的文化重构至关重要，提出了融合式、替代式、嫁接式、互补式等文化重构形式，认为其中大多数形式在结果上都丰富了民族文化。白晓霞的《从"丰产"信仰看土族文化》（《青海民族学院学报》1999 年第 3 期），通过对土族"丰产"信仰的对象、仪式及象征意义的分析，从地域文化学的视角对土族文化的结构和内涵进行了探讨。乔文良的《大通土族文化变迁述略》（《青海民族研究》2000 年第 4 期），对大通土族文化在语言、服饰、饮食等方面呈全方位同化的趋势进行了论述。马光星的《话说土族的文化资源》（《中国土族》2001 年总第 9 期），针对土族文化资源的开发利用所存在的不足，提出了一些有意义的设想。此外还有高丙中的《居住在文化空间里的土族》（《中国土族》2002 年第 1 期）、《从实例看土族文化的重构过程》（《中国土族》2003 年第 3 期），董思源的《盘绣——土族独有的刺绣艺术》（《中国土族》2003 年第 3 期），宗雪飞的《土族传统体育及其对土族传统文化的传承初探》（《中央民族大学学报》2004 年第 3 期），邢海燕的《从土族仪式歌看其民俗文化的特征与功能》（《青海民族学院学报》2005 年第 1 期）等文阐释了土族不同层面的文化。鄂崇荣的《浅析民和土族村庙中的"装脏"仪式》（《青海民族研究》2004 年第 2 期）一文简单地解析了民和土族村庙中的"装脏"仪式。祁进玉的《"五屯"土族的族群认同》（《青海民族学院学报》2005 年第 3 期）运用人类学的田野调查方法，结合当地的口传历史和民间神话传说，考察青海省同仁县"五屯"土族的族群认同与区分。还有他的《历史脉络中的国家观与国家认同意识变迁》（《黑龙江民族丛刊》2007 年第 3 期），以土族为个案，从历史人类学的视野出发，研究和阐述土族历史脉络中的国家观与国家认同意识的变迁。《家与族属的观念及其变迁——人类学视野下的土族社会文化变迁个案研究》（《青海民族学院学报》2007 年第 3 期）一文通过对土族社会、家与族属的观念及其结构变迁的个案分析，说明社会整合与社区经济发展、族际长期有效接触、族群融合以及文化涵化的影响对土族社会文化变迁的影响。索端智的《历史事实·社会记忆·族群认同》（《青海民族学院学报》2006 年第 1 期），从考察族群认同变迁入手，以青海黄南五屯土族为例，就其文化与族群性、文化变迁与认同变迁的关系进行分析，认为族群认同会随着文化的变迁而发生变迁。赵菱贞的《土族宗教文化的多元性及其变迁原因分析》（《青海师范大学学报》2007 年第 5 期）一文通过对土族宗教文化的多元性及其变迁原因的分析，进一步揭示土族宗教文化的特殊性。祁进玉《群体身份与多元认同——基于三个土族社区的人类学对比研究》（社会科学文献出版社 2008 年版）通过对土族聚居区的历史文献、口述史、展演资料等的考察和分析，探讨土族的族群认同与认异、族际接触与有效交往、土族的国民身份与公民教育及国家认同等问题。

土族纳顿节研究：刘夏蓓的《青海隆务河流域的"六月会"及其文化内涵》（《西北民族研究》1999 年第 1 期），刘凯的《青海民和三川地区土族"纳顿"节新识》（《青海社会科学》2000 年第 2 期）等，对土族纳顿会的各个细节进行了详细的描述。胡廷的《民和土族"纳顿"面具艺术述略》（《青海民族学院学报》2001 年第 1 期），对土族"纳顿"面具艺术的内涵作了探讨。胡廷的《民和土族"纳顿"面具艺术述略》（《青海民族学院学报》（社会科学版）2001 年第 1 期）一文从"纳顿"面具舞及其在土族娱乐中的现实意义，蕴含的多元文化因子三个方面，对民和土族"纳顿"面具艺术的内涵做了探讨。贺喜焱的《民和土族"纳顿"节日的文化功能刍议》（《西北第二民族学院学报》2002 年第 2 期）一文简要介绍了"纳顿节"，探讨了"纳顿"节日的文化功能。此外，李端的《土族"纳顿"民俗活动中的舞蹈研究》（中国艺术研究院，2006 年硕士学位论文），胡飞燕的《民族体育乐舞——土族"纳顿"舞研究》（《体育文化导刊》2007 年第 8 期），贺喜焱的《青海民和土族"纳顿"节的田野调查》（《民俗研究》2005 年第 3 期）等都对土族纳顿进行了不同程度的阐述。夏宏的《土族纳顿的文化价值及健身功能》（《青海民族学院学报》2008 年第 1 期）分析了纳顿节所含有的体育文化价值，朱民强的《土族纳顿节的当代趋变及其原因探析》（《社科纵横》2010 年第 1 期）从文化重构的视角来谈纳顿节发展变化的因素。

5. 达斡尔族研究

鄂巧玲的《达斡尔语研究概述》、孟志东的《达斡尔族源研究述评》、向晓青的《近十年来达斡尔族文化变迁研究综述》等研究综述中，从不同时间段、不同的主题出发，归纳评述了达斡尔族的研究状况。

（1）族源、社会历史、语言的研究。

国外关于达斡尔族的研究主要是苏联和日本研究。苏联学者潘克拉托娃在她主编的《苏联通史》中对达斡尔族有一段综合性的描写："沿阿穆尔河（黑龙江）住着达乌尔人及其同族的部落，17世纪时，达乌尔人已有很高的文化。"①日本学者池民登撰写的《达斡尔族》（达斡尔族历史语言学会，1982年），此书序言中描述道：伪满时期"作者是出生在中国东北的日本人，1935年到当时的莫旗布西产业技术传习所任教4年，离任之际成书，虽然是站在殖民主义者的立场上，但书中比较系统地阐述了达斡尔族情况，因而对研究达斡尔族有一定的参考价值"。②

国内早在清道光三年（1823年），达斡尔族学者花灵阿（华陵阿）就写了《达呼尔索伦源流志》，就开始了达斡尔族族源的研究，这可以说是研究达斡尔族族源的拓荒者。③阿勒坦噶塔的《达斡尔蒙古考》（印行于民国二十二年）为代表，作者从社会生活方面（包括语言、宗教、风俗习惯）、地理（包括迁徙、遗迹）、历史（包括历史记载、译音）三方面论证了达斡尔非契丹之后裔，乃达塔儿之遗部，应达斡尔蒙古即达斡尔族是古代蒙古族的一个分支。④另外，何维荣在《达古尔蒙古嫩流志》（成书于伪满洲国时期）中强调达斡尔族均为蒙古部中同一祖先所遗者。关于达斡尔族为契丹之贵族后裔，主要有郭克兴的《黑龙江乡土录》（成书于民国十五年）、孟定恭⑤的《布特哈志略》（成书于民国二十年）、钦同普的《达斡尔民族志稿》（印行于伪满洲国时期）、何维荣的《达古尔蒙古嫩流志》（成书于伪满洲国时期）等。郭克兴在其《达呼尔纪略》中关于达斡尔族起源、世系、迁徙、故迹以及近代的语言特征、人物姓氏等内容的分析，得出了达呼尔系索伦的结论。

---

①　[苏联]潘克拉托娃：《苏联通史》，转引自满都尔图《达斡尔族》，民族出版社1991年版。

②　[日]池民登：《达斡尔族》，奥登桂译，达斡尔历史语言文学学会，1982年。

③　乌尼日：《达斡尔族族源研究概况》，《内蒙古社会科学》1982年第6期。

④　阿勒坦噶塔：《达斡尔蒙古考》，达斡尔资料集编辑委员会、全国少数民族古籍整理研究室编《达斡尔资料集》（第二集），民族出版社1998年版。

⑤　孟定恭，即孟镜双，达斡尔族，曾任西布特哈总管公署旗务科长，嗜汉学。

50 年代随着民族识别工作的开展，对达斡尔族的历史与语言进行了实地调查，最终确认了达斡尔族是单一民族。其主要代表作有：《达斡尔族社会历史调查》（珠荣嘎、满都尔图主编），该书较全面地整理了达斡尔族的历史沿革以及达斡尔族各个地区的经济状况、物质生活、社会组织、生活习俗、宗教信仰、教育文学、体育等内容并公开发表。《达斡尔族志略初稿》（孟希舜著，又名《莫力达瓦达斡尔族志略初稿》，1953 年油印），本书根据国史及满文档案记载，从民族源流、历史过程、语言文字、宗教信仰、生活方式、风俗习惯等十一个方面介绍了达斡尔族历史沿革及现状。《达斡尔族简史》（孟志东）对达斡尔族的历史作了较详细的记述和整理，客观地评价了达斡尔族的历史及其人物事件。近些年来，达斡尔族的研究成果丰硕，研究专著不停涌现，其中关于达斡尔族社会历史研究的著作有：《中国达斡尔族史话》（鄂景海）、《新疆达斡尔族概况》（凯英）、《齐齐哈尔达斡尔族述略》（乌卫荣）、《黑龙江达斡尔族》（刘金明）、《嫩水达斡尔人》文史资料专集（齐齐哈尔市政协）等。相关的学术专著有：《清代达呼尔文文献研究》（恩和巴图）、《传统与现代：达斡尔族农民的生活》（祈惠君、丛静）、《莫力达瓦达斡尔自治旗概况》（编写组）等。此外，达斡尔族各专家学者还发表了数百篇关于达斡尔族社会历史及其人物、族源、社会政治、经济教育、宗教风俗等方面的论文，大大地开拓了达斡尔族社会历史的研究视野。达斡尔族的政治、社会制度研究主要集中于以哈拉、莫昆为中心的宗法制度下政治沿革。主要书有，民族出版社出版的《达斡尔族资料集第五集》，收藏了达斡尔族的族谱专集、达斡尔族专著及其达斡尔族的相关资料，见证了达斡尔族数年来的迁徙轨迹。内蒙古人民出版社出版的《达斡尔族社会历史调查》《达斡尔族简史》都详细介绍了达斡尔族各个时期的政治组织变革。政治、社会制度论文的研究成果也硕果累累，主要有：孟样义、王建平、刘思游的《达斡尔族的氏族组织》（《黑龙江民族丛刊》1999 年第 2 期），苏钦的《关于清代布特哈八旗的几个问题》（《黑龙江民族丛刊》2005 年第 2 期），丁石庆的《哈拉与莫昆：达斡尔族父系家庭社会的再现》（《中央民族大学学报》2004 年第 6 期）。总之，这些文章主要阐述了以哈拉、莫昆为中心的宗法制度对达斡尔族社会的稳定作用，以及与之相适应的八旗制度、习惯法、家谱等对达斡尔族日常民众生活的影响。然而，随着我国社会转型愈演愈烈，在宏观经济和市场经济的综合调控下，达斡尔族社会政治、社会制度亦随之发生变迁，最为突出的是哈拉、莫昆制度在中国不断的法治社会的变迁中对社会成员的约束力和控制力日渐降低。达斡尔族语言调查自20世纪50年代开始，中国少数民族语言第五调查队深入达斡尔族地区，对达斡尔族语言进行了系统的调查，收集、积累了很多语音、语法、词汇等方面的资料。主要有恩和巴图编写的《达斡尔族话语材料》《达斡尔与蒙古语》，在前人的分析基础上又起草了《达斡尔语记音符号》，并且利用记音符号撰写了《达汉小词典》、《达斡尔语读本》（额尔很巴雅尔、恩和巴图），近些年来，对达斡尔族语言的研究不断增多，学者们还编写出版了《达斡尔语和蒙古语比较》（拿木四来、哈斯额尔敦），《达斡尔语汉语对照词汇》（胡和）。其中以中央民族大学教授丁石庆为代表，其代表著作是《达斡尔语言与社会文化》（中央民族大学出版社1998年版），该书主要用文化语言学理论与方法对达斡尔族的语言和社会文化进行综合研究的一种探索或尝试。《双语族群语言文化的调适与重构——达斡尔族个案研究》（中央民族大学出版社2006年版），本书以达斡尔族的语言作为分析样本，充分利用历史文献资料和相关的研究成果及田野调查材料，运用描写语言学、对比语言学、文化语言学等方法，构建了一个语言文化的类型解释模式，将双语族群的语言文化系统纳入或还原至原生与次生的文化环境中，试图阐释人类各种文化组成部分中，语言文化的特殊性、自成体系性、其类型上的多样性、语言文化发展历程的混沌演变规律，以及双语族群在其语言文化演变历程中所采用的调适与重构方法。[①] 丁石庆、戴庆厦《莫旗达斡尔族语言使用现状与发展趋势》（商务印书馆2009年版），该书从语言保持、语言兼用、语言转用等角度，通过语言能力、语言观、文化观等的调查，探索达斡尔族的语言活力，揭示制约达斡尔族语言使用现状的成因，特别是着力研究了城市化对语言使用的影响。其学术论文包括：《达斡尔族早期物质文化的语言透视》（《黑龙江民族丛刊》，1993年第3期）、《达斡族早期信仰观念的语言透视》（《黑龙江民族丛刊》，1996年第4期）、《达斡尔语渔业词汇与渔业文化历史变迁》（《满语研究》，2002年第2期）等，均从达斡尔语探析达斡尔族传统文化，探

---

① 丁石庆：《双语族群语言文化的调适与重构——达斡尔族个案研究》，中央民族大学出版社2006年版。

寻达斡尔早期社会制度、宗教信仰、经济生产方式，其论文还包括新疆地区达斡尔语的发展演变。

（2）民间文学与文化研究。

自20世纪中叶开始，达斡尔族的学者就开始了搜集整理民间文学的工作。主要著作有：《达斡尔族乌春集》（孟希舜），《达斡尔族民间故事集》（孟志东），《达斡尔族诗歌》（巴达荣嘎、门都苏荣，该书用蒙文翻译），《达斡尔族民间故事专集》（苏勇），《敖拉·昌兴诗选》（萨音塔娜），《达斡尔族文学史略》（赛音塔娜、托娅）等。此外，《呼伦贝尔传说故事》采录了白彬的达斡尔族民间故事，《达斡尔族鄂温克鄂伦春民歌》采录了奥登挂的达斡尔族民歌。达斡尔族文化研究的代表著作有：上海人民出版社出版的《蒙古、东乡、土、保安、达斡尔族文化志》（蔡志纯、范玉梅），主要叙述了属于阿尔泰语系蒙古语诸族，包括蒙古族、东乡族、土族、保安族、达斡尔族的文化、历史、民情风俗、人口分布等各方面的发展情况。其中蒙古族富有悠久的历史和传奇色彩，其于13世纪初登上世界历史舞台，势力横跨欧亚，并统一中国，建立了元王朝，为东西方的文化经济交流做出了重大贡献，而东乡、土、保安、达斡尔族与蒙古族均有密切关系，文化也各具特色，对此，本志都有细致的阐述。内蒙古教育出版社出版的《达斡尔族、鄂温克族、鄂伦春族文化研究》（毅松、涂建军、白兰），是草原文化研究丛书，分别就达斡尔族、鄂温克族、鄂伦春族的物质文化、精神文化、社会文化做了比较全面的、形象而生动的系统论述，并对新中国成立以来民族文化的发展、变迁作了思考和深入探讨。发表的论文成果主要有孙东方的《达斡尔族文化变迁》（《西南民族大学学报》2007年第6期），通过对达斡尔族的文化源流及其在不同时期经历的显著变迁进行回顾，试图揭示文化接触与变迁的共性规律。孔翠花的《新疆达斡尔族文化变迁研究》（兰州大学，2007年硕士学位论文），以达斡尔族语言、宗教和习俗为切入点，对新疆达斡尔族的文化变迁进行了较为系统的探讨和分析，对影响其文化变迁的各种因素及所表现出来的不确定性与变异性、创新性与适应性、多元一体化等特点进行了较为细致的总结。

（3）经济研究。

1982年，内蒙古人民出版社出版的《达斡尔人的烟草栽培技术》系统详细介绍了达斡尔族地区的经济战略、发展养殖业、畜产品加工业，以及达斡尔族经济史的问题。2004 年，中国经济出版社发行的中国民族经济村庄调查丛书之《（达斡尔族）哈力村调查》（王文长），2010 年再次由中国经济出版社发行的中国民族经济村庄调查丛书之中国民族村寨调查《（达斡尔族）内蒙古莫力达瓦旗哈力村调查》（毛艳、毅松），是同一个村落的调查研究，较全面地整理了达斡尔族地区的经济发展现状。达斡尔族其他经济的著书主要有中国科学院民族研究所、内蒙古少数民族社会历史调查组共同编辑出版的《齐齐哈尔市郊区全和太屯解放前经济情况》，《黑龙江民营经济 2008》（黑龙江民营经济年鉴）涉及了梅里斯地区的达斡尔族经济，另外，还有《达斡尔族简史简志合编》（中国科学院民族研究所内蒙古少数民族社会历史调查组编），内蒙古少数民族社会历史调查组编的《莫力达瓦达斡尔族自治旗概况及哈布奇屯达斡尔族情况——达斡尔族调查材料之四》《爱辉县西岗子乡友谊社达斡尔族情况——达斡尔族调查材料之三》都较详细地介绍了当地达斡尔族的经济。达斡尔族经济的相关论文主要有毅松的《达斡尔族的农业民俗》（《黑龙江民族丛刊》，2003 年第 5 期），谷文双、王琦、马国利的《多元文化：达斡尔族传统经济结构的特征与优势》（《黑龙江民族丛刊》，2000 年第 1 期），陈烨的《达斡尔族经济变迁略论》（《内蒙古社会科学》，1999 年第 2 期），这些论文对达斡尔族经济都做了较翔实的研究概述。

（4）宗教研究。

宗教研究成果主要有：中国社会科学出版社出版的《中国各民族原始宗教资料集成·鄂伦春族卷·鄂温克族卷·赫哲族卷·达斡尔族卷·锡伯族卷·满族卷·蒙古族卷·藏族卷》（满都尔图等主编），来源于实地调查、考古发现、历史文献记录，以及口口相传的民族史和民间传说的原始记录，均属珍贵的第一手资料，该套丛书不仅是研究原始宗教的重要资料，也是研究民族历史、民族关系史的珍贵资料。苏日台等著的《达斡尔族的萨满教》，运用考古学、神话学、民族学、历史学的资料，多角度、多层次地对中国北方萨满教作了综合考察，展示了萨满教的兴衰历程及真实面目。吕萍、邱时遇的《达斡尔族萨满文化传承——斯琴挂和她的弟子们》，通过大量翔实的资料和图片，向人们介绍达斡尔族及其传统文化，此外，本书是萨满文化传承人立传，这是前所未有的，向世人展示了萨满还在，萨满文化依然留有遗存。相关的宗教论文到目前为止也有数十篇，综合反映了早期达斡尔的宗教观、价值观、世界观。

（三）简要的评述

1. 学习和吸收传统理论和西方理论中的精华进行研究

通过上述理论与应用研究的梳理，我们看到，被我国普遍运用的早期的文化变迁理论，主要侧重探讨文化变迁的动因、途径、特征以及产生的影响，而对文化变迁与族群之间的关联问题阐释不够。因而，我们在研究中国各民族的社会文化变迁时，学习和吸取传统理论和西方理论中的精华无疑是必要的，但如何结合中国各民族文化变迁的实践，总结出能够指导社会文化发展的理论是一项紧迫而艰巨的任务，这也就是在学习中创新，在继承中发展的问题。社会学的视角就是从社会存在的矛盾、冲突去分析社会结构和族群关系。我们不仅研究各种社会文化现象是怎样交互影响、交互发展的，而且将在理论上说明文化是如何影响人们的思想、意识、心理、性格和行为的，它又是怎样与社会进程交互作用的。尤其，从中国多民族的实际出发，运用社会学、民族学等交叉学科理论进行研究是十分必要的。

2. 研究成果的特点

国内学者对蒙古语族各民族研究取得了丰硕的成果，主要呈现出以下特点：

（1）关于蒙古语族各民族文化现象的描述性研究，早在古籍文献中就已有文献记载，但是真正开始对其开展系统的研究，是从 20 世纪 50 年代开始，前辈学者们为了民族识别和加快少数民族地区社会制度的变迁而开展了大规模的实地调查，在蒙古语族各民族的文献资料的整理搜集以及现状的调查方面做出了突出的贡献，尤其是在历史、族源、组织制度、语言、民间文学、宗教等方面取得了丰硕的研究成果，为我们今天的蒙古语族各民族的文化研究奠定了坚实的基础，提供了广阔的发展天地。这些研究成果，至今仍为蒙古语族各民族文化的研究中可利用的基础资料之一。

（2）前期研究中，大部分研究成果主要集中于对蒙古语族某一民族的某一侧面展开深入细致的研究，描述其变迁过程与现状，并对变迁作出理论分析。主要关注了衣食住行、婚姻丧葬、宗教信仰、生产生活等方面。所借鉴的国外理论基本上来自 20 世纪 90 年代前后翻译引进的一些论著，局限于文化的涵化、传播、动力等方面的探讨，并显露出机械套用理论的问题。

（3）近些年来，在理论创新与研究内容的拓展方面有了可喜的变化。

有些研究成果，从宏观上对某一民族文化整体的变迁进行了梳理研究。如
孙东方对达斡尔族的文化源流及其在不同时期经历的显著变迁进行了回顾
与梳理。有些研究成果，理论上借鉴民族边界理论、民族关系理论等较新
的视角，从民族意识和民族认同的角度研究文化变迁，成为研究者关注的
重点之一。如，祁进玉的《群体身份与多元认同——基于三个土族社区
的人类学对比研究》，在探讨一种地缘意识的缘起以及族群/民族认同意
识的影响因素中，重点考察在全球化场景中认同的情景化衍变的现实。此
外，针对全球化时代的民族主义和国家认同以及国民身份认同等较为敏感
而复杂的话题也进行了多学科整合研究。同时，对现代教育的传统使
命——精英教育、民族文化认同和公民教育实践进行了尝试性考察。[①] 秦
永章的《甘宁青地区多民族格局形成史研究》，以"中华民族多元一体"
理论为基础，以历史上中央王朝对甘宁青地区的特殊政策，以及族际交
往、民族融合、文化涵化为主线，全面梳理和揭示了这一地区多民族交错
融合、多元汇聚及多层次分化的错综复杂的历史现象与具体过程。[②] 菅志
翔的《族群归属的自我认同与社会定义》，基于"民族""族群"相关的
几个根本性概念的讨论，从历史资料入手解读当年保安族的民族识别过
程，通过大量的访谈材料介绍了现在保安人日常生活中的认同意识，从而
进一步探究了有关族群归属的自我定义与社会定义。[③] 马兆熙的论文《东
乡哈木则宗族的形成与发展考察研究》《东乡唐汪人的民族心态探析》，
通过大量的田野调研材料，对哈木则宗族的来龙去脉、发展变迁以及东乡
唐汪人中民族融合的现象作了详细的论述。这些研究，从较高的学术视
野，拓展了蒙古语族各民族的研究。

　　同时，对于由生态环境、移民而引起的民族飞地的文化变迁也越来越
多地进入了研究者的视野，涌现了一些研究成果。

　　（4）研究中存在的不足点：东乡族、保安族、东部裕固族、土族和
达斡尔族五个民族的研究已有不少成果。就其研究范围而言，关注单一民
族文化形态研究的较多，探讨民族文化多样性的研究显得比较薄弱，也缺

---

① 祁进玉：《群体身份与多元认同——基于三个土族社区的人类学对比研究》，社会科学文献出版社 2008 年版。

② 秦永章：《甘宁青地区多民族格局形成史研究》，民族出版社 2005 年版。

③ 菅志翔：《族群归属的自我认同与社会定义》，民族出版社 2006 年版。

乏从一个具体的民族区域入手，全面系统地对民族区域内整个文化复合体的文化变迁进行论证；就其研究内容而言，偏重于单项研究的较多，从而缺少从整体上对文化变迁的过程与规律的把握，难以对纷繁复杂的社会文化变迁的完整图景作出全面而客观的阐释；就其研究方法而言，阐述传统文化的静态研究较多；通过动态的比较研究，将其置于蒙古语各民族语境中，阐述文化异同中历史文化、民族文化与地域文化间关系的研究较少。有不少理论问题和具体现实问题尚需进一步深入研究。

虽然如此，先前的诸多研究还是为本课题研究奠定了坚实的基础。

四　本研究的理论依据

（一）族群边界理论

族群边界理论的开创者是挪威人类学家弗里德里克·巴斯。边界论把观察族群的视角从客观标准转向了主观认同，从关注作为族群核心内涵的文化要素转向关注族群边界的形成与维持，从静态的、孤立的"部落"或"村落"研究发展到了互动的、变化的族群性的研究。

巴斯认为，族群是一种社会组织形式，其关键要素是自我归属和由他人归类的特征；族群研究的焦点应该是定义群体的"边界"，而非其文化"内涵"；一个族群虽然也有相应的地理边界，但更重要的是"社会边界"；族群边界的作用并不在于隔绝人们的交往互动，而在于组织、沟通、结构和规范人们之间的互动，而这些作用和功能也大致上就是他所说的族群边界生成的原因。[①]

杜赞奇在他的《从民族国家拯救历史：民族主义话语与中国现代史研究》一书中，探讨了由文化变动而引起的族群边界是怎样变动的以及为何这样变动的问题。他认为：从社会学的角度看，群体可以看作不是界限明确的团体，而是有着各种各样不同的、变动的边界，限定着其生活的各个不同层面。这些界限可以是刚性的，也可以是柔性的，一个群体的一种或多种文化实践，诸如礼仪、语言、方言、音乐、宗法或烹调习惯等，如果它们代表着一个群体但又不阻止这一群体与其他群体分享或自觉不自觉地采纳其他群体的实践，那么，它们都可能看作柔性的界限。相互之间

---

① ［挪威］弗里德里克·巴斯：《族群与边界》，高崇译，《广西民族学院学报》1991 年第 1 期。

具有柔性界限的群体有时对差异已全然不觉，以至于不把对共同界限的破坏当作一种威胁，甚至最终完全融为一个群体。①

学者王明珂在族群边界理论的基础上，结合族群的其他理论以及史学研究方法，提出了"边缘理论"。其"民族史的边缘研究"是站在史学与人类学的中间，视民族为主观认同的人群，这一主观认同由界定、维持族群边界来完成，而族群边界是多重的、可变的、可被利用的。②

在元末明初东乡族、保安族、东部裕固族、土族形成过程中大量吸收了蒙古族族群边界内的文化实践，从而具有了语言文化共享实践。本研究将借鉴这种理论，视蒙古语族各民族之间的关系及其与其他民族的关系为两个互动的民族的边界的动态维持问题进行探讨。

（二）集体记忆理论

社会学是一门研究"关系"的学科，就族群而言，并不是单独存在的，它存在于与其他族群的互动关系中，在族群的交往过程中，如果没有对"他族"成员的认识与体验，就不能明确地区分出"我族"的概念，③这一点是不难理解的，"我族"的概念对于形成族群边界是十分重要的。社会学所要解答的即族群"为何是谁"的问题，这个问题的关注点在于某一族群成为一种社会事实的过程和这样一个社会事实的具体内涵。我们所界定的"族群"是这样一种群体，即在主观上有着共同集体记忆的群体，而不是仅在语言、地域、文化等方面相似的群体。那么，集体记忆又是何物？

法国社会学家涂尔干在《社会分工论》中提出了"集体表象"或"集体意识"概念，指一个社会中多数人所共有的信仰与感性，通过它形成该社会生活的固定制度。他在《自杀论》中使用"集体观念"一词，指一个社会中语言、道德、信仰、习俗、传统意识、神话等。④ 涂尔干学派第二代成员中具有重要地位的莫里斯·哈布瓦赫，在此基础上发展了"集体记忆"的理论。集体记忆不是一个既定的概念，而是一个社会建构

① ［美］杜赞奇：《从民族国家拯救历史：民族主义话语与中国现代史研究》，王宪明译，社会科学文献出版社 2003 年版。

② 王明珂：《华夏边缘：历史记忆与族群认同》，允晨文化实业股份有限公司，1997 年。

③ 王明珂：《华夏边缘》，社会科学文献出版社 2006 年版。

④ 夏建中：《文化人类学理论学派——文化研究的历史》，中国人民大学出版社 1997 年版。

的概念，但是这个建构不是在一张白纸上，而是以一个群体历史上的迁徙融合、重大事件、战争等为基础。他在《集体记忆》一书中指出："尽管集体记忆是在一个人们构成的聚合体中存续着，并且从其基础中汲取力量，但也只是作为群体成员的个体才能进行记忆。"① 涂尔干学派关注了外在的社会事实对个体的影响和潜移默化的塑造功能。

本研究，将集体意识嵌入族群文化变迁当中，以此来关注蒙古语族各民族的集体意识与族群文化变迁的双向关系。

（三）族群关系的理论

1975 年，美国西雅图华盛顿大学的社会学教授赫克特（Michael Hechter）出版了关于族群关系的书《内部殖民主义》。在该书中，对一个多族群国家内的发达核心地区与欠发达边缘地区之间的关系，提出了两种发展模式，一种是"扩散模式"，另一种是"内部殖民主义"模式。前者是族群平等和共同发展的楷模，后者是族群压迫和族群剥削的通例。

扩散模式是假设在一个国家内有两个族群，其中一个族群居住在国家的核心地区，经济上比较发达，政治势力也比较强，在国内政治中居统治地位，掌握着中央政权并拥有控制国家政治、经济等方面事务的主导权，在国内立法、司法、外交、内政等方面的事务中有决策权。而另一个族群则居住在边缘地区，通常是各方面比较不发达的族群，在政治上、组织上、经济上、文化上都比较落后。在这样的条件下，如采用"扩散模式"，国家的发展和族群融合的过程可以大致分为三个阶段，使扩散到的地区和族群与发达族群之间达到一种事实上的平等。②

美国学者 M. 赫克特对当前民族社会变迁理论研究后，归纳的"扩散模式"涵盖多民族国家内各民族发展关系，亦包括核心与边缘的文化发展关系。处于边缘的民族文化在自我适应与调整中，主动向居于中心的文化靠拢所呈现的中心化趋势；以及由此导致民族文化发生部分变异，并产生出次生现象，次生过程中生成的文化样态被我们称为次生文化。边缘文化的次生现象具有相当的普遍性，是文化变迁的重要形式。次生文化是通过个别吸纳的方式进入中心社会的。次生文化在向中心社会展示本民族的

---

① ［法］莫里斯·哈布瓦赫：《论集体记忆》，毕然、郭金华译，上海人民出版社 2002 年版。
② 马戎：《民族社会学——社会学的族群关系研究》，北京大学出版社 2004 年版。

文化的特性的同时，又主动趋同于中心社会主流文化，是跨越边缘——中心的共兼文化形式。次生文化不仅对边缘社会（边缘地区）有非常显著的、推动文化变迁的作用，对中心文化的发展也具有潜在的影响力。

我们可以通过分析蒙古语族各民族的文化次生过程，阐释边缘社会（边缘地区）的民族文化变迁的中心化趋向。

五　研究的内容与研究方法

（一）研究的内容

文化变迁又被称为"社会文化变迁"，也就是说文化变迁与社会变迁密切相关。一般来讲，社会变迁引发文化变迁，文化变迁也会促使社会变迁。本课题研究，立足于这样的关联问题，将历史上的文化变迁与社会变迁，当代文化变迁与现实社会建设相联结开展了研究。因而，研究内容上有机地结合了文化与社会两个方面的变迁内容。

本课题研究的对象蒙古语族民族——东乡族、保安族、裕固族、土族和达斡尔族，在地域分布上前四族主要聚居在西北地区甘肃、青海两省。而达斡尔族主要聚居在东北地区黑龙江省、内蒙古自治区。在不同时期，达斡尔族与东乡族的一定规模的人口流迁至新疆形成了新的居住地。前四个民族形成于元末明初。达斡尔族自称"达斡尔"，最早见于元末明初，此后在我国史籍中常以"达呼尔"、"达古里"、"达呼里"、"达古尔"、"达糊里"、"达胡尔"等音译写法。明末称"达奇鄂尔"，《清圣祖实录》记载为"打虎儿"。① 东乡族和保安族在形成过程中，伊斯兰教起到了重要的聚合作用。土族和东部裕固族人信仰了藏传佛教。达斡尔族信奉原始的萨满教。本课题研究将东乡族、保安族、裕固族中的东部裕固人、土族、达斡尔族的文化变迁过程，纳入蒙古语族的整体文化系统中，在对每一个子系统诸族文化变迁过程的梳理研究的基础上，以"中华民族多元一体"理论、族群边界及集体记忆理论、族群关系理论为依据，以蒙古语诸民族形成过程中的外来文化因素的影响为主线，梳理研究东乡族、保安族、裕固族中的东部裕固人、土族、达斡尔族的本体文化形态形成的历史现象，并对其近代社会结构与社会关系的变迁、经济生产与生活方式的

---

① 杨圣敏、丁宏主编：《中国民族志》，中央民族大学出版社 2003 年版。

变迁、传统文化的解构与重构方面进行阐释，从宏观上探视民族文化多元并存的态势，进而对民族多元文化并存与构建和谐社会的关联问题进行理论与实践性探讨。在进行研究时，出于历史上民族关系与现实民族文化的发展状况两个方面的思考，以历史和现实两个方面作为切入点，研究的主要内容有以下两点：

1. 阐释蒙古语族民族本体文化形态的孕育过程中的族际互动与文化交融

蒙古语族民族的文化变迁与其生存发展的区位空间有着密切的关联。笔者认为，研究五民族的文化变迁时，应从其本体文化形态的孕育过程入手概括出成为其族群边界的"相对稳定的文化形态"，作为其文化变迁研究的"相对起点"的基础，追溯其变迁的动态过程，总结其特征。一个民族的形成过程，实际上就是其本体文化的孕育过程。从蒙古语族民族的五民族衍生的区域空间上来看，它们是孕育于数千年来形成的中国从东北到西南始终存在着的一个边地半圆形文化传播带上。"这一传播带由大兴安岭沿长城沿线至河套一带，再由河湟地区转而南下，然后沿青藏高原的东缘，直达滇西北和西藏山南地区。"① 在这个文化地带上各民族不断迁徙、分化聚合、相互融合的结果，形成了多元文化并存的景象，孕育了具有某一文化特征上的"同构性"的诸民族。正如，根据语言的"谱系分类"，我们研究的五民族中保留着大量蒙古语，它们属于阿尔泰语系中的蒙古语族民族。本课题将东乡族、保安族、裕固族中的东部裕固人、土族在元末明初形成之际的文化形态视为其文化变迁的"相对起点"；将作为"达斡尔"一词以达斡尔族本民族的自称，最早见于元末明初之际的文化形态，② 视为达斡尔族的文化变迁的"相对起点"。因而，本研究即将作为族群边界的"相对稳定的文化形态"——民族本体文化孕育过程，看作是探讨文化变迁的不可忽略的因素，历史上的族际互动与文化交融，是孕育形成蒙古语族民族本体文化形态的主要动力。

目前学术界认为，东乡族、保安族、裕固族中的东部裕固人、土族四个民族的形成过程与元代的蒙古人西征南下具有密切的关系。除了吸收汉

---

① 童恩正：《试论我国从东北到西南的边地半月形文化传播带》，《文物与考古论》，文物出版社 1987 年版。

② 杨圣敏、丁宏主编：《中国民族志》，中央民族大学出版社 2003 年版。

族及外来民族集团的因素之外，不仅吸收了蒙古人的成分，还深受蒙古族文化影响而致。蒙古族发挥了重要的作用，促使大批西亚、中亚信仰伊斯兰教的民族客居他乡，催生了新民族。①达斡尔族文化的形成也与蒙古文化因素有着密不可分的联系。

众所周知，东乡族在历史上被称为"东乡回"、"东乡土人"、"东乡蒙古"、"蒙古回"、"鞑子回"等。13 世纪 20 年代，成吉思汗西征中亚时，为了补充兵力，将不少萨尔塔人编入军中，组成"签军"，并征集了不少中亚的萨尔塔人工匠和有技术的人。西征归来时，带回萨尔塔人在内的大批中亚"签军"和工匠，并随成吉思汗攻打西夏，来到今东乡地区屯戍，后定居在东乡地区，成为今天东乡族的主体来源。在其形成过程中吸收了为数不少的蒙古人以及当地的回族、汉族乃至藏族等民族成分。蒙、元时期，河州地区是蒙古军的屯戍要地。到蒙哥汗时，曾调大量蒙古军队驻扎于河州地区。忽必烈也非常重视对西北地区的防守。至元九年（1272 年），封皇子忙哥剌为安西王，驻守六盘山，作为元朝统治西北地区的支柱，管辖今陕西、甘肃、宁夏地区，河州也在其辖区之内。忙哥剌死后，其子阿难答继位。因阿难答自幼被一穆斯林抚养，其"所部士卒十五万人，闻从而信教者居其大半"。②元成宗死后阿难答的篡权活动失败，被元武宗赐死。阿难答的部众受到排斥与镇压，原驻守于河州一带及其附近的信仰伊斯兰教的阿难答部众与回回人大量逃至山高谷深的河州东乡地区，逐渐定居下来融合于东乡族中。

保安族来源与成吉思汗西征后从中亚签发到安置在同仁地区执行戍边屯垦任务的士兵总体上属于蒙古军队西征时签发东来的"西域亲军"、"探马赤军"有直接的联系。历史上被称为"保安回"、"番回"等。在元代，河州一带，是主要由色目人组成的"探马赤军"重兵戍守的地方。后期元朝将"探马赤军"编户入籍，成为农民，成为保安族的主体来源，并吸收蒙古、汉、回、藏等民族成分，形成于青海同仁保安地区，后迁居积石山。

土族自称"蒙古尔"、"蒙古尔昆"、"察罕蒙古尔"。蒙、元时期陆续进入青海地区的蒙古人是今天土族的来源之一，并吸收吐谷浑、汉、藏

① 秦永章：《甘宁青地区多民族格局形成史研究》，民族出版社 2005 年版。
② ［瑞典］多桑：《多桑蒙古史》上册，冯承钧译，中华书局 1962 年版。

诸民族成分及其文化因素，形成于青海地区。元末明初，蒙古人虽然在甘肃宁青地区有广泛分布，但随着明军深入这一地区，蒙古人大多北迁，有的归附明朝，被安置在关外诸卫。另有相当数量的蒙古人已变成这里新的土著，以"土达"、"土人"等名称见之于史籍，广泛分布在甘宁青地区，其中河湟地区的河州、西宁、河西凉州、永昌、山丹、庄浪、宁夏北部的灵州和南部的固原等地为主要聚居地。以后，分布在河湟谷地的一部分"土达"、"土人"演变为土族等其他民族，散居于其他地区的蒙古部众大多数融入汉族中。

裕固族自称"尧乎尔"、"尧熬尔"。较普遍的看法认为，在宋朝史籍中称为"黄头回纥"或"沙洲回鹘"的人们，是今天裕固族的直接先民。成吉思汗亲征西夏时，大将速不台率军进入河西走廊西部，将"黄头回纥"开始正式称为"撒里畏吾"，撒里畏吾人被置于蒙、元统治之下。不少蒙古宗王及贵族镇戍其地，有些蒙古部落也进入此地，成为撒里畏吾的重要组成部分。这部分蒙古人与当地回鹘融合，构成今天裕固族的两大源流之一。15 世纪中叶以后，撒里畏兀尔（明代称呼）东迁入关。明代后期撒里畏兀尔人逐渐与蒙古、汉、藏等族人融合而形成族体。今天的裕固族有东、西之别，西部以夜落纥氏为首的古回鹘为主，东部以出伯子孙为首的古蒙古为主。

达斡尔族也是与蒙古族具有共同的发源地的北方民族，额尔古纳河是孕育达斡尔族和蒙古族先世的发源地。达斡尔语与蒙古语是具有共同历史来源的亲属语言。蒙古族先世走出额尔古纳河流域向西发展，进入辽阔的北方草原地带，其森林狩猎生产方式转变为游牧生产方式，社会结构、生产方式、文化特征也随之发生了相应的变化，在语言方面，突厥语的前后列元音体系浸入蒙古语中，现代蒙古语正是在这种突厥化的过程中，失去了《蒙古秘史》中的那一部分原蒙古语的词汇，借入一批突厥语的词汇来代替它。而达斡尔族先世则沿额尔古纳河溯流向东发展，进入黑龙江流域，与满—通古斯语族系统的民族有了密切的交往，在语言中也渗入大量的满—通古斯语词汇，形成了有别于其他蒙古语族的独立语言。①

2. 阐释蒙古语族民族文化变迁过程中的族际共生关系与文化共享

元代以前，甘青地区有汉族和藏族生存，形成了"汉藏文化的边

① 孟盛彬：《语言接触与达斡尔族社会文化发展》，《齐齐哈尔大学学报》2009 年第 1 期。

缘"，是我国农牧民族频繁迁徙的主要场所，也是"农牧文化的边缘"。甘青地区的蒙古语族民族（东乡族、保安族、东部裕固族、土族）即在这种"两种文化与社会的边缘地带"中受到两边族群的影响，吸收各种文化因子，融合周边的人群，呈现出各民族之间相互交错的居住情形，为这一地区族际间密切的经济文化交流提供了条件，有利于该地区各民族间形成不可分割、相互依存的民族关系。因而这些人口较少民族兼事农、牧经济两种经济，形成了经济文化结构上的互补共生关系，成为其间的交流桥梁。同时，甘青地区处于汉文化（儒家文化）的边缘地带、藏传佛教文化和清代以来形成的中国伊斯兰文化圈的边缘地带，或者是它们的延伸地区，这里形成了多元宗教格局。在这里汉族、藏族和回族分布地域最为广泛，形成了网络大轮廓。人口较少民族东乡族、保安族、裕固族、土族民族交错、散处于这三个民族之间，文化之间的共性逐渐增加，民族边界摇荡在这三个民族之间，进行着外部融合和内部的整合，形成了民族文化共享的文化实践。

达斡尔族发源、生存的东北内蒙古地区是历史上一些重要的游牧民族的起源地和主要活动地，同时也是农牧民族文化密集交流互动的重要区域之一。达斡尔族交错处于汉族、满族、蒙古族之间，产生了族际间共生关系，文化间的共性逐渐增加形成了文化共享的现象。

（二）研究方法

本研究，以马克思主义的辩证唯物主义和历史唯物主义观点作为指导思想，从中国各民族"你中有我，我中有你"的历史渊源出发，在实事求是，体现和谐社会中的民族平等的基础上，主要采用文献研究与实地研究相结合，纵向研究与横向研究相结合的方法。具体操作中力图通过蒙古语族各民族文化变迁的比较研究，阐明蒙古语族各民族文化的共同性与特殊性；采用交叉学科（运用社会学、人类学/民族学）的相关理论与方法，进行宏观贯通与微观深入分析的综合研究；采用文化变迁过程研究与文化发展趋势研究相结合的方法，进行民族多元文化并存与构建和谐社会的关联问题的探讨。

研究方法上，运用实地研究方法与文献研究方法。具体的研究技术上，主要利用现有的文献资料在充分吸收前人研究的基础上，进行了历史资料的梳理。同时，在内蒙古、甘肃、青海、新疆等省、自治区，通过访谈、问卷调查收集了蒙古语族民族的个案资料，进行了分析。

实地调查的过程：课题组成员于 2007 年（7 月 11 日至 8 月 8 日）、2008 年（9 月 30 日至 10 月 9 日）、2010 年（1 月 20 日至 2 月 20 日），先后三次赴甘肃省东乡族自治县、积石山保安族、东乡族、撒拉族自治县、肃南裕固族自治县；青海省黄南藏族自治州同仁县"五屯"、互助土族自治县；内蒙古自治区莫力达瓦达斡尔族自治旗、内蒙古自治区阿荣旗、新巴尔虎旗开展了实地研究。通过非概率抽样方法确定调查对象，使用访谈问卷收集了 1172 份个案资料。

应该说明的是，本研究中有张晓红、马根权、辛利芹、范静、赖天能、李小卫、薛莉、柳丽、马兆熙、马佩霆、赵琴琴、马丽娜、李铃、宋彤、文斌兴、牛敏静、邓娇、楮智慧、郜翠萍、高斐、蓝朝阳等研究生先后参与相关实地调查、数据录入分析等工作。通过参与该研究项目的相关工作，使他们得到研究方法技能的训练和提高，这也是本研究的重要收获之一。

本研究包括了蒙古语族民族：保安族、东乡族、土族、裕固族（其中东部裕固人）、达斡尔族五个民族的历史与现实的研究。可以说，该研究的范畴庞杂、时空交错，能够非常清晰地梳理和分析这些民族在历史上的形成、发展以及族际交往错综复杂的关系，文化上的多样性等问题实属不易之事。因此，研究中存在一定的错讹疏漏之处。敬请专家、读者不吝赐教。

上　编

第 一 章

东乡族文化变迁研究

一 文化记忆与民族迁徙

（一）文化记忆：族源话语与民间口碑的叙述

关于东乡族族源及文化的渊源，学界提出多种观点：蒙古人为主说、沙陀突厥人为主说、吐谷浑人为主说、回回色目人为主说、三族或多族融合说以及撒尔塔人为主说等。民间口碑的多元话语，印证着上述文化渊源的多元表述。

（1）四家集马姓老人说：相传唐朝时由西域来了一个阿拉伯人，名叫万格斯，曾到唐朝首都西安，在陕西扶风建了一个大清真寺，唐王令他传教，他说人少，唐王令他到西域多请些人来，以后来了三千人（一说三百人），但都是男子，要求娶妻，唐王开了一个娱乐会，各族女子群集，唐王令阿拉伯人选择，于是选抢了各族许多女子为妻，有的是汉族，有的是蒙族，有的是藏族，其后代便成了以后的东乡族。虽然东乡族的话中多有蒙语，但也有汉话、藏话。这事相传载在"唐王卷"上。又说当时有"回回造反"之说，实因抢女为妻，并非乱抢妇女。又说当时未娶妻前，大家都有再回西域之意，每说"回回"，于是后来便有"回回"之称。①

（2）新星村民说：关于族源听爷爷说是成吉思汗的一个部落的后裔，其中姓马的从阿拉伯迁来，信仰伊斯兰教，其他姓氏的都从其他地方迁来，后来在姓马的人们的劝说下都信仰伊斯兰教。

---

① 《裕固族东乡族保安族社会历史调查》编写组：《裕固族东乡族保安族社会历史调查》，甘肃民族出版社 1987 年版。

（3）东乡县城妥姓老人（103 岁）说：我们的族源据说是蒙古族或阿拉伯人，有的说是阿拉伯人的后裔，因为信仰与阿拉伯人一样；有的说是蒙古族后裔，因为语言和蒙古族一样。

（4）东乡县城一位公务员说：40 多年前成立该县城，我 9 岁时随父母从临夏来此地上学。听老人说东乡族的族源是蒙古族，因为语言与蒙古族相同，现代东乡语和蒙古语还是差不多。

（5）县委周同志说：关于东乡族族源据说是蒙古族，元朝时，蒙古大军西征与当地民族融合形成了现在的东乡族。

（6）锁南镇坪庄村果园堆社马姓村民说：祖辈是清朝时从庆州府迁居来的庆州回民白彦虎——陕西回民造反的领袖，由于战乱作为难民迁来的，东乡族的族源是回族是据于此。

（7）百合区赵姓老人说：原来是汉族，后信伊斯兰教，成了东乡族①，东乡族自称"撒尔塔"。

（8）东乡县一位老人说：……"撒尔塔"是土语，就是回民，伊斯兰教。信仰伊斯兰教的都叫"撒尔塔"，回族、保安族、撒拉族、维吾尔族都是"撒尔塔"……

另有老人也说：……"撒尔塔"的意思就是回族，伊斯兰教。东乡族、回族宗教信仰一样着呢。信仰伊斯兰教的都叫"撒尔塔"……②

据《蒙古秘史》载，13 世纪初，成吉思汗"征撒尔塔兀勒凡七年"③。在战争过程中，蒙古军队消耗巨大，兵源不足，于是每陷一城，都要将当地人编入军籍。除征兵外，成吉思汗还从中亚征集工匠和有手艺的人，如攻陷撒马尔罕城后，征集"工匠三万人"④，攻下玉龙杰赤后"徙其匠十万于东方"⑤，这些工匠包括中亚各族人，他们或随蒙古军服役，或被发送后方。当时蒙古军攻陷的著名城市如：讹答剌、忽毡、费尔客忒、不花剌、撒马尔罕以及玉龙杰赤等，由于撒尔塔人的经营，都是手

---

① 《裕固族东乡族保安族社会历史调查》编写组：《裕固族东乡族保安族社会历史调查》，甘肃民族出版社 1987 年版。

② 丁宏主编：《回族、东乡族、撒拉族、保安族民族关系研究》，中央民族大学出版社 2006 年版。

③ 编写组：《新编简注蒙古秘史续集》卷一，第 346 页。

④ ［瑞典］多桑：《多桑蒙古史》上册，冯承均译，中华书局 1962 年版。

⑤ ［伊朗］志费尼：《世界征服者史》上册，何高济译，内蒙古人民出版社 1980 年版。

工业十分发达的城市，各种手工业者很多。与蒙古军西征差不多时代的志费尼说，蒙古人把"居民中的工匠瓜分，送往东方诸国。现在，那些国土内，很多地方还有花剌子模人在耕垦和居住"。[①] 撒尔塔人是花剌子模国境内最主要的民族，在成吉思汗签发的当地士兵和被瓜分的工匠中，撒尔塔人的数量肯定不少。他们是随着成吉思汗进攻西夏，来到今东乡地区并逐步定居于此的。[②]

在民间有不少"撒尔塔"的传说，关于人物、历史、名胜古迹、自然风物、社会习俗等民间流传的传说中无疑蕴含着民众的多元文化记忆。如《阿里阿答的传说》《哈木则巴巴》《安巴斯和布汉英吉尼的传说》等。

阿里阿答的传说中记载道：

> 在很早以前，从撒尔塔地方来了八个"赛义德"[③]，其中有个叫阿里阿答的，来到东乡的卜隆固定居下来。他逝世后，埋葬在今达板乡的赛罕坪上。

调查资料表明卜隆固村的东乡族至今认为从西域来的阿里阿答是他们的祖先。[④] 哈木则拱北、韩则岭清真寺、大礼拜寺的老人们讲道：大约是在元朝末年的时候，从很远的西域撒尔塔来了一个圣贤的人，人们叫他哈木则巴巴。他学识渊博，品德高尚，本事很大，会阿拉伯文和波斯文。他身上带有四件宝物：一件是传教证明，用波斯文字写成的"色者勒"，还有能听到万里之外声音的竹筒，绘有"克尔白"圣地的画像，以及手抄羊皮《古兰经》。这本《古兰经》现在还收藏在哈木则拱北。哈木则巴巴率领了四十个"弗格勒"传教弟子和八个撒尔塔部落头人"赛义德"来到东乡阿玛萨，他们在郊野中礼拜祈祷，约定四十个人分开到全国各地传教。哈木则带着家人来到龙家山，就是现在的哈木则岭。哈木则在龙家山修建了一座大清真寺，哈木则开始在寺里宣讲教义。龙家山一带的老百姓

---

① ［伊朗］志费尼：《世界征服者史》上册，何高济译，内蒙古人民出版社1980年版。

② 《甘肃文史资料选辑》编写组：《甘肃文史资料选辑——中国东乡族》第50辑，甘肃人民出版社1999年版。

③ 意为"主人"、"首领"，是伊斯兰对教徒穆罕默德通过其女法蒂玛与阿里传下的后裔的专称。

④ 《甘肃文史资料选辑》编写组：《甘肃文史资料选辑》，甘肃人民出版社1999年版。

都很淳朴，接受了圣洁的伊斯兰教。当时兵荒马乱，官兵毁坏了清真寺。人们把清真寺里的木材运走，一些拉到了州府，修了新的清真寺，几颗大梁拉到"麦池克"，怎么也拉不动了，人们就在寺沟修建了大礼拜寺。哈木则巴巴用羊皮《古兰经》开启了人们的心智。整个东乡年年风调雨顺，老百姓安居乐业。哈木则的五个儿子也结婚成家，儿子们分散到四周的村庄遍地开花，繁衍生息。老百姓生活平静安宁。相传大礼拜寺得到了明朝皇帝敕赐的几块御牌，上面写着"回避"、"肃静"等字样。哈木则巴巴九十高龄去世了，人们就把他安葬在龙家山上，后人怀念他，修了一座拱北，龙家山也改名叫哈木则岭了。①

现在哈木则宗族是东乡地区最大的宗族之一，其成员分布在东乡、广河、积石山、康乐、和政、榆中、永登、夏河、玉门、瓜州及青海、宁夏、新疆的部分地区，每年农历八月十六日是哈木则巴巴纪念日，各地的哈木则宗族成员都要来参加祭拜仪式。

《称够湾的传说》中记载为：

相传，有一次，中亚撒尔塔人的一个小部落，由于受外族的侵犯向东迁徙的时候，部落里每一个人的脸上都蒙上了一层愁云：离开故土，将迁徙到什么地方落脚呢？这时一个熟读《古兰经》而又饱经人生坎坷的"赛义德"出来给大家解愁了。他先拿出一杆秤，一个布袋，然后娓娓动听地说："我们至尊的穆圣说过，眷念乡土是半个依麻尼②，所以我们不要再惆怅了。只要有一颗眷念乡土的心和一双勤劳的双手，每走到一个地方，就捏一撮土，放在布袋里，称一称，直到袋满称够了的时候，那就是我们生息的地方，它和我们的故土是一样可贵的。"于是大家鼓起了信心，万里迁徙，每经一地，就捏一撮土，放在布袋里，称一称，直走到河州以东的一个山湾里，布袋满了，也称够数了，白发苍苍的"赛义德"便把这个装满布袋浸透颠沛流离、含辛茹苦的一撮撮土，深情地撒在这个山湾里。经过长期的迁徙生活后，大家就在这里安居下来。从此，这个山湾便被叫做

① 秦臻、马国忠主编：《东乡族——甘肃东乡族韩则岭村调查》，云南大学出版社 2004年版。

② 依麻尼，信仰的意思。

"称够湾"了。

东乡族自治县县城以东十多里的地方，的确有一个地方叫"称够湾"。①
以上大量的民间口碑，无疑是东乡族的多元文化记忆的表征。

（二）迁徙：拓展的族群关系

东乡族在历史上经历了三次大规模的移民。

第一次是清军入关后，东乡族民众参加了乾隆四十六年（1781 年）青海撒拉族人民掀起的反清斗争。起义屡遭失败后，东乡地区的民众开始向地处黄土高原农耕区与青藏高原游牧区交错过渡的地带的广河、临夏、康乐、和政、积石山等地自发移民，与这里的汉、回、土、撒拉、东乡及保安等多个民族杂居共处。

第二次是 20 世纪 50 年代后期开始向新疆迁徙。据新疆社会科学院民族研究所调查组在 1984 年对迁居伊犁地区的东乡族移民的调查，从 50 年代到 80 年代，东乡族移民迁移新疆的过程中，出现了两个高峰期，即 1960—1962 年，1966—1976 年。1960—1962 年正是我国处于艰难的三年自然灾害时期，生活在干旱区地带的东乡族民众处于饥寒交迫的境遇。大批民众较大规模地西迁。这一时期正是东乡族移民至新疆的第一个高峰期。1966—1976 年是东乡族移民迁移新疆的第二个高峰期。② 这次西迁引起十户、百户、千户的连锁行动，形成以家庭为单位，以民族群体为纽带的迁徙形式。③ 迁移到新疆后，与回族、维吾尔族、哈萨克族等信仰伊斯兰教的民族杂居一处，经济类型的多样化，渐渐拓宽了社会关系，如邻居关系、朋友关系、生意伙伴关系、姻亲关系网络等。

第三次是 20 世纪 80 年代后期，在政府的引导下进行的向甘肃省河西地区的移民行动，截至 2008 年先后建立了小金湾、古浪灌区、引大灌区、疏勒河项目扎花、独山子五个移民基地，累计向外移民 9238 户，4.34 万人。④

---

① 马自祥：《东乡族文学史》，甘肃人民出版社 1994 年版。
② 《裕固族东乡族保安族社会历史调查》编写组：《裕固族东乡族保安族社会历史调查》，甘肃民族出版社 1987 年版。
③ 马正亮：《甘肃少数民族人口》，甘肃科技出版社 2004 年版。
④ 东乡县移民办：《向外移民基本情况》，2008 年 11 月 6 日。

民族迁徙不仅使东乡族族群内部社会结构、文化形态发生了变革，而且使其拓展了族群关系，获得新的文化因素或文化上的创新。

二 社会组织的演变

（一）社会行政管理组织的演变

元明以来，东乡地区逐步建立受辖于河州之下的地方行政管理组织。元朝时期，东乡地区属陕西行中书省巩昌路和吐蕃等处宣慰司双重管辖，分属定羌、宁河、安乡三县。

明洪武三年（1370年），设河州卫，军政统管，实行"千、百户"与"屯寨"结合制，东乡辖于蒙古军千户和番客百户所。河州共设6个所58个寨，其中在东乡地区分属的有4个所6个寨。[1] 这些屯寨的屯民虽是老百姓，但并不向当地政府交租纳税，而是被编入千户、百户的组织中，向千户、百户等土官缴纳贡赋、承担差役。洪武中期，随着千户、百户等土官势力的衰弱，加强中央集权和便于朝廷直接征调赋役，在河州地区实行了里甲制度，共设立了四十五里，其中东乡有十二里。

1526年河州改为三十一里，东乡合并为九里，清初承袭明制，东乡仍为九里。从康熙四十三年（1704年）起，改里甲制为会社制，分东乡为二十四会，每会四五百户，会下设社，每社百户左右，东乡共百余社。每会设"练总"一人，会长三四人。清中叶，改"练总"为"乡约"，取消社长。[2] 民国十八年（1929年）九月，废"会社"制度，实行"村间"制度。东乡地区分辖临夏县、和政县、宁定县、永靖县。民国二十三年（1934年），成立临夏行政督察专员公署后，废"村间"制度，改为"保甲"制度。当时东二区约有四十三保，每保百户左右，保设保长。每十户设甲长一人。民国二十五年（1936年），临夏又改设6区64联保340保3273甲。东乡属于临夏县第三区，区公所设在锁南集，共12联保60保。民国二十八年（1939年），设第五区行政督察专员兼保安司令公署。民国二十九年（1940年）推行新县制，区改为指导区，设指导员一

---

① 《东乡族自治县概况》编写组：《东乡族自治县概况》，民族出版社2008年版。
② 《裕固族东乡族保安族社会历史调查》编写组：《裕固族东乡族保安族社会历史调查》，甘肃民族出版社1987年版。

人，驻县政府，将联保管辖区域改为乡镇制。临夏县所辖的东乡地区设锁南镇（今县城所在地）、鱼池乡（今临夏县南龙乡）、柳树乡（今柳树乡）、维新乡（今龙泉乡）、唐汪乡（今唐汪镇），共 37 保 441 甲。1940年至新中国成立前，建制无大的变化，只是保甲数目稍有增减。[①] 新中国成立之后，根据中国共产党的民族区域自治政策，于 1950 年建立东乡自治区，1953 年改为东乡族自治区。1955 年根据《中华人民共和国宪法》规定改名为东乡族自治县。

（二）家庭结构与家庭关系的变化

东乡族的家族内部结构是：家庭—家伍—宗族。东乡族称家庭为 gie，"房子"之意。据 1953 年的调查资料："东乡族中多实行大家庭制，儿子长大成婚后仍与父母住在一起。只有人数过多，房子不够分配时，才分居。"[②] 据第五次全国人口普查中东乡族自治县的人口统计资料显示，东乡族的家庭规模一直趋小，家庭户均人口从 1982 年的 5.83 人下降到 1990年的 5.69 人，到 2000 年又下降到 5.36 人。家庭中父亲与大哥具有绝对的家事决策权。

家伍是以父系血缘关系为纽带而联系起来的若干个的家庭组合体。多个家伍或大家伍形成一个宗族。家伍分为"亲家伍"和"大家伍"。一个祖父的后代组成的家庭，互相便是亲家伍；超出了这个范围的曾祖和太祖的后代，就是大家伍。大家伍的成员按辈分、年龄相称，具有相助共商大事的义务。家伍中按照辈分来确定家事决策权。比如说，变卖房屋等固定资产时家伍间讨论决策是否出售，优先卖给亲家伍或大家伍成员，若无再卖给家伍之外的人。目前较有名望的大家族有：哈木则、赤斯拉务、果园、白庄、胡门、张门、巴素池以及妥氏等。

东乡族的家族内部结构并未随着历代地方行政区划组织建制不断变更交替而失去它的存在的意义和作用。一个家伍、一个阿恒（村落）皆为社会组织，仍为东乡族民众的社会生活的纽带。不过随着现代社会的发展，城镇化的进程，东乡族男性外出务工机会增多，许多家庭由老人、妇

---

① 《东乡族自治县概况》编写组：《东乡族自治县概况》，民族出版社 2008 年版。
② 《裕固族东乡族保安族社会历史调查》编写组：《裕固族东乡族保安族社会历史调查》，甘肃民族出版社 1987 年版。

女、儿童留守。女性掌管事务，地位渐升。夫妻共商家务已成为普遍现象，家庭关系发生着变化。

（三）门宦的形成：群体的自我表达与分化

在东乡族地区，伊斯兰教的教派和"门宦"制度较为复杂。分三大教派：老教、新教和新兴教。老教是指中国伊斯兰教苏非派的四大门宦，即哲赫林耶、虎非耶、库布林耶、戛迪林耶门宦及其各支系小门宦；新教是指清末民初由东乡"果园哈智"马万福创建的伊赫瓦尼教，它不设"门宦"制度；新兴教是解放初期产生于临夏八坊而传入东乡地区的教派，又称瓦哈比耶派或色勒夫也，俗称"三抬"。

"门宦"一名的出现及被甘、宁、青苏非学派各支派所接受，说明中国伊斯兰教已与中国传统封建制度和儒家思想紧密结合在一起，逐渐形成了独特的封建门宦制度。在 1958 年进行的社会历史调查资料中记载，东乡族地区的九大门宦①中，北庄、胡门、张门是东乡族人创立的，影响较大的为北庄门宦，形成了东乡族地区的非常重要的社会组织之一。教徒的教派门宦归属意识较强，即使相邻的两个教坊，因教派或门宦不同，在婚丧嫁娶及重大宗教活动方面也有较大的区别，表现为民族内部教派门宦的分化及不同身份的表达。

三　经济生产方式的多样化发展

（一）多种经济经营

东乡地区有一些地名表明，早先在这里盛行商业及畜牧业生产，如伊哈赤（铁碗匠）、免古赤（银匠）、妥木赤（铁匠）、坎迟池（麻织匠）等，"赤"在东乡语中是匠人的意思；"斡脱"是元代特种商人的名称，在东乡以"斡脱"及其衍化而来的"窝妥"、"科妥"等命名的地名多达16 处，此外还有马场、牛沟等地名。元末明初，在东乡地区随着民族交往的深化以及"屯田"、"屯兵"政策的影响，汉族农业生产方式的影响逐渐扩大，农业生产有所发展，呈以商业、畜牧业为主，农业地位逐步提高的趋势。

---

① 九大门宦指穆夫提、北庄、胡门、华寺、洪门、沙沟、大拱北、疯门、张门。

东乡地区地处农耕地区和游牧地区的交汇处，洪武七年（1374 年）明廷在河州等地设茶马司，为当地民众的畜牧业打开了较稳定的出路，促进了生产的发展。尤其官办的茶马贸易是一种定时、定额的交易，较稳定地满足了当地民众的需求。清代嘉庆年间，曾在东乡锁南坝设有寨口，过往行旅也都在此打尖。这条官道，也是古代丝绸之路南路的必经之路。西宁至兰州、河州，再经黄河临津渡口，西达西宁之北，翻越祁连山，通往河西走廊，这条官道上商贾如流。这也促进了东乡族与汉族等多民族间交往和联系。但随着茶马司的取消商业贸易活动有所衰退，对商业依赖性较强的畜牧业和手工业也随之衰落，农业地位继续上升。

明代，在河州设"番客百户所"、"番厅"、"茶马司"等经商机构，当时的交换方式是以物物交换为主，交换物品主要有汉族地区的茶叶、布匹、瓷器，少数民族地区的马、畜产品。清代东乡族转向以农牧业为主的经济方式。民国时期集市贸易兴盛，增设红崖子集、达板空集、红泥滩集、池斯拉伍集、杂磨河滩集等，以农历二、五、八日或三、六、九日或一、四、七日或隔日逢集不等。当时集市上有粮、牲畜、布匹、山货、毛毡、褐子、木材、药材、日用杂货、茶叶等货品。新中国成立初期至改革开放前夕，由于"左"倾思想干扰，集市贸易趋于萧条，市面冷落。1978 年以后，集市恢复发展，截至 1991 年恢复和新建集市 24 处。东乡族商人的经营方式，不同的历史时期有所不同。元代以官办商队"斡脱"组织形式出现。自清朝、民国以来，小商小贩增多，字号少，现在有走乡串户的货郎、摆小地摊的摊客、长途贩运的脚户。志书对东乡族的记载不多，但对东乡族商人却多有记载，如"多脚户"、"多负贩"、"斡脱商人"、"善商贾"。的确，东乡族自古以来就有擅长于长途贩运的特点。从唐宋以来的"番客"，到元代的"斡脱商人"，再到明清民国的"脚户"、"负贩"，一脉相承。[①] 东乡脚户哥吃得起苦，受得起累，一年四季东走陕西汉中，南下四川马尔康，西闯青海甘南藏区，直至口外新疆，贩运马匹、茶叶、食盐、褐子等。这些脚户哥因路远，需要大本钱，所以一般都与临夏商店建有联系。一般脚户，大都是本地土生土长的庄稼汉，家中也有土地，都是"消闲买卖，紧张庄稼"，但不是家里的主要劳动力，他们在发展东乡生产、繁荣东乡经济中起了不可估量的作用。

---

① 马志勇：《甘肃东乡族史话》，甘肃文化出版社 2009 年版。

纵观东乡族从形成到"文革"期间六七百年间，东乡族经济经历了由一个从以注重商业、手工业为主到农工商并重到重农轻商，最后到单一的重农过程，这也是汉族农耕文化对东乡族经济影响日益扩大的一个历程。改革开放以后，东乡族的商业活动以空前的速度迅速发展，世世代代生产生活于东乡这块贫瘠土地的东乡族农民开始走出家门，走出东乡，在北京、深圳、海口、广州、云南、拉萨、宁夏、青海、新疆，在哈萨克斯坦、吉尔吉斯斯坦，在中东都可见他们经商的足迹，传统的单一的经济生产方式已经开始转变，并逐步形成以农业、商业为主，工业、手工业、建筑业、养殖业为副的多样化生产格局。①

（二）养羊业：生存中的文化创新

东乡族的畜牧业虽为副业，但是对东乡族人的生产生活而言具有重要的意义。养羊业与东乡族经济生活有着密不可分的联系。

1. 褐子、毛毡

清朝时期，东乡族的织褐子和擀毡就已负有盛名。东乡族把织褐子叫"木褐诺克"，把专门织褐子的人叫褐匠。织褐子的原料是用羊毛捻成的毛线，毛线一般由各家各户自产羊毛捻成，东乡语叫"木褐他木"。褐子是东乡族农民衣服的主要原料，颜色有黑、白、红三种，成品粗糙，结实耐穿。制毡业在东乡族中亦较普遍。东乡人制的毡子，种类繁多。东乡族的擀毡工具有：弹弓、竹帘、沙柳条。制毡工序分为拣毛、抽打、弹毛、铺毡坯、洗毡、搓边溜角、晾晒等。其中弹、洗、搓边技术性很强，尤其是最后一道工序搓弄毡边最为讲究。东乡族谚语说："擀毡把式高不高，就看最后一道道。"

2. 东乡平伙

东乡族中"吃平伙"的习俗由来已久。据说，吃平伙是中亚西亚的"撒尔塔"色目人东迁时接移过来的，后来通过筏子客、脚户、擀毡匠等四处奔波，常年回不到家者在驻地"手抓平伙"，起到联络感情、互相扶助的作用，逐渐成为了一种独特的饮食习俗。秋冬之季，东乡的"栈羊"②膘肥，人们在农闲之时相约"吃平伙"（意思平伙平伙，平起平

---

① 马自祥、马兆熙：《东乡族文化形态与古籍文存》，甘肃人民出版社2000年版。

② 栈羊即栏养绵羊，喂养时拴在圈里，多喂粮食，一般不拉出去放牧。

坐）联络感情，化解隔阂。聚到一起吃顿平伙肉，说一说自己的理，听一听别人的委屈，让大伙主持公道评评理，几经中间人说和，无理的赔不是，有理的表表态，互道"色俩目"目后，握握手，笑一笑，怨气疙瘩定会烟消云散。平伙钱分摊，交现钱或放"八月账"还账。

3. 羊皮筏子

黄河、洮河、大夏河三大河流经东乡地区的边缘，形成与临夏市、临夏县和定西地区临洮县的界河，水系比较发达。这里历史上是丝绸古道南路上的重要通道，洮河流域主要的渡口有野松达板渡口、唐汪渡口，还有塔石沟、马巷、红泥滩、科妥等民用渡口。黄河流域有祁家渡口，扎木池渡口，此外还有黑城渡、红崖渡、他家渡。大夏河流域有折桥、右丞渡。商贾从此处渡河的工具是羊皮筏子。东乡族人不仅在河上撑筏子运送客货，而且以羊皮袋、羊皮筏子竞赛作为休闲娱乐之活动。

四　文化的重构与认同

东乡族的语言、仪式与庆典文化，既是表征其民族精神的符号，同时也是其文化认同的要素。

（一）语言

语言与社会有着密不可分的共变关系，社会各个方面的变化都可能引起语言的变化，而社会又是一个复杂的概念，它包括很多组成部分，诸如社会制度、人口、历史、地理、经济、文化、宗教、民族心理等。通过语言，我们可以推论民族社会的发展过程以及民族之间的接触与文化的传播事实。东乡族的形成与发展历史，是不断与各民族间交融的一个复杂的过程。多元文化渊源的印记，记录在了文化表征之一的语言当中。

1. 蒙古语族语言

东乡语属阿尔泰语系蒙古语族，余志鸿曾对东乡语做过调查，并将现代东乡语与《蒙古秘史》中的词汇做过比较研究，发现在他调查的 1593 个词里与蒙古语同源的占 41.2%，东乡族的语言跟 13 世纪《蒙古秘史》时代的语言比较接近，而与现代蒙古语的差别很大，也就是说，当蒙古语的词汇在迅速变化发展时，东乡语的词语则相对比较稳定，它保留了早期蒙古语的古老的读音和用法。东乡语中蒙古语族同源词，绝大部分系反映人们衣食住行等日常生活中不可缺少的概念，它们构成了东乡语基本词汇中的主要部分，长期、稳定地被保存下来。如（用东乡语实用记音符号标音）sara（月亮）、kun（人）、kha（手）、morel（马）、tawun（五）、chighan（白）、ire（来）、mejie（知道）等。①

但是东乡语中的同源词在语音、词义以及用法上又表现出其自身的特点。与蒙古语比较，首先在语音方面：

（1）单元音少，复元音多，没有长元音，如"在蒙古书面语的一部分'元音＋y～g～y＋元音'音组在现代蒙古语口语中已发展成为长元音，而在东乡语中与书面语上述音组对应的是 au、ɘu、iu 等复元音和一些单元音"。

（2）东乡语音节以开音节为主，音节末尾辅音只限于 n、ŋ。"蒙古书面语构成闭音节的结尾辅音，在东乡语里表现为三种语音形式：音节末尾辅音脱落，变为开音节；表现为以 n 或 ŋ 结尾的闭音节；在相应的辅音后面增加一个元音 u 或 i，变成两个开音节。"

（3）"东乡语名词末尾的辅音 n 或 ŋ（相当于蒙古语词尾的'不定 n'），在接加变形附加成分时，保持稳定；在接加构词附加成分时，一般失落，但也有些不失落。"

（4）元音和谐律趋于解体。

（5）保留着现代蒙古语口语弱化或脱落了的非词首音节的短元音，反映了蒙古书面语和中世纪蒙古语的特点。

在词汇方面不同于蒙古语的是：保留有中世纪蒙古语时期的词汇，这些词在现代蒙古语口语中已经消失。此外，东乡语中的有些同源词在词义上与中世纪蒙古语相同，而这些词在现代蒙古语中表示有某种联系的不同意义；有些又与相应的同源词之间略有区别，或者表达有一定联系的不同意义。②

2. 汉语及其他语借词

东乡族在与其他民族接触、交往的过程中，丰富了本民族语言语库，将大量的其他民族语言词汇吸收进本族语中。在东乡语中汉语借词的比重

---

① 马志勇：《甘肃东乡族史话》，甘肃文化出版社 2009 年版。

② 甘肃省民族事务委员会少语办、西北民族学院西北民族研究所编：《东乡语论集》，甘肃民族出版社 1988 年版。

约为30%，它是除同源词之外东乡语中数量最多的词，凡新生事物几乎均用汉语借词表达。较早期的汉语借词如：cha（茶）、liengie（连枷）、hantan（汗衫）、be（百）、honshan（皇上）；近期的汉语借词如 shuji（书记）、gonbo（广播）、qiche（汽车）等，在东乡的唐汪地区形成了汉语词汇（多为临夏方言）＋东乡语语法而形成的一种特殊方言——唐汪话，① 汉语借词不仅丰富了东乡语的词汇系统，也对固有的语音系统和构词法产生了一定的影响。东乡语在语音方面也受到阿拉伯语、突厥语、藏语借词的影响。阿拉伯语借词，如 alen（宇宙）、mechi（清真寺），zhuma（聚礼日）、shaitan（鬼）、dunya（今世）、ruhher（灵魂）、hharamu（禁止的）、qida（经书）等；部分波斯语的借词也大多属基本词汇，如 asiman（天）、zemin（地）、biemar（病，毛病）、banda（晨礼），huda（真主）等；突厥语的借词也属反映日常生活的基本词汇，如 dan（墙）、orou（杏子）、kenchi（麻）、sizhagvan（鼠）、tashi（石头）、baer（钱）、tuman（雾）、bagva（蛙）等；还有藏语借词，如：zhanghei（狼）等。

河州地区是一个多民族区域，东乡语是在这样的区域里，东乡族民众与其他族际间语言文化的互动中，在语音、语法尤其是词汇方面互为影响、互为渗透而形成、重构的。

（二）仪式与庆典

仪式与庆典是民间社会建构和维持各种关系的重要手段。东乡族的民间仪式和庆典，反映了其独特的文化行为方式与文化认同。

1. 求雨仪式

当河水干涸、久旱不雨时，东乡族中传承着向真主求雨的仪式习俗。《布哈里圣训》记载：据艾奈斯（求真主喜悦他）传述，当人们遇到干旱时，欧麦尔·本·哈塔卜（求真主喜悦他）以阿拔斯·本·阿卜杜勒·孟塔利卜作为媒介去祈雨。他说："主啊！我们以我们先知笃的情分恳求你，求你给我们降雨吧！我们以我们先知的叔叔的情分恳求你，求你给我们降雨吧！"接着，果真有雨降下。②

求雨之前，众人斋戒三日，力所能及地施散东西，远离不义行为，诚

---

① 郝苏民主编：《甘肃特有民族文化形态研究》，民族出版社1999年版。

② 《布哈里圣训实录全集》第四卷，祁学义译，宗教文化出版社2008年版。

心悔罪，到第四天便带上老老少少出去，身着常穿的衣服，干净利落，谦恭而行。求雨仪式时，在礼拜场所集中，一人呼唤：礼拜要成立了。伊玛目遂带众人礼两拜，和会礼一样，但不念至大词；作两次演讲（呼图白），演讲大部分内容是祈祷词；第二次演讲中途应背向众人，面向天房，同时像穆圣所做一样，反穿大衣；面子入内，里子朝外，左右颠倒；众人也跟着这样做，并悄悄祈祷。然后伊玛目转过身来面向众人，并结束演讲。一直反穿大衣，直到脱衣时才脱下来。[①]

东乡族的求雨仪式对于东乡族民众来说，是有"意义"之行为。他们认为，河水干涸、久旱不雨，是人们违反了真主的禁令，干旱是真主给他们的惩罚，所以他们通过施散东西、在大寺里面朝天房，高诵经文，进行礼拜等勾勒出意义求雨仪式情境，表演活动和场景、实物都是表达或表现意义的手段。

2. 庆典——哈木则巴巴纪念日

东乡族是以父系血缘关系为纽带而建立起来的群体社会，其家族意识根深蒂固，每个家族大致都可追溯到其祖源，外加宗教文化的影响，他们每年都要在拱北、清真寺举行纪念先人的活动，这种庆典作为一种集体活动，与偶发的集体活动相比，它们不仅更加依赖仪式程序来展示文化内涵或象征文化意义，而且包含有属于文化记忆的丰富素材。

据说农历八月十六日是哈木则宗族先人哈木则巴巴去世的日子，每年的这一天，哈木则拱北都要举行纪念活动，每三年进行一次大型纪念活动。农历八月十六日是哈木则巴巴祭日，但通常八月六日便开始准备，初七、初八开始接待零星散客，初十举行大规模的纪念活动，即举行"亥勒"（宰牲仪式）祷告、诵经、宰牲，宰牲时一般要宰一头骆驼、数头牛、十余只羊和数十只鸡，一般认为七只鸡可以顶一只羊，七只羊可以顶一头牛，七头牛可以顶一匹骆驼，因此宰牲时，骆驼是最好的牺牲品。八月十六日是活动结束的日子。前来参加纪念活动的多分布在甘、宁、青、新等地的哈木则后裔以及大拱北门宦教徒，参加活动时通常以哲玛其[②]为单位，由哲玛其的伊玛目带领前来参加活动。纪念活动中前来参加祭祀的

---

① ［阿拉伯］安萨里：《圣学复苏精义》上册，商务印书馆2001年版。

② 哲玛其，汉译为教坊，或清真寺管理委员会，是以清真寺为中心，由周围的教民组成的地区性宗教单位，具有民间行政单位的特点。

人，要点香，念经，听经，做"堵哇"，送"哈吉雅"，有的还送苦单，最后拱北招待吃饭，每人分得一份油香和肉份子带回家。这是纪念活动的主要内容。①

从社会文化的角度来看，这种以村落和家族为单位举行的仪式庆典，正是一种基层社会心理的反映。一年一度的纪念活动使平时难以来往的各房头的人们聚集一堂，为那些居住分散、相距较远的人们提供了一个相互认识、相互交流、互通信息、联络感情的极好场所和机会，使各房头后裔特别是那些迁离房头聚居区的人们不致因为时间的推移而疏远关系，甚至失去联系。

---

① 秦臻、马国忠主编：《东乡族——甘肃东乡族韩则岭村调查》，云南大学出版社 2004 年版。

第 二 章

保安族文化变迁研究

一 文化记忆和民族迁徙

(一) 文化记忆：族源话语与民间口碑的叙述

保安族的族称来源于原居住地青海省同仁县隆务河畔的保安城、下庄、尕撒尔一带地名。有关保安族族源及其文化渊源，学界众说纷纭。主要有以蒙古人为主说、以回族为主说、以色目人为主说等观点。在民间，保安族民众以口头传承的形式，诉说着这些文化记忆的话语，表述其多元的文化渊源。

来自保安族聚居区的一位 67 岁农民是这样叙述的，听老人们说，我们保安人的根子是蒙古人，祖先充军到同仁县，到现在已经有 17 或者 18 代人了，后来随了伊斯兰教，我们成了回族。那里是藏族人管事，我们人少，被欺负着住不下去，就出来了。先在循化住了几年，最后被马全钦爷爷安置在大河家。我们的村子原来叫尕沙日，甘河滩叫妥加，梅坡人住在保安城里。小时候青海的藏族与我们有亲戚，还走动。还有人说保安这个名字是从地名来的。有说保安族是色目人，又说保安族是蒙古人。说是蒙古人，因为保安族是从成吉思汗时代过来的，从蒙古过来的，可能是开路先锋，保安话就是一种蒙古话。说是色目人，是因为祖先从伊朗来到蒙古做生意，被成吉思汗俘虏了，保安族历来是铁匠，给蒙古人开路的多是色目人的能工巧匠。这些都是爷爷们议论下来的。①

上过民族学院干训部的积石山县退休干部曾这样说，我们的老根子是

① 菅志翔：《民族历史建构与现实社会因素》，《青海民族研究》2007 年第 2 期。

青海黄南保安人，原是成吉思汗蒙古人的后裔，蒙古人失败了以后到保安住下的。我们的语言与藏族不一样，是蒙古语。我们只知道忽必烈。我们可能是忽必烈的散兵。分出去的裕固族、东乡族和保安族都一样。我们后来随了回回，有156年。在同仁随上的，当地的藏族头人不答应，我们跑到郎加部落，他们把我们解救到撒拉人那里。保安人随教，是花寺太爷，一个好老人家，劝下的。①

　　居住在兰州市的退休干部曾这样描述自己的族源，保安族就是中亚的穆斯林。成吉思汗打到叙利亚、中亚，队伍中有一条政策，妇女和工匠不杀。保安族就是这批人。蒙古人把这些人放到队伍中，这些人接触的是蒙古人，被他们统治，为他们服务，在这个过程中他们学会了蒙古语。这些人的伊斯兰教信仰非常牢固，所以一直没有被蒙古人同化。因此，可以这么说，保安族是以中亚穆斯林被驱赶到蒙古大军中进行后勤服务的这些人为主，为了生存和交流学会了蒙古语，依然保留了伊斯兰教信仰，安定下来以后通过婚姻吸收了其他民族的成分，发展壮大而形成的。②

　　实际上，保安族人的族源话语与民间口碑的叙述清晰地表明了保安族的族源及其文化渊源问题与特定的族群关系结构有着密不可分的关联。

　　保安族原居住地青海同仁地区，早在汉、唐之际，曾先后为西羌、吐谷浑、吐蕃的属地。宋仁宗明道元年（1032年），李元昊建立西夏政权后，其势力也涉及同仁地区。辽、金时期，女真人控制了黄河流域的广大地区，其震慑影响也直达包括同仁地区在内的积石州境域。13世纪初，成吉思汗在统一蒙古诸部以后，进行了大规模的西征。成吉思汗在西征过程中，将中亚诸国大批被俘的青壮年编入"探马赤军"，将掳掠的大量的手工工匠和有技艺之人发往蒙古军中随军服役，或押送后方进行生产。这些人包括回回、哈剌鲁、康里、阿儿浑、撒尔塔、汪古等多种人，大部分信仰伊斯兰教，当时被通称为"色目人"③。1225年，成吉思汗由中亚返回蒙古，这批信仰伊斯兰教的色目人被遣发东来，④ 又随蒙古军队足迹进入和留牧西北等地。1227年，成吉思汗蒙古军队灭掉西夏，并"渡河攻

---

　　① 菅志翔：《民族历史建构与现实社会因素》，《青海民族研究》2007年第2期。
　　② 同上。
　　③ 意为"各色名目"，又一说为"眼睛有色，与中原人不同"的人。
　　④ 蒙古军队一直不断遣发色目人到中国。

积石州"，居住在包括同仁在内的河州地区，河州成为蒙古军队的重要据点。1247 年，西藏萨班会见蒙古阔端王后，蒙古军在西藏地区的往来随之频繁。从此，同仁一带成为兵家过往的交通要道。1251 年蒙哥汗继位后，为了进一步控制西北、西南地区，进逼中原，曾命忽必烈举兵南征大理。次年，忽必烈率军进入临洮一带，河州等地又成为蒙古军队重镇，同仁保安地区成为重要的边卡。直到 1630 年蒙古和硕特部领主顾实汗因哈顿忽剌的威胁，离开新疆，进据今青海全境，保安地区既为重要的"边卡"，又成为包括有中亚诸国人和蒙古驻军在内沟通内地与西域贸易的据点。而蒙古军队中信仰伊斯兰教的色目人组成的"探马赤军"和"各色技术营"的人驻扎在隆务河畔，他们"上马则备战斗，下马则屯聚牧养"，亦兵亦农。1259 年，元世祖忽必烈统一全国后，随着战争的减少，元朝将"探马赤军"编入民籍，就地驻扎屯垦，允许他们娶妻生子，成家立业，成为"民户"。① 从此，在同仁一带戍边屯垦的军士，就成为保安族的"先民"。

元朝建立后，在各地除实行行省制外，又实行了诸王封建制。至元九年（1272 年），元世祖封皇子忙哥剌为第一代安西王，驻守于六盘山（以后迁往今西安），管辖今陕西、甘肃、宁夏等省（区）的一部分地区，蒙古军、探马赤军遍布他的辖区，河州地区（包括同仁在内）是他的屯兵重地。至元十七年（1280 年）忙哥剌死，子阿难答袭安西王位。阿难答自幼由一位穆斯林抚养，遂皈依伊斯兰教。在他承袭王位后，立即在其领地及所辖蒙古军中广泛传播伊斯兰教。结果，其"所部士卒 15 万人，闻从而信教者居其大半"②。

明初以来，为了巩固边防，加强对同仁地区的管辖，洪武四年（1331 年），明朝政府在积石州设立千户所和贵德守御百户所。除敕封以当地藏族为主的十二个部落头人为"昂锁"③ 作为明朝行政官员，继续统治自己的部队或派往其他各地任职外，对纳降的原陕西平章宣慰使司都元帅脱脱铁木儿，赐以赵姓，更名安，还封他为临洮卫土官指挥同知，包括同仁在内的河州一带落户就业的蒙古人、色目人仍然尚多。明朝帝王不得

---

① 东乡族简史编写组：《保安族简史》，甘肃人民出版社 1984 年版。

② ［瑞典］多桑：《多桑蒙古史》，冯承均译，中华书局 1962 年版。

③ 《循化志》。

不利用人数较多的蒙古、藏民族上层去协同管理。万历年间，为了进一步加强边防，增修各地城堡，添兵驻守各地，在同仁隆务地区设置"保安营"，隶属河州卫，置都指挥，管辖同仁十二族。① 原信仰伊斯兰教的居民则主要聚居于隆务河畔的保安城、下庄和尕撒尔等地。随着"保安营"的发展和扩大，后来明朝政府增加了由各地调来屯田戍边的大批内地汉族等军士，保安地方的民族成分有所变化，包括了以原色目人后裔为基础，有回族、蒙古族、藏族、汉族、土族等民族在内的各族人民。他们相邻共居，联姻结亲，在长期的共同生活中，形成了共同语言，具有了共同心理素质，最终大致在明朝中叶时自然融合成一个新的民族共同体——保安族。保安族的族源话语和民间口碑，在一定程度上表现了无文字记载的历史投影，从中还能管中窥豹似的略见保安族文化记忆。

（二）同仁"四寨子"至大河家"保安三庄"：移民拓展的族群关系

保安族的迁徙过程，同时也是一个多元民族文化的吸纳和融合的过程，亦是一个拓展族群关系的过程。保安族的族群关系拓展，是随着保安族的迁徙过程展开的。族群关系的演变、族群边界的变动以及族群的自我塑造，都是人们以群体状态适应环境和文化变迁的方式实现的。可以说，保安族在其迁移过程中不断地拓展族群关系，完成了移民社会的适应。

至明末清初之际，今青海同仁县保安族居住地区已形成了一个多民族大杂居小聚居的"四寨子"，即尕撒尔、年都乎、吴屯、保安。据说，保安城内当时有保安、回、汉等民族杂居，多为历代"守边防番"的"营伍人"和他们的后裔。城外有上下两庄，上庄住有土族"五坊头"，下庄则纯为保安族居住，俗称"德让马家"②。上下庄合称保安城外的"九坊头"。在尕撒尔，除了有保安族外，还有土族等民族居住；年都乎主要居住着土族，但也有少数回、汉、撒拉等民族杂居。这里除保安族聚居的尕撒尔、保安（妥加）、下庄三地被称为"保安三庄"外，四周邻庄均为藏族或土族的部落，即"同仁十二族"。清朝初年，保安地区仍归河州卫管辖，保安堡驻有清兵，招募当地撒拉、土、藏、保安族人充当兵丁。雍正七年（1728年），保安堡兵丁发动兵变，结果很快被清政府镇压。乾隆年

---

① 亦称"保安十二族"。

② "德让"在保安语和同仁土语中意为"四"，"德让马家"意为下庄的四个马姓家族。

间保安地区增设营制，改属循化厅，改都指挥为都司。此后，不断有内地兵丁驻防，保安营终于发展成为一个永久性的据点。保安族与当地藏族尕寨东部落因水渠问题引起纠纷，迫使作为"四寨子"人的保安族群体的迁移。

有关资料记载（马克文、蔡湘，1959 年；黎宗华、芈一之，1985年），保安族人离开保安城，先在藏人郎加部落住了一年，后又在循化撒拉地方住了三年，之后才进入大河家地区。① 保安族人来到循化地区，分别安置于城西"上四工"的群众家里：妥加人被安置在苏只工、下庄人安置在街子工和查汗大寺工、尕撒尔人安置在查家工。因循化"四工"人多地少，群众生活极为贫困，三年后保安族人再次东迁，沿黄河南岸穿过积石峡谷，迁入大河家地区。

保安族人初到大河家地方，一部分人留在了梅坡、甘河滩、大墩，按照在同仁保安地方的居住习惯，尕撒尔的保安人驻大墩，下庄的保安人驻甘河滩，保安城的保安人驻梅坡，形成了新的大河家"保安三庄"。部分人被安置在了柳沟的尕集、斜套以及刘集的高李家村等处。人口主要分布在大河家、刘集、吹麻滩、扎藏、临夏等由北向南的垂直线上。② 由此逐渐形成了如今甘青交界处保安族居住格局，如今分布在大河家地区积石山保安族东乡族撒聚居保安族拉族自治县，隶属临夏回族自治州。还有部分保安族分布于甘肃省甘南藏族自治州、青海省黄南藏族自治州、循化撒拉族自治县、民和土族回族自治县、化隆回族自治县、河南蒙古族自治县等民族自治地方。在这一大聚居小杂居的区域内，保安族与回族、东乡族、藏族、汉族等民族，以汉语方言作为族际共同语，形成了各民族之间互动与文化共享的实践。

解放以后，保安族也有过一次小规模的人口迁移，1960 年三年困难时期，有一部分保安族人迫于生活，与当地回、东乡等民族的部分人口一起迁徙到新疆。这种迁移属于自发的零星的过程。据 1990 年第四次人口普查统计，新疆的保安族人口已发展到 482 人，形成了新的保安族分布地区。③

---

① 菅志翔：《民族历史建构与现实社会因素》，民族出版社 2006 年版，第 98 页。
② 杨新科：《保安族人口分布及特点》，《西北人口》1998 年第 4 期，第 41 页。
③ 同上书，第 42 页。

二 社会组织的演变

（一）社会组织与家庭结构

据实地调查，保安族在青海同仁四寨子居住地时期，有 9 个"马家"，其中 4 个马家（保安语称"德让马吉"①）迁到今甘河滩（原住脱家下庄），两个马家（保安语称"挂日马吉"）在今大墩（原住尕沙日）。同时，对年都乎、郭麻日、尕沙日、下庄四个村的调查发现，实际上每一个"村"都是一个措娃②，内部由若干"谢乃"③（当地土族用藏语仍称措娃）之分，各个"谢乃"都各有其名，在部落内部的地位也有所不同，似乎有等级之分。马家"谢乃"称作"马吉么合"，意为"马家军队"，迁走了六个，另在年都乎有一个，郭麻日有一个，还有一个据说在吴屯。"谢乃"这种社会组织似乎有别于安多地区的藏族社会（邢海宁，1994 年）。也不同于汉族的宗族。在土族地区也普遍存在。④ 调查中发现，迁居到大河家以后的保安族人，起初将自身的移民群体定位在"一个同仁来的家族"的层面上，"谢乃"这种社会组织，从意识上或是形式上都与他们的生活存在着密切关联。如今迁居到甘肃大河家的六个"谢乃"的流布、传承，虽随着时间的流逝而变得模糊不清了，但是我们还是能够听到一些保安族老人不时会说到"×××是××仓的人"这样的话语。"谢乃"这样的社会组织形式已成为人们的"文化记忆"，记载着保安族的早期社会组织形式，现已被行政组织所替代了。

保安族人居住的大河家地方，在历史上一直隶属河州卫管辖。河州为临夏之旧称。在隋朝时就有行政设置，元代设积石州元帅府。1949 年解放临夏地区，建立临夏县建制，大河家等地方隶属临夏县，俗称"河州大西乡"。1952 年 3 月国务院正式认定保安族民族身份，并成立了保安族

---

① 保安语，四个马家。即马家仓、王家仓、勒干仓、家娃仓。

② 藏语，部落。

③ 所谓"谢乃"就是类似于汉族宗族的一种家庭组织，它对所属的每个家庭的重要家务和生产活动有很大的支配权，对公共事务有很大的决定权。目前，在保安族生活过的旧地，同仁年都乎、郭麻日、尕沙日、下庄四个行政村的土族中现在还有 30 个"谢乃"。

④ 菅志翔：《民族历史建构与现实社会因素》，民族出版社 2006 年版，第 88 页。

自治乡，下辖大墩、梅坡、甘河滩、高赵李家四个行政村，18 个自然村。1945 年 4 月成立大河家回族保安族撒拉族土族联合自治区，保安族自治乡改为保安民族乡。1956 年 10 月成立临夏回族自治州，大河家回族保安族撒拉族土族联合自治区改为大河家乡，保安民族乡隶属大河家乡。1980 年 6 月国务院批准成立积石山保安族东乡族撒拉族自治县。保安族人主要居住该自治县所属四个行政村大河家镇的大墩、甘河滩、梅坡以及柳沟乡的尕集村、斜套村，刘集乡的高李家村。通过民族身份的认定与社会行政组织归属的确定，保安族人逐渐在大河家地区的社会经济分层中处于较高地位，在农业、商业和政界有了发展，从而完成了移民群体融入当地本土群体的结构性融合的过程。

保安族的"家庭"作为基本的社会组织形式，有着与东乡族等民族相同的家庭结构特征，其家庭结构与其家庭关系有着密切的联系。早先主干家庭和联合家庭的形式，普遍存在于保安族地区。随着社会的变迁，联合大家庭逐步分解裂变成主干家庭或若干核心家庭，使原本的联合大家庭功能发生了变化。基于血缘关系为纽带的"家伍"形式逐渐成型，替代了原联合大家庭的功能。"家伍"是保安族家庭网的主要形式，是以血缘关系为纽带联结起来的若干家庭组成的统一体。"家伍"内部各个家庭具有直系血缘的天然联系，各个小家庭分居且财产互相独立，却紧紧围绕在原本大家庭的周围，联系紧密、互动频繁、关系密切。同时，"家伍"也是一个随着代际层次的增多和原初家庭的消失而不断裂变的过程。"家伍"内成员一般以上下三代、四代内关系最为亲密，五代及以上"家伍"所形成的群体因为母家庭的消失，彼此联系过于松散，又会裂变成不等规模的小"家伍"来。保安族人聚居的社区，通常都是由这样多个规模比较大的"家伍"组成。

（二）门宦的形成：群体的自我表达与分化

伊斯兰教在我国西北地区的发展中出现了"门宦"，"门宦"是清初伊斯兰教苏菲派思想传入中国后，在中国传统文化思想的影响下产生的一种宗教制度，属于伊斯兰教的神秘派，是苏菲派在中国的表现形式。门宦制度始于河州，逐渐扩展到其他各地。保安族迁居到大河家地方后，在其聚居地逐渐形成了"崖头门宦"和"高赵家门宦"。部分民众信奉"华寺门宦"和"伊赫瓦尼"。

"崖头门宦"系虎夫耶①的支系，是以传教人的原籍积石山保安族东乡族撒拉族自治县刘集乡崖头村而得名。崖头门宦的传教源流，据说是1860年由阿拉伯传入中国。第一个接领人是马文泉，他曾三次赴麦加朝觐获得"口换"，传于西南数省和兰州等地。马文泉亡故后，其教徒为他在兰州市耿家庄修建了拱北，取名文泉堂。由此被称为"兰州老人家"。现任兰州文泉堂清真寺教长为韩哲民。崖头门宦主要分布在积石山县、临夏市、临夏县、永靖县、甘甫临潭、兰州市、榆中县、青海循化、化隆、民和、同仁、海南、西宁市、新疆、宁夏、四川等地。

"高赵家门宦"，以创建人马依黑牙居住的积石山保安族东乡族撒拉族自治县崖头村而得名。创立于1915年，保安族教众以积石山县高赵家、甘河滩村人数最多，其余在大墩、柳沟、肖家、乩藏以及临夏、兰州、甘南和青海西宁、民和、祁连等地。高赵家门宦的历代掌教人都是保安族人。1928年马依黑牙亡故，由其助手王阿布都接任教权。1929年王阿布都亡故，由其姑母马桃花接任教权，她深受教徒的拥护和尊敬，使高赵家门宦有了较大的发展。1949年马桃花归真，将教权交给了马依黑牙之子马海子日和其妻马尕一色。1984年，马海子日、马尕一色相继归真，由马耀武（道号尔萨、如罕龙拉海）主持教务。

"崖头门宦"和"高赵家门宦"的形成，从某种意义上来说，是保安族作为移民群体迁徙大河家地方，在社会适应中的一种自我表达。

三　经济生产的演变

保安族的经济生产以农耕为主，以畜牧业、手工业、商业为辅。历史上的迁徙，使其经济生产方式发生了多样化的变化。

（一）单一至多种经济经营

1. 农业

保安人在青海同仁保安地方时，所耕的田地大多是沿隆务河两岸的川水地，只在沿山脚下有少量的旱地。从事农业农作物有青稞、小麦、豌豆

---

① 虎夫耶系阿拉伯语，意为"隐藏"、"低念"，或称"低念派"。因其在秘密状态下低念"则可若"（赞主之词）和礼拜、祈祷，亦称"隐秘派"。

和胡麻等。迁徙到大河家地方后，学习和吸收了当地汉、回等民族的耕作方式、生产技术，改进生产工具，引进农作物的新品种，粮食作物、蔬菜和水果等农作物的品种增多，耕作技术也有了较大的改进，例如用"豆类、洋芋倒茬"的方法代替多年在一块土地上种植单项作物的旧种法；农业生产工具有了明显的增加和改进，改进的农具中，把"二牛抬杠"由直木杠改为曲木杠，农业经济有了很大的发展。① 新中国成立后，特别是党的十一届三中全会以后，推行了家庭联产承包责任制。同时，随着农村经济体制的改革及农村产业结构的调整，保安族地区有了经济作物的种植。20世纪80年代，积石山县开始开发人力资源，劳务输出，通过生产自救，增加群众收入。

2. 牧业

保安族在青海同仁地区时就有着经营畜牧业以辅农业的生产方式。元明时代的保安马场为官方牧养战马，为出征与设防军人提供战马。保安族先民利用附近草场建立家庭牧场、屯垦农户圈养耕畜等形式推动畜牧业生产的发展。迁徙到积石山县后，"保安三庄"地处积石山山坡、丘陵地带，绿草成片，为保安族经营畜牧业提供了便利条件。每当到了夏秋季节，保安人中的养畜大户，把牛、马、羊群赶到著名的高寒草场——荒草坪、腊子湾、大墩峡、崔家峡豺狼沟放牧。在适宜的季节，还到大墩峡、崔家峡和范家峡山谷的树林中进行狩猎活动。所获猎物除自食自用外，尚有剩余的肉和皮拿去外销。牛羊皮在保安人的生活中占有很重的分量，他们把牛皮生鞣，制成皮鞋、皮带、皮绳、皮箱、马鞍、马蹬、笼头等，羊皮革制成的白茬子皮袄、皮裤、皮背心、皮帽子、皮褥子等服饰与床上用品，有的还制成口袋、羊皮筏子、皮垫以及披巾等用品。除自用外，剩余的作为商品销售，获得一定的经济效益。②

3. 商业

商贸经济是保安族经济的重要组成部分，从元代到明清时期，保安族的商业活动主要局限在隆务河、黄河上游的农牧区，商品只限于农副产品和农民生产工具。清朝后期，同仁保安地方随着保安站、堡等行政建制的

---

① 董克义：《甘肃保安族史话》，甘肃文化出版社2009年版。
② 迈尔苏目·马世仁：《在"田野"中发现历史——保安族历史与文化研究》，中国社会科学出版社2008年版。

加强与扩大，成为一条通往西宁和内地的交通要道，贸易往来不断增强，逐渐形成一个商业贸易区。"番"、"回"商贾达到百余家，其中就有一部分保安族商人，保安族商业贸易得到了一些发展。保安人定居大河家地方后，商业更加活跃，他们的足迹遍布西北地区、西藏乃至印度。到了民国时期，保安族的商贸活动走向全国和国际市场，保安族商人最初做"短脚"生意（即短途贩运），从大河家采购优质面粉、糖瓜、核桃、冬果和制作的各种农具，贩运到循化、同仁保安及黄安地区，从永靖的盐锅集、刘家峡采购黄烟和红枣，从河州采购藏传佛教徒用的铜制器具，到甘南、夏河、黄安藏区贩卖。保安人的经商特点是行商，从事商业活动的人，按其资本和活动范围可分为三类：

第一类商人（又称藏客）：这部分人资本多，而且同地方势力有着千丝万缕的联系，他们可以从这些人手中借到本钱，入股分红。他们同藏区的头人也有联系。此类商人的活动范围很广，主要来往于西藏、印度、青海、兰州、北京、天津、上海、成都等地。贩运的货物有珍珠、古玩、铜器、刀子、枪支、珊瑚、水獭皮、布匹、药材、茶叶、藏红花、大烟、绸缎、皮毛货、印度烟、日用品等。

每年跑藏区的商人，先要到一个指定的地方集中，一次集中有四五十人到五六十人，最多时达四五百人；一顶帐篷住四五人到十五六人，集中时牲口一般有四五百头到一千头左右。这些藏客经过青海时，一头牲口要给马步芳交 3 元到 5 元税钱，每头好牲口税要七八元。这些人每人都有一支枪，作为自卫武器。他们赚来的钱主要用于购置土地、房屋。

第二类商人（也叫松潘客）：这一类商人比第一类商人藏客的资本少，跑的主要是甘肃、青海两省的藏区，如夏河、青海同仁、贵德和四川省的松潘等地。贩卖的商品，一般为枪支、子弹、面粉，也有珊瑚、刀子、铜器等。换回羊毛、牲畜、皮子、大烟之类的货物。松潘客主要贩运枪支、子弹、皮袄、珊瑚、银子等，买回鸦片烟。这类的商人每年跑三次到五次，一次三五人至十多人为一伙。商业利润主要用于购买土地、购建房屋和放高利贷。

第三类商人（又叫短脚客）：这类商人的本钱更小，就是小商小贩。他们从刘家集、河州和官亭、兰州、永靖、循化等地购买一些枣、核桃、辣子、蔬菜、面粉、日常用品、铜器、铁铲子、斧子、镰刀等到附近的夏河、临洮、拉卜楞等地去卖，买些羊毛、皮子、酥油、炒面、山羊等，回当地出售。

除了以上商客之外，还有其他小本经营者，如有的每年在春秋剪羊毛季节，专门贩卖羊毛。这种生意，市场价格变化大，又不用跑远路，价格低了不卖，价格浮动上去再卖出去，往往能达到目的，保安人说这是保险的买卖。有的掌握大河家缺辣子而循化缺面粉的信息，就把收下的粮食驮到循化卖，再从循化买回辣子，在大河家一带出售，能赚些钱；有的从青海林场放木筏到兰州，卖木料；有的砍柴或烧炭到集市出售，解决油盐问题；有的是流动性的小摊贩，今天卖果子、核桃，明天卖凉皮、豆子等。这些商人主要在当地的大河家集和刘家集进行商品交换，这里早在清朝初年就已经形成了集市。新中国成立以来，这两个集市仍然是保安人经商的重要集镇。尤其是改革开放以来，保安族的个体经营者大都在此摆设摊点经营小本生意，农民们也在此定期赶集，进行物资交流。到了20世纪30年代，一批大胆的商人，开始走西藏和印度，他们被称为"藏客"、"印度客"；走北京、天津、西安、汉口、汉中、宁夏、内蒙古的成为"中原客"；从京津生意场获得外贸信息，有人漂洋过海走日本，做珊瑚生意，称"日本客"。到20世纪40年代，一部分人走四川松潘藏区，成为"松潘客"。

（二）手工业的变化与保安腰刀：生存中的文化创新

保安族打制各种铁具的历史由来已久，与元代的军事活动密切相关。在元代，作为"探马赤军"的随军服务工匠落居隆务河畔，他们传承了保安族的手工艺和手工业经济。早年保安城内有各行各业的手工业匠人或作坊，有的制作土枪弓箭，有铁匠、金银匠、铜匠、木匠、鞋匠、补碗匠等。他们大多以家庭手工业的形式进行，生产规模小，大部分工匠没有脱离农业生产，农忙务农，农闲做工。保安族的打刀技术的发展始于清代，远在民族迁徙路经青海循化地区时，就向塔撒坡修制土枪的工匠学到了打刀技术。当时制作的腰刀式样简单，质量粗糙。到了大河家以后，不断积累了经验，掌握了刀刃加钢和其他方面的技术。1930年以后，制出的腰刀不但样式增加了，而且质量也显著提高了。如今打制腰刀已成为保安族特有的手工艺品了。① 迁徙到大河家后，保安人制作腰刀主要用于交换牧

① 迈尔苏目·马世仁：《在"田野"中发现历史——保安族历史与文化研究》，中国社会科学出版社2008年版。

民的羊只或农区的其他商品，具有了商品性质。保安腰刀不仅种类逐渐增多，而且质量日渐提高。保安三庄从事打刀手工业者基本脱离了农业生产，经常自带工具到青海同仁县和甘南夏河等地去打制刀具。新中国成立以前，今积石山县刘集乡的高赵李家村共有 110 户，其中有铁匠 44 户 60 人，占总户数的 40%。① 如今，保安腰刀在设计、淬火、镶嵌等方面有了新突破，品种多达 20 多种，如，"什样锦"、"雅五其"、"双落"、"满把"、"扁鞘"、"双刃"、"细螺"、"波日季"、"哈萨刀"、"蒙古刀"等。其中最漂亮的要算"什样锦"，最著名的是"波日季"。关于保安腰刀品种如此繁多及其品种的来历都有其不同的说法和传说。

有关波日季腰刀的传说是这样描述的，据传很早以前，保安人居住在一个美丽富饶的地方，五谷丰登，人畜兴旺，家家户户都过着殷实美满的生活。幸福的生活遭到了魔鬼的嫉妒，时常出来残害姑娘。村子里的姑娘三天两头的失踪，给人们的生活蒙上了阴影。村子里有一个名叫哈克木的勇敢青年铁匠，决心要制服魔鬼，为乡亲们除害，可是他去砍杀魔鬼时怎么也砍不死它。有一天晚上，哈克木梦见一位白胡子老人教给他制服魔鬼的办法。第二天，哈克木按照白胡子老爷爷梦中的吩咐，仿照天池西边的一棵大树叶子形状，打制出了一把名叫"波日季"的刀子，在刀面凿上树叶的图案。晚上，哈克木拿着这把"波日季"刀砍杀了魔鬼，救出了被魔鬼抢走的姑娘，村子里又恢复了往日的安宁。②

还有一个是"一把手"图案的传说，传说在马步芳统治西北时期，甘肃大河家地区的保安族刀匠们为了生存，到青海、西藏等地做刀子维持生计。当时有一名保安族腰刀匠人技艺高超，在青海、西藏、四川等地区享有极高的声誉。有个地方官僚为了巴结马步芳，限令这位匠人在一个月内赶制一百把质量上乘的腰刀，不然将砍掉他的手。这位匠人早就对地方官僚欺压百姓、掠夺民财的行径恨之入骨，他傲视权贵，不畏强暴，宁死不屈。恼羞成怒的官僚残忍地砍掉了匠人的右手。后来保安族刀匠们为了纪念这位英雄的前辈，便在最好看的腰刀刀面上凿刻上了一个五指并拢的"一把手"图案。现在这个图案已被原国家轻工业部定为保安腰刀的出口

---

① 《裕固族东乡族保安族社会历史调查》编写组：《裕固族东乡族保安族社会历史调查》，甘肃民族出版社 1987 年版。

② 董克义：《甘肃保安族史话》，甘肃文化出版社 2009 年版。

的统一标志。①

保安腰刀在保安族经济、文化生活中占据举足轻重的地位，堪称保安族文化的表征之一，是其生存中的文化创新。

四 文化的重构与认同

(一) 族际交往的书写：多种语言并存

当我们深入保安族内部之后就会发现，保安族中存在着多语并存的现象。保安族语言中存在着大量的蒙古语、藏语、阿拉伯语、汉语等词汇，与保安族形成过程中的族源问题、民族关系的拓展、社会交往的深入等方面息息相关，组成了保安族语言的基本词汇。在大河家"保安三庄"内，因居住格局的不同呈现了语言使用情况多样化样态。

保安语属于"阿尔泰语系蒙古语族"语言。根据陈乃雄、布赫等语言学家调查考证，保安语在词汇方面还保留着中世纪蒙古语里曾经使用过，而现代蒙语里已经不再使用或者仅在个别方言土语里继续使用着的一些古老的语词。这样的蒙古语词汇约占保安语总词汇的40%。例如："跑"在现代蒙语里读"gui 一"，中世纪蒙古语里用汉语注的音却是"好刺"（《华夷译语》），正是大墩保安语中的"hol 一"。"萝卜"在现代蒙语里读"luubao"，《华夷译语》里用汉字注的音却是"土儿麻"。而甘河滩保安话用的正是"土儿麻"的谐音"ta rr/la"，等等，不胜枚举。同时，随着社会的发展，这些词汇也继而产生着变异现象，或被汉语借词替代。藏语借词约占保安语词汇的17.3%。保安语中的藏语借词"大部分是有关日常生活方面的固有词，主要涉及自然现象，生产、生活资料，亲属称谓，物体的性质、特征、数目等方面"。①阿拉伯语词汇主要表现在宗教礼俗、节日、命名等仪式性活动。

而使用汉语词汇的样态，可由两个方面进行梳理。早在保安族的先民在青海同仁地区的时期，当地藏民称呼当年四寨子（年都乎、吴屯、果杨、尕撒尔、保安城、下庄）的居民为"甲尔干仓"（记音），意为"说

---

① 董克义：《甘肃保安族史话》，甘肃文化出版社 2009 年版。

汉话的人"。① 保安族人迁移时由两部分人组成：一部分是城里说汉语的"营伍人"，他们的后裔是今大河家梅坡人和高李的李家人；另一部分是保安城外下庄和尕沙日村讲保安语的人，下庄人的后裔一部分形成了甘河滩、魏嘴、斜套、安民湾、阳洼、石家洼、肖家七个自然村，还有一部分到大河家后又继续向扎藏迁移，半年后被马麟赶了出来，历经艰辛才在高赵家落了户。尕沙日人后来形成了大墩、上五家、尹家山、燕麦墩四个自然村。② 因而不难理解大河家"四寨子"中梅坡人一直主要使用汉语。

新中国成立后，随着保安族政治、经济、文化的发展，保安语中汉语借词越来越多，范围涉及日常生活、生产等各个方面。如今，保安人基本上通用他们所谓的"中原话"即汉语，在汉语中广泛应用河州方言，具有鲜明的地方特色。在保安语中的汉语借词的使用率极为广泛。通过调查发现，大墩村的年轻人受汉语的影响最小，熟练掌握保安语的人数最多；甘河滩、高李两村受汉语的影响较大，保安语在相当一部分年轻人中只能听懂而不会说；而肖家、斜套等村庄的年轻人现在已基本不用保安语，互相交流基本靠汉语。

综上所述，蒙古语、藏语、阿拉伯语以及汉语等词汇在保安语词汇结构中不断变化，呈现出汉语词汇比重逐渐增加的趋势。

（二）仪式与庆典

保安族的传统节日中宗教节日及其仪式比较显著，有尔德节、古尔邦节和圣忌日。这些节日的庆典与东乡族、回族等穆斯林民族的庆典大致相同，因教派有别时略有不同。不仅体现了保安族富有民族特色与情趣的节日，同时也表达了民族之间的文化共享关系。

在民间仪式与庆典中，保安族的婚礼和葬礼也尤具文化特色和文化韵味。保安族的婚礼可以分说亲、定亲、下聘礼、婚礼过程，通过娶亲、送亲、闹宴席场等程序完成整个婚礼仪式。然而，我们看到能够体现保安族文化特色和文化韵味的传统婚礼中别具风味的"迎亲赛马"的仪式面临着传承和失传的危机，传统婚礼中精彩热闹的"篝火会"仪式濒临消失，

---

① 《裕固族东乡族保安族社会历史调查》编写组：《裕固族东乡族保安族社会历史调查》，甘肃民族出版社 1987 年版。

② 菅志翔：《族群归属的自我认同与社会定义》，民族出版社 2006 年版。

婚礼中独具特色的"宴席曲"表演日渐衰落，那些表现保安族人生活细节与情感的具有表征意义的"民俗质"逐渐变异，被具有现代性意义的元素所代替。比如，传统保安族婚礼中，全村人参加的"篝火会"，却被看一场电影所代替，在"篝火会"上唱"宴席曲"的习俗已经被现代曲调代替，举行"砸枕头"等闹新娘的传统闹房节目和游戏形式也已逐渐消失。

保安族丧葬习俗具有浓郁的伊斯兰教文化色彩，基本内容及方式和东乡族、回族等穆斯林民族的丧葬习俗大致相同，简单节约，主张速葬。

无论是宗教节日及其仪式还是民间的婚葬仪式与庆典，皆与保安族的族群认同、文化传承、族群关系及文化共享的关系以及他族对保安族的认识等方面有着十分重要的作用和意义。然而，我们看到随着社会的变迁，保安族的民间仪式与庆典也正面临着多元文化的冲击，诸多具有民族特色的文化特质也逐渐变异、消失，再次面临着文化因素的重构。

第三章

裕固族文化变迁研究

一　文化记忆与民族迁徙

（一）文化记忆：族源话语与民间口碑的叙述

学界主要从三个方面阐释裕固族的族源与文化渊源：裕固族是甘州回鹘的直接后裔；裕固族确系由"黄头回纥"发展而来，是西州回鹘的另称；是龟兹回鹘演变而来；认为"高头回纥"是高昌回鹘王国的一部等。[①] 同时，学界提出了裕固族形成过程中两大源流的观点："以出伯为首的一部分蒙古部落与回鹘人长期共属一地，相互融合，并且始终是这个群体的统治者。这就是这个群体的文化特征开始发生质的变化，不仅保留了回鹘的某些特征，而且增加了蒙古的某些特征，他们相互吸收，相互补充，构成了裕固族的两大源流"，"现在的裕固族有东西部之别，西部以夜落纥氏为首的古回鹘为主；东部以出伯子孙为首的蒙古为主，正是由此而来"。[②] 东部裕固人使用阿尔泰语系蒙古语族语言，系本书研究的阿尔泰语系蒙古语族民族之一。当我们走进裕固族地区调查时，发现当地保留着多元的文化记忆。

在访问当地人时，他们说：

> 语言和蒙古语相似，西部裕固从新疆迁过来，东部裕固从蒙古迁过来。在战乱中经过结合，形成新的民族"尧熬尔"。

> 从新疆而来，其实并没有西至哈至这个地方，东部裕固是从蒙古

---

① 郝苏民：《甘青特有民族文化形态研究》，民族出版社 1999 年版。
② 胡国兴主编：《甘肃民族源流》，甘肃民族出版社 1991 年版。

的西部过来，西部来自新疆北面和西面。到此以后赶走了匈奴人（原住民），而留了下来，后又被藏民征服，信仰是藏传佛教。

老人说我们是从西至哈至来的，可能和蒙古族有关，因为我们的安格里民歌，四季如夏的美丽家园和蒙古族有联系。是蒙古族的后代，从原生态民歌来看，歌词里骆驼很多，马很多。

我们从西至哈至来，西至哈至就是欧洲的匈牙利，我们从那里迁移过来，我们的族源是匈牙利人，匈牙利的民歌还有血型什么的都和我们一样。

裕固族分为西部裕固族和东部裕固族，东部裕固族的语言属于阿尔泰语系蒙古语族，西部裕固族的语言属于阿尔泰语系突厥语族。但我们都信仰藏传佛教的黄教。族源是匈奴，突厥，回鹘。考古出来我们是契丹人的后代，当时的契丹人是游牧民族，游牧就走着停着，停到这里就没有走了。公元13世纪到15世纪由古代回鹘人的一支以黄头回鹘为主体，融合蒙、藏等民族而成。史书称为黄头回鹘，撒里畏兀尔，黄番等，自称为尧熬尔。

裕固族形成于元末明初时期，自形成后在漫长的历史长河中，尤其是在15—16世纪裕固族东迁后，民间口碑传承成为裕固族历史和文化的主要传播方式。反映历史上裕固族迁徙过程的民歌《西至哈至》，歌词如下：

西至哈至[①]

1. 在那西至哈（啊）志时，我们曾经开过会，
   把爷爷们都请来，把舅舅们也都请来商量。

2. 经过历次战争裕固人已面临灭绝的危险，
   有地位的人快把办法想。

3. 在这生死存亡的紧急关头，
   大伙快拿主意吧，趁着这月色明亮
   ……

---

① 郑筱筠、高子厚主编：《裕固族——甘肃肃南县大草滩村调查》，云南大学出版社2004年版。

13. 经过七个部落的人讨论决定，

　　祖祖辈辈让安家部落的人把头目当。

14. 在安家部落的领导下，

　　步调一致继续向前方。

　　西至哈至是历史上裕固族迁徙的出发点，是裕固族人的故乡。民歌讲述了裕固族艰辛的迁徙过程，在艰辛的迁徙生活的背后，浮现的是裕固族人在民族集体记忆中实现自我身份认同的强烈意愿和多元的文化记忆。

（二）移民：拓展的族群关系

　　元朝时期，随着蒙古军西征南下，民族迁徙的步伐加快，民族杂居的程度加大。元朝朝廷在边疆实行"命宗王将兵镇边徼襟喉之地"。[1] 建立诸王镇守边疆的制度，这一政策使得蒙古人大量分散在边疆地区，并与边疆地区的其他民族的人民发生广泛接触，从而为形成其他新民族提供了蒙古族族源的成分。包括对东部裕固人的形成产生了直接影响。据《元史·速不台传》记载："帝命（速不台）度碛以往。丙戌（公元1226年），攻下撒里畏吾特（勤）、赤闵等部。"[2] 朝廷不断派宗王及蒙古贵族驻守其地，宗王及蒙古贵族的部属和家人也迁往这一地区，使得这一地区深受蒙古文化的影响。蒙古人与撒里畏兀儿地区的其他民族，如汉族、藏族以及回鹘等融合逐渐形成裕固族。裕固族形成后居住于撒里畏兀儿地区（即今甘肃、青海、新疆交界一带）。明朝初期，明政府在这一地区设立了关西七卫，随着关西七卫的设立，大批内地汉族将士及其家属不断西迁，深受汉族文化的影响。到15世纪中期，由于吐鲁番政权的不断侵袭以及诸卫之间相互劫掠等原因，诸卫纷纷东迁入关，被明政府安置在甘州南山和肃州塞内。甘州南部安置的里面包含东八个家和大头目部落。当时朝廷的安置原则是"分散安插"。这一政策打破了原来七卫互不领属的局面，七卫交错居住在祁连山地区。这又进一步加强了民族间的文化交流。崇祯元年，明朝政府在甘州设立梨园堡对其进行管辖。康熙年间，清政府将疏勒河源头的安定卫等卫的后裔内迁至祁连山腹地，即后来的大头目部

---

① 《元史》卷99，《兵志二》。

② 参见《元史》卷一，《速不台传》。

落，曲先等卫的后裔迁至今大河区，即后来的贺朗格家和亚格拉部落。朝廷划分"七族"，实行"分而治之"的策略，实行世袭统治，此后，其居住地再没有发生过大的变化。

裕固族的东迁，使其活动范围扩大了，与其他民族之间的交流进一步加强了，拓展了其族群关系。

二　社会组织的形成、裂变与重构

（一）"七族"及其特点

明朝初期，在裕固族部落的基础上建立了半军事组织"卫"，形成了安定王之下的诸卫联合制。之后，裕固族经历明朝中期的东迁以及明朝后期的颠沛生活，到清朝初期，裕固族当时有七大部落，清代称之为"七族"，分为西二族和东五族。它们分别是亚拉格家、贺朗格家、八个家、五个家、罗儿家、杨哥家、大头目家。其中，亚拉格家、贺朗格家属于西二族。清康熙年间，封裕固族首领为"七族黄番大头目"，可子孙世袭。自此，形成了"大头目"之下的"七族"联合制，这种联合制是明代安定王之下的诸卫联合制的继承和发展，一直延续到1954年肃南裕固族自治县成立。"七族"联合制实际上是北方游牧民族的部落联盟制的延续。它有如下五个特点：

第一，首领具有"土官"和"命官"两种职衔。古代北方游牧民族，都有自己的首领。明朝和清朝都准许部落头目世袭，是"土官"，不受外人干预，虽然是"土官"，但朝廷又授予各部落头目以指挥、都督等军职，使他们成为朝廷的"命官"，他们把世袭的"土官"和朝廷的"命官"统一于一身。这种命官不能调迁，朝廷封赐他们的爵位与品级，加强了各部落与中原朝廷的关系。

第二，部落首领具有"官"、"民"两种身份。从元明时期到肃南裕固族自治县成立，裕固族的大小头目虽然具有土官与命官的双重职衔，但是，他们既不脱离部落，也不脱离日常生产，因此，从某种程度上讲，他们既是官又是民。虽是朝廷命官，甚至被朝廷加官晋爵，但是朝廷并不发给部落首领俸禄，他们的生活仍旧靠本部落的畜牧业。私有制产生之前，草场为部落公有，部落首领有很大特权。私有制产生之后，草场为牧民个人所有，部落首领只能依靠个人所有的牲畜、草场维持生计。

　　第三，兵民一体。在部落制度下，人们既是兵也是民，平时为民，战时为兵。部落首领则是部队的指挥官，这种制度一直延续到肃南裕固族自治县建立。

　　第四，部落联盟头目和各部落首领之间有名义上的统属关系，而无直接的统属关系。无权直接干预各部落内部事宜，这是部落联合制的特征，是"联合"，而不是"直属"。裕固族社会的部落制度，形成了部落首领和联盟首领之间的特殊关系。部落联盟头目是裕固族的全权代表。但是，各部落之间，各部落首领与联盟首领之间，只保持着松散的关系，不存在隶属关系。各部落有相对的独立性，部落首领有权掌握本部落的政治、经济、文化等方面的大事，联盟头目无权干预各部落内部的事务。联盟部落首领对外代表本族，有上传下达的任务，特定情况下可采取紧急措施。到清末至民国年间，这种联盟关系更为松散，裕固族被分割于甘青两省，原有的"七族"部落分离为十个部落，地方军阀、宗教界等不断干预裕固族内部事宜，部落联盟头目的权力被大大削弱。

　　第五，部落制度下牧民的特殊身份。在部落制度下，牧民既不同于奴隶社会中丧失人身自由的奴隶，也不是具有人身自由的平民。他们的人身具有半依附性。到清末、民国年间，乃曼和大头目部落的牲畜草场已为个人所有，从理论上讲，牧民的这种半依附关系已不存在，但是，由于传统观念的影响，牧民仍然很难脱离部落，人身自由在事实上仍然受到束缚。

（二）"七族"的裂变及民族区域自治的建立

　　据国外探险家的调查资料表明：裕固族由七个部落"鄂托克"（裕固语称"敖赫达"）组成，每个部落又分成若干个氏族（裕固语称"的尔斤"，即"特勒"）。① 到清末至民国年间，裕固族的各部落处在分化解体之中，清朝康熙年间的"七族"，即七大部落，至民国年间，已分离为十个部落。新中国成立前，肃南裕固族地区还设有千户两人和"老者"若干人。千户是青海右宁寺土观活佛和马步芳的师长韩起功为扩张统治地盘而加封的。"老者"或称"族长"，负担差役等的组织者。新中国成立后，调查结果表明裕固族分成十个"家"，即十个部落。其中西部裕固族有三个"家"：亚拉格家、贺朗格家和西八个家。东部裕固族有七个"家"：

---

　　① 《裕固族简史》编写组：《裕固族简史》，民族出版社2008年版，第19页。

大头目家、杨哥家、罗尔家、东八个家、五个家、四个马家和曼台部落。

裕固族的姓氏多来自部落和氏族的名称，有的来源于祖先的封号，东部裕固族的姓氏，有三种情况，一是"安"姓，来源于祖先封号，从上面对东部裕固族氏族的介绍可以看出，"安"姓是裕固族中的大姓，在东部裕固族历史上的各部落均有分布。二是，来自氏族名称，现已演变为户族，这种姓氏在东部裕固族地区比较普遍；三是，同外族通婚带来的姓氏，这在东部裕固族的姓氏中只占一小部分。由部落和氏族名称演变而来的姓氏，将长期存在下去。同一姓氏组成今天的户族，能折射出历史上的氏族渊源，表明今日东部裕固族地区的村史，是裕固族地区历史上的社会组织和特征的反映。

新中国成立之前，历代统治阶级对裕固族所采取的政策，如明朝时期的"分散安置"政策，清朝时的"分而治之"策略，在行政管理上，裕固族地区没有被划分为一个单独的行政单位。随着新中国的成立，随着国家民族识别工作的进行，国家赋予了裕固族人的民族身份，并实行民族区域自治政策，于1954年成立了肃南裕固族自治县，使裕固族人民在政治上获得了平等的权利。

三　经济生产与生活方式的变化

（一）牧业经济的发展与生活方式的变化

裕固族从事畜牧业生产已有悠久的历史。在漫长的畜牧业生产活动中，牧民们积累了丰富的放牧经验。他们结合当地实际的自然生态特点和牲畜的适应性，把草场划分为冬、春、夏、秋四季牧场进行游牧养畜。过去，草场范围只限于本部族，除了大小头目有指定的牧场以外，牧民们顺应时节、生态环境的变化，在一定游牧圈内牧养畜群。牧民除了放牧和赶场，还有一年四季中与牲畜生产管理有关的一切劳动，如修建羊圈等；还有与牧民的衣食住行有关的日常劳动，如捻线、制帐篷、制作各种御寒服装和其他生产工具等。

裕固族居住地——河西走廊是畜牧业的重要生产基地之一，同时又是古代丝绸之路的必经通道，从唐代至清末，历代王朝都非常重视马的放牧，以充边防军备，曾设置专门机构管理马政，开设边市马场，进行茶马互市。随着明廷制定茶马互市制度，过着游牧生活的裕固族被划归于

"纳马之族"，每年需向朝廷缴纳一定数量的马匹，而朝廷则给牧民生活必需品的茶。《明史》记载，西宁卫的安定，曲先，阿瑞以及后来的罕东卫，初于河州开展茶马交易，因路途遥远，"运茶甚难"，后改于西宁茶马司。清朝继续推行"以茶易马"的制度，并规定，裕固族各部落每年必须上缴"茶马"113 匹，其分配数目为：大头目家 15 匹，杨哥家 23 匹，五个家 23 匹，八个家 12 匹，罗儿家 9 匹，亚拉格家 13 匹，贺朗格家 18 匹。[1] 茶马贸易的发展，促使民族间交换商品的范围扩大，一些生活用品也可以交流，满足了农牧民的生产、生活需要。同时，明廷在西北地区设立军事卫所制度，实行驻屯戍边政策，大批内地汉族不断迁入，从事大规模的屯田，农业生产规模进一步扩大，以农耕文化为代表的汉文化不断地向周边地区进行辐射和扩展，裕固族地区也受到农耕经济的影响，逐渐开始从事小范围的农业生产，不过，裕固族人主要还是从事畜牧业生产，农业生产在其经济领域所占的比重较小。

新中国成立后，裕固族地区实行"不斗不分，不划阶级"和"牧工、牧主两利"等政策，使得牧业生产得以迅速发展。1955 年，肃南县在康乐区试办了第一个裕固族常年性户主小组——安立邦互助组。互助组的建立解决了劳动力不足的困难，改进了牲畜饲养管理办法。1958 年 8 月，根据中共中央《关于在农村建立人民公社的决议》精神，肃南县采取撤区并乡，调整组织机构等措施。同年 11 月，裕固族地区所有的农牧民都入了社。1962 年，肃南县对农牧村的经营体制进行了改革，改善了东部裕固族集体经济的经营管理。之后，受"文革"政治运动的冲击，裕固族的畜牧业生产在这一时期内一直处于停滞不前的状态。

十一届三中全会后，裕固族的各项生产开始恢复，1979 年以后，裕固族地区逐渐向家庭联产承包责任制发展，1984 年，实行草场承包到户的生产责任制。随着我国改革开放的进一步深化，裕固族地区也进一步深化牧区改革，建立了草场畜牧业管理运行机制，并推行以草定畜和草原有偿承包制，牧民们能够对自己的草场进行有效的经营，转场时间由牧民自主决定。如今，裕固族人的生产方式主要经营畜牧业，以少量农业、手工业、运输等多种经营方式为辅。

同时，20 世纪 50 年代以后的草场规划、草场和牲畜双分到户等政

---

① 《甘肃新通志》卷四十一。

策，这无疑给牧民的生活方式带来了一系列的变化。特别是改革开放以来的家庭联产承包责任制，在一定程度上影响了牧民的生活方式。牧民们从逐水草而居形式逐渐向半定居、定居转变。其居住形式从帐篷逐渐转变为土木、砖木结构的房屋。随着东部裕固族地区社会经济的发展，牧民的物质生活发生了很大的变化，主要体现在牧民的消费观念上，生活方式的变迁也带来了消费方式的变化，消费内容也日益丰富。牧民的消费仍然以食品消费为主，在住宅上的消费也日益增加，这种变化主要表现在 20 世纪 80 年代以前，牧民住的全是帐篷，帐篷主要是牧民自己织的，而现在，帐篷主要是买成品，尤其是 20 世纪 80 年代末 90 年代初，牧民在冬春牧场盖起了砖土木结构的房屋，夏秋牧场仍然以帐篷为主，也有牧民在夏场盖起了房屋。历史上，东部裕固族人都是自己用牛羊毛、牛羊皮或兽皮制作衣服，现在主要依靠购买衣服、饰品等方面。

（二）养鹿：生存中的文化创新

1958 年，肃南裕固族自治县成立了肃南县鹿场，养殖祁连山马鹿。随着鹿的数量大幅度增长，企业开发鹿产品多样化。有鹿鞭胶囊、鹿胎胶囊、鹿茸切片、鹿血软胶囊、鹿宝酒等，用于医药事业和保健产品的开发与销售。是肃南裕固族自治县经济发展中的新景象，也是裕固族人民生存中的文化创新。

四　文化的重构与认同

（一）语言

裕固族东部裕固人居住在肃南裕固族自治县康乐乡、皇城镇和大河乡东部一带。其使用的语言属于阿尔泰语系蒙古语族语言。国内对东部裕固语的研究始于 20 世纪 50 年代。东部裕固语中大量存在着蒙古语、汉语、藏语以及突厥语词汇等。

东部裕固语是与蒙古语最接近的一种语言，不管在音节还是语音构词方面都紧密地与其同族语蒙古语结合在一起，表现出了非常明显的语言谱系学特征及其发展脉络。东部裕固语在蒙古语族内，同土族语、东乡语、保安语比较，居于特殊的地位。在语音方面，它和土族语、东乡语、保安语的共性较多，都有长短搭配的元音系统等特征，在词汇和语法方面同蒙古语的共同性较多。从语言学上考证，它更接近于 13 世纪、14 世纪的古代蒙古语，所以研究和保护这种语言具有特殊而重要的意义。①② 东部裕固语词汇和现代蒙古语比较，存在以下几方面的特点：首先，东部裕固语保留着中世纪蒙古语词汇和某些语音，特别是词首辅音 h。如：东部裕固语中的词语 hodən，在《蒙古秘史》中是 hodun，而在现代蒙古语中则是 ɔd；其次，东部裕固语中保留着名词和数次的末尾音 n。这在现代蒙古语的大部分地区已不存在。东部裕固语中的词汇 gyyn，在现代蒙古语中为 guu；再次，保留着现代蒙古语中已经失落的词末的各种元音，如，东部裕固语中的 hge，在现代蒙古语中则是 əx；最后，东部裕固语中虽然有些词汇在意义上同蒙古语完全相同或基本相同，但是也有一部分词不同或很不相同。东部裕固语词汇中的藏语借词主要是说语言中所吸收的是一些藏语中大的宗教词汇以及其他方面的一些词汇。如：（m）tʃoorden "天堂、塔"，ʃinəgsa "唢呐"，purwa "镲镲" 等。东部裕固语的词汇中的汉语借词占有很大的比重，最早主要是一些日常用语。如 gui（柜）、tʃəŋ（秤）、sai（菜）等词语的借用。后来借用词汇的范围逐渐广泛，不仅有日常用语，还有一些政治、经济、科技文化等方面的词语，东部裕固语中的新词术语几乎全部都是汉语借词。如 piŋdəŋ（平等）、taidu（态度）、gambu（干部）等。东部裕固语言中拥有一些突厥语词汇。如 mula，在突厥语系的维吾尔语中是 bala（小孩），solo 则是 sola（关）等借词。

（二）仪式与庆典

东部裕固人的仪式和庆典主要体现在人生礼仪和岁时节日中，如剃头礼、姑娘戴头面礼、敬火习俗、赛马等。在民间最具有影响力的仪式与庆典是祭祀汗腾格尔、祭祀鄂博。

1. 祭祀腾格尔汗：祭天活动

在东部裕固地区盛行腾格尔崇拜、祭祀腾格尔的活动。腾格尔即"天"之意。东部裕固人认为腾格尔汗能保佑他们避免灾祸，保佑人畜四季平安。每年农历的正月和秋后举行祭祀活动，正月的祭祀活动最为隆重。正月祭祀腾格尔汗时，请祭祀"艾勒其"（裕固族的萨满）主持仪

---

① 照那斯图：《东部裕固语简志》，民族出版社 1981 年版。
② 董晓波：《裕固族文化谱系解读及其现代性研究》，兰州大学博士学位论文，2007 年。

式。仪式过程为：地上铺块毯子，在毯子上摆放九堆粮食，每个粮堆上点放一盏酥油灯。九盏灯摆成三角形，灯上缠绿、白、蓝三色布条。毯子上还摆一小方桌，供一芨芨草扎成的草墩子，中间缠着布条的柳条。点燃酥油灯和柏树枝。举行献牲仪式，羊头与羊心置于九盏灯与草墩子之间，随后烫羊毛，取一半的羊毛塞入草墩中间。众人跟随"艾勒其"围转祭坛祭祀，"艾勒其"通过查看灯花占卜这家人一年中的吉凶祸福。若有祸事，"艾勒其"即告诫主人请喇嘛念经消灾。

2. 鄂博祭祀

鄂博，又叫敖包。东部裕固人认为山神不仅可以使风调雨顺同时也可以保佑人畜平安。在东部裕固地区，鄂博祭祀时，人们的住处离哪座山近就去祭祀哪座山的鄂博。据东部裕固地区的老人们回忆，鄂博祭祀是由部落头目或村里德高望重的老人来主持。当他们宣布仪式开始时，喇嘛就在旁边吹法号、法螺、念经。经念完后，祭祀活动正式开始，在新中国成立前，还要举行献牲和宰牲仪式，原来作为牺牲的必须是青色的不足三岁的公牛。在宰牲时，先要由喇嘛念经、吹法号和法螺，然后将奶子调上水，分开牛毛，浇到牛身上。由于突然受到水激，牛冷就会发抖，这样就表示神接受了它。1994 年以后，祭祀时就不再有献牲仪式了。之后人们就开始聚集在煨桑台旁，把自己带来的供品摆上去，同时点燃事先准备好的柏树枝。煨桑结束后，人们就聚集在鄂博台旁，鄂博是在山的某个地方用各色石块垒成的一个下面大上面小的石堆。人们先把自己背来的木杆插到台子上，称为"插杆"，然后把各色石头堆到上面。如果没有"插杆"就要带黑、白、黄三色石头，放到鄂博上。之后，每家每户就可以把事先准备好的系着家里牛羊毛的毛绳系到杆子上。同时还要把经幡系到杆子上，并献上哈达。然后围绕着鄂博台按顺时针方向转三圈。可以骑马也可以走路，走路时还要在鄂博的正方向磕长头、许愿。至此，祭祀活动就基本上结束了。①

以上祭祀汗腾格尔、祭祀鄂博仪式，体现了东部裕固人的族际文化交流、藏传佛教与萨满教信仰并存的状况。祭祀汗腾格尔、祭祀鄂博皆与萨满教信仰有关联。萨满教信仰是古代北方民族中普遍存在的一种信仰，遗

---

① 郑筱筠、高子厚主编：《裕固族——甘肃肃南县大草滩村调查》，云南大学出版社 2004年版。

存于一些民族的习俗或仪式庆典中，尤其是在阿尔泰语系民族的生活习俗中体现得淋漓尽致。东部裕固人在其形成、发展过程中深受蒙古族文化的影响，祭祀汗腾格尔、祭祀鄂博等仪式成为共享的文化资源。随着藏传佛教的传播，藏传佛教与萨满教信仰在裕固族地区的生活习俗中呈现为一种交错纵横的并存状态。在外来文化因素的引入过程中，原有文化因素虽然受到冲击，但是在现实生活中以妥协、交融的形式，完成了文化的重构过程，获得了民众的文化认同。这种文化的重构与认同的景象，在东部裕固地区处处可见。

第 四 章

土族文化变迁研究

一　文化记忆与民族迁徙

（一）文化记忆：族源话语与民间口碑的叙述

学术界关于土族的族源，主要有吐谷浑说、阴山白鞑靼说、蒙古人与霍尔人融合说、沙陀突厥说。土族自称"蒙古尔"、"察干蒙古尔"（意为白蒙古）等。在调查与访谈中发现，土族族源认同中"吐谷浑说"在本族精英层有着较大的认同，赞同"蒙古人说"的更多是在传统的农村和民间草根阶层。[①] 我们的实地调查也印证了这种现象的存在。土族族源的多元话语，实质上是土族多元文化渊源的表现，也是其家族迁徙、文化融合以及文化认同的折射。我们可以从土族地区广泛流传的家族迁徙、村庄形成等诸多方面的口碑叙述、神话、传说中窥探到人们的民族文化记忆及其文化变迁的轨迹。

在土族地区，相传成吉思汗属将"格日利特"（格热台）率部留驻今青海省互助县一带，与当地其他民族之间交融，逐渐繁衍而成土族。一直以来土族人把"格日利特"当作本民族的祖先来崇拜。至今土族村民中仍保留着与其相关的社会记忆：

互助土族自治县白崖庄的土族人说：

　　蒙古尔原是鞑子，是成吉思汗西征时来的。大汗部下在青海的互

---

① 祁进玉：《群体身份与多元认同：基于三个土族社区的人类学对比研究》，社会科学文献出版社 2008 年版。

助、民和及甘肃的东乡各留下一队人马，他们的首领就是格日利特。①

　　传说中提到的"格日利特"及其部将来到今互助县（当时属西宁州）一带的陈述，在史料中也有记载："（太祖）二十二年（1227 年）丁亥春，帝留兵攻夏（西夏）王城，自率师渡河（黄河）攻积石州，二月破临洮府，三月破洮河、西宁二州。"② 同时，关于"格日利特"的传说在青海民和地区也有不同的传说：

　　　　据说三川地区有一座崖尔寺，寺内供奉神明叫郭尔朵荻荻（荻荻，三川土语，意为爷爷）。据说郭尔朵荻荻是蒙古人，成吉思汗的大将，带兵攻打西藏，退兵时找不到马镫，便同部众在三川一带居留下来，并和当地的妇女结了婚。③

　　据相关专家考证，传说中的"郭尔朵"荻荻和"格日利特"是同一个人。由于民和互助地区方音的差异，使得同一个人名有不同的称呼。而互助土族自治县红崖子沟的土族人称自己为蒙古尔中的克尔伦（怯绿连）人，说他们是从北边的克尔伦地方来的。根据那里的老人说：

　　　　在北方有个叫克尔伦的地方，我们是从克尔伦迁到这里来的，所以我们把自己叫作克尔伦人。④ 在同仁地区也可以听到类似的传说，我们是从东方卡龙（克尔伦、怯绿连的方音）地方来这里守边的。⑤

　　在互助地区还流传着一些传说：有来自东北胡斯井、阿拉善、甘州马蹄寺等。互助土族自治县的一位昂锁（西藏喇嘛教系统任命的土族土官）曾于 1953 年讲述族源：

---

① 李克郁：《土族源流考》，青海人民出版社 1993 年版。

② 《土族简史》编写组：《土族简史》，青海人民出版社 1982 年版。

③ 祁进玉：《群体身份与多元认同：基于三个土族社区的人类学对比研究》，社会科学文献出版社 2008 年版。

④ 李克郁：《土族源流考》，青海人民出版社 1993 年版。

⑤ 同上。

我们上辈相传，我们祖宗的老家是在东北胡斯井地方，后来慢慢
迁移，经过绥远省蒙古草地，到了甘肃，才进了西宁府，落户在
这里。

1958 年 11 月，互助县丹麻乡桦林村的伊安邦（当时为地产队大队
长）说：

藏人称我们土族为霍尔，北边的大草原叫霍尔吉撒恰（即霍尔
的地方）。我们是从霍尔地方的甘州马蹄寺迁来的霍尔人，因为当时
霍尔已经占领了整个阿朗（藏语，世界之意），所以我们移到这里住
下了。①

1979 年互助自治县城关镇白崖庄的土族老人说：

我们白崖的吕家人是从阿拉善迁来的北套达子。阿拉善北部边界
有个寺院叫北套寺（据说在蒙古人民共和国境内），威远镇吉家湾的
土族活佛吉俊德（时任互助县政协副主席）就是北套寺的寺主。② 东
沟乡洛少的老人也说，他们是从阿拉善来的。

1953 年民和地区流传着祖先是蒙古鞑靼的传说。我们是鞑靼人，来
到这里已有八百多年的历史，我们的祖宗也是在北边草地住帐篷，过游牧
生活的。③

2005 年 7 月在民和地区中川的民主沟调查时，当地的村民讲述：

民主村解放以前叫"鞑子庄"。据说以前就是蒙古人居住的地
方，邻近的民主沟口的村子桑布拉湾，在解放以前一直叫撒马湾，这
里很早以前是鞑子庄（今民主村的旧称）的蒙古人放牧的地方。当

---

① 李克郁：《土族源流考》，青海人民出版社 1993 年版。
② 同上。
③ 中央民族学院编写组：《青海土族历史序论》，系手抄本。

地民间也有传说：有一支蒙古军队曾经在鞑子庄居住，并在此地放牧，驻守黄河渡口。①

同仁"五屯"位于藏文化所包围。据保安下庄 70 多岁的龙保当周和杨让才加的口述：

> 从前从西藏来的三兄弟，分居保安下庄、尕队和哈兰巴图等三地，后来由于保安下庄在蒙元时期屯兵垦田，一支蒙古部队驻扎在保安镇，讲蒙古语，与下庄村民频繁接触，后村民习蒙语，逐渐演变为土族。而其余两个村子即尕队和哈兰巴图现在都是纯藏族的村庄，语言、通婚和一切习俗皆与藏族相仿。哈兰巴图村名是蒙古语。另外也有三个村子原系蒙古族，后逐渐藏化或土化的传说，以及同仁土族来源于互助、民和三川地区、或是从南方迁来的汉族后经融合形成土族的传说。因土族没有文字记载，加之相关的民间记忆也很少，所以说法不一。②

通过对三个土族聚居地——互助、民和、同仁地方民众的族源话语与民间口碑的叙述，可以说，土族的文化渊源是多元的。在其形成过程、迁徙过程、民族交往过程中，不仅深受蒙古族、藏族、汉族等民族文化的影响，还吸收了不同民族成分，形成了土族文化的多样性。

（二）迁徙：拓展的族群关系

我们能够看到的最早记录土族分布情况的资料是《秦边纪略》中的记载，明清时期，蒙古尔人居住在黄河、湟水、浩门水流域的军事要塞，"河州卫，其民甚强，其土人甚盛。……"可是在解放前夕，原先住牧于上川口、下川口、河州、归德、老鸦等地的蒙古尔人无影无踪了，西宁西川口两祁土司各号称十万的蒙古尔人不见了。到解放初期，蒙古尔人相对集中在互助县、民和县、大通县、同仁县、乐都县和甘肃省的天祝、永登

---

① 祁进玉：《群体身份与多元认同：基于三个土族社区的人类学对比研究》，社会科学文献出版社 2008 年版。

② 同上。

等县。据 1958 年全国少数民族社会历史调查队青海省调查组的调查，互助五峰乡的陈姓蒙古尔人，是明代由湟中迁去的；丹麻乡哇麻的蒙古尔人是从纳林郭勒、岔儿沟、大小羊圈、吉家岭迁去的；松德的蒙古尔人是从甘肃省永登县的松山大滩、伏兰纳拉的土观庄迁去的；东沟大庄的胡姓、刁姓蒙古尔人是从甘肃省的羌鲜（羌水、鲜水）地方迁去的；五十乡的鲁姓，丹麻乡的鲁加，台子乡鲁子滩的蒙古尔人是从甘肃省永登县迁去的；衙门庄的蒙古尔人是从乐都县的水磨沟、互助的姚麻三庄、史家湾、纳林郭勒、大菜子沟、丰台沟迁去的；互助土族自治县丹麻乡的东家、桦林、柳家，原为哈拉直沟东桦六堡的蒙古尔人，后迁移到大通县了，他们仍然沿用桦林、柳家、松德、浪家等原来的庄名。互助县的蒙古尔人称大通县蒙古尔为西拉克·蒙古尔（Xulog monggol，意为边城以外的蒙古尔人），称天祝县的蒙古尔为恩吉拉克·蒙古尔（njilag monggol，意为祁连山以北的蒙古尔），称自己为昂拉克·蒙古尔（nanglag monggol，意为边城以内的蒙古尔）。频繁的迁徙，使一些地方原有的蒙古尔不见了，一些地方蒙古尔人口大增，而另一些地方，原来没有蒙古尔人，后来又出现了蒙古尔人。[①] 可见土族在居住格局上，总体来看没有发生重大变化，但从局部看还是发生了不小的变动。这种变动对土族人口的变化、民族间交往的影响比较大。到清末及民国年间，不少本族人口与其他民族人口间相互融合，人口数量急剧下降。

同样，土族在其形成和迁徙发展过程中也融入了不少民族的人口成分。据说在北宋年间，西来的阴山鞑靼与西夏结合，同唃厮啰进行过长期的战争。蒙古部落人在这个时期进驻河湟地区（今民和、乐都）一带。这一批蒙古人后来就逐步融入当地土人中。《西宁府新志》在记述明塞外四卫中说明正德时，蒙古大酋亦不剌等进入青海，安宁卫的元宗室卜烟帖木儿所部受到攻击，"部众散亡，仅余者徙居西宁沙棠川威远城东"。另外，在其居住地区也广泛流传着一些有关家族或民族迁徙的传说，在某种程度上也反映出民族融合和文化涵化的历史脉络。由于地缘上的相近或迁徙等因素，土族中融有藏族的成分。五屯土族处于安多藏区的核心地带，不可避免地受到藏文化的影响，服饰带有藏化的色彩，民族间通用藏语，同藏族通婚。如，三川鲍家庄的土族，传说是由黄南同仁迁来的藏民，后

① 李克郁：《土族源流考》，青海人民出版社 1993 年版。

来逐渐融合到土族中。在明洪武年间，曾有一批汉族人民从山西等地迁入
三川地区，从南京迁到互助地区，与当地土族人民长期相处，互通婚姻，
有些就融合于土族中。① 清中叶又有许多汉族人民陆续从四川、甘肃等地
迁居今互助境内，与土族杂居，互通婚姻，逐步融合到土族中去。土族中
还融合有回族、维吾尔族的成分。民和土族地区冶土司之祖、维吾尔人薛
都尔丁元初率其部（均维吾尔人）进驻今民和米拉沟一带。其中一部分
融合到回族中，一部分融合到土族中。②

综上所述，我们不难窥探出土族在其形成过程、迁徙过程中，拓展了
族群关系，不仅融合了蒙古族、藏族、汉族和回族等民族人口成分，而且
本族人也融入了这些民族当中。

二 社会组织的形成、裂变与重构

（一）"古列延"与"阿寅勒"、"亦马克"、"鲁思"、"库都"及土族姓氏

土族早期的社会结构是，丈夫和妻子以及其子女们组成的库都（家，
家庭），即《秘史》里提到的阔都（家）是社会的最基层单元，若干个库
都，即血缘上亲近的那些人们又组成了具有生产、军事双重意义上的小型
集体——阿寅勒。在平时阿寅勒是个游牧单元，他们以阿寅勒形式逐水草
畜牧。屯营时，所有库都（家，毡帐）形成环形圈子，诸延的库都在圈
子中心点，摆成阵势。战乱时，阿寅勒之间形成联盟，进行联合作战。必
要时结成更大的区域性联盟，这种大的联合体叫作鲁思（领地，国家），
蒙古人叫兀鲁思。鲁思的首领就是我们通常所说的汗（可汗，君主），如
同我们在《秘史》中见到的泰亦赤兀惕之俺巴孩，克烈亦之王罕和铁木
真父也速该那样的合罕（可汗）。可汗就是他那个阿寅勒群——鲁思地面
上的世袭的封建领主。③ "阿寅勒"是土族社会组织的最基本形式。在土
语里"阿寅勒"为"村庄"之意。在古时候，土族社会以集体游牧方式
"古列延"（意思是行营或圈子）为基本的生产单位，即民众以头人的毡

---

① 《土族简史》编写组：《土族简史》，青海人民出版社1982年版。

② 同上。

③ 李克郁：《土族源流考》，青海人民出版社1993年版。

帐为中心围成一个大圈子，结成集团进行生产生活。随着社会的发展，这种大的古列延式的集体游牧方式逐渐向小的阿寅勒的游牧方式过渡，从古列延中分化出了众多的阿寅勒，他们既联合又分散，在平时，以阿寅勒为单位进行分散游牧，遇到战事或威胁时，他们以安答（好友、契友、朋友）为纽带，立即联合起来统一行动。因而阿寅勒既是生产组织，又是军事组织。目前，在土族地区还保留着什格·忽你乞（shge huniqi，大羊圈）、木拉·忽你乞（mulaa hunioi，小羊圈）以及马圈、牛圈这样的阿寅勒名称，这些都是当时畜牧业阿寅勒的痕迹。

随着牧业经济向农业经济的转变，人们的生产生活方式也发生了变化。现在的阿寅勒不再是历史上的游牧式的阿寅勒，而是定居的农业式的阿寅勒。这种阿寅勒由十几户或几十户组成，每一户都有一个占地近一亩的方形院落，四周之土围墙高约 4 米，此种院落俗称庄廓。庄廓里面靠墙处分别立东、西、南、北四套房子，每套房为三间。四角分别可盖两间房，依次安排为厨房、草房、马圈（马、骡、驴、牛同在一圈）和羊圈。①

定居的农业式的阿寅勒，依然有共同的地界、共同的草山、共同的水源以及共同的村事及佛事活动。如有人越界放牧或自身受到某种侵害时，整个阿寅勒会出面干预。阿寅勒一般是以血缘关系为基础，由几个氏族和大家族共同组成，比如青海互助土族自治县的大庄村，至今仍然是由胡姓、何姓、刁姓、牛姓、李姓、董姓等八大姓氏组成的阿寅勒，青海和甘肃省其他土族聚居的阿寅勒，大致也是这种情形。其实组成阿寅勒的这些不同姓氏已为社会组织的分化埋下了隐患，如城关公社白崖大队的"罗古尔·阿寅勒"（意为出产菜子的村庄）、"祁嘎·阿寅勒"（意为住在河边的村庄）、"常鲜·阿寅勒"（意为从常鲜地方迁来的村庄）都是由人们居住地区的某种特征作为村子的名称，后音译汉再取村名的头一个字"罗"、"祁"、"常"为各该村庄居民的姓氏，这使得土人形成"罗"、"祁"、"常"等不同的村落。还有由于一些外姓的加入以及汉字同音多译的情况，使得原来相对单一的村落组织变得较为复杂。如索、徐、苏、沙、史五个姓取自"苏胡"一词的头一个音，胡、虎、布、卜、贺五个姓取自"劣胡"一词的后一个音，这样同一个词译出不同的姓也导致土

① 李克郁：《土族源流考》，青海人民出版社 1993 年版。

族人们化分为不同的群体。后来，阿寅勒打破上述血缘、地域、姓氏关系的限制，使原来不相亲近的阿寅勒混杂融合后形成杂姓阿寅勒，而且还形成了多民族聚居的社会组织形式。比如现在的以土族为主的"阿寅勒"，不仅是土族人居住在一起，还有汉族、藏族和回族共同居住在一个阿寅勒里。它是不同历史时期的民族大迁徙中自然形成的"大杂居，小聚居"的阿寅勒格局。在民和三川地区的土人把农业式的阿寅勒称为"亦马克"（也称为爱马克）。亦马克是吸收了各种不同部落成员的联合体，它们有共同的地界、牧地、水源和共同的社会公共事务。如在改土归流以前，互助地区的蒙古尔给土司缴粮纳差，都是以亦马克为单位进行的，一个阿寅勒可能就是一个亦马克，有时一个阿寅勒的居民分归几个亦马克。①

（二）土司管辖系统的延续与削弱

土司制度是封建王朝在少数民族地区，通过分封地方首领世袭官职，以统治当地人民的一种特殊政治制度。这种制度始于元代，清初正式确立，一直延续到民国，直到青海建省后才完全取消。土司一般具有双重身份，既是本地区少数民族代表，是本民族的首领（陈土司除外），又是封建王朝的统治工具。

元王朝在土族聚居区内推行土官制度，并对其首领授以官职，令其管辖土族人民。先后封祁贡哥星吉为金紫万户侯，李赏哥为西宁州同知兼指挥使，李南哥为西宁州同知等。明朝统治者继承元朝"封土司民"的政策，对他们"待之以礼、授之以官"，并分封十六家土司，命他们继续管辖土族人民。"皆自前明武时授以世职，安置于西（宁）、碾（伯）（即今乐都县）二属。是时地广人稀，城池左近水池，给民树艺；边远旱地，赐各土司，各领所部耕牧。"② 实行汉官与土官参治，许以世袭，令其世守。并命其"各统其部落，以听征调、守卫、朝贡、保塞之令"③。同时允许其依据当地习惯法制定"土规"、"土律"，在辖区内行使司法判决权力。后来他们都有了自己的辖地、衙门、部落和土目（土司所属员司的称号）、士兵。清朝，土官又归附于清王朝，他们仍就原职，授为土司，

---

① 李克郁：《土族源流考》，青海人民出版社1993年版。

② 《西宁府新志》。

③ 《明史·职官志》。

许以世袭，继续管辖土族人民。据清代史志记载，清代甘、青土族地区的土司共有十八家之多。但为了加强对少数民族的直接控制，清王朝对土司的实权有一定的限制，地方的统治权和军权逐步转移到流官手里。清雍正以后，清王朝对西南少数民族地区的土司制度，厉行"改土归流"政策。由于土族地区的土司有"捍卫之劳"，无忤逆之事，所以对土族地区的土司制度一直予以保留。同时，茶马市停止后，原先由土司所占有的"军马田地"或"茶马田地"逐渐变成农田了，土司的威权逐渐削弱。致使土司"所分田地，多鬻民间；虽有额设兵马，有名无实"。[①] 同时他们虽然对其属民照旧行使统治权（包括行政管理权、司法权和征收赋税权，属民向土司缴"积粮"），但其"舍房"所种土地（系从原先军马田地分出来的，对王朝不纳粮赋）则须直接向地方政府缴粮，称作"屯科"。这样王朝的地方政府在土族地区除通过明堡、乡约管辖一部分百姓并征收粮赋外，还向土司舍房征收粮赋。土族社会内部也出现了较前不同的地权转移和分散现象，不少土族成了耕者私产，一部分农民变成了世俗地主和富农。原先不准随意开荒的禁令也冲破了，土族地区的耕地面积迅速扩大。[②] 到了同治年间，在人民革命浪潮的激荡下，土司有的迁居西宁（如李土司），不敢袭职，有的逃到藏区，自动放弃累代相传的封建特权。光绪二十一年"乙未河湟事变"中有的土司被命令取缔，有所谓"冶土司""光绪之变，取缔于乙未"之说。[③] 到了清末民初，十六家土司只剩下八家了（东李、西李、东祁、西祁、汪、吉、纳、赵八家土司）。[④]

（三）宗教寺院的管辖

历史上，在土族地区，除了上述封建王朝所封立的土司以外，还有西藏宗教势力所封立的一些土官。这些土官被称为"昂锁"（藏语，意为内政官）。他们与土司并存，但是他们出现的时间较晚，统治的范围较小。这些土官的先世绝大多数曾经是土族各部落的头目。他们与土族地区的最大寺院——互助县佑宁寺有密切的关系。明朝末年，聚居在今互助县一带

---

① 《西宁府新志》卷二十四。
② 《土族简史》编写组：《土族简史》，青海人民出版社1982年版。
③ 青海民族公学材料《民和民族史》。
④ 《土族简史》编写组：《土族简史》，青海人民出版社1982年版。

的土族有十三个部落，都信仰藏传佛教格鲁派。但是没有寺院，只有十三个"喀尔卡"（喇嘛集会之所），信教人民深感不便。这十三个部落便派了十三位代表（皆为本部落头人），于明万历三十年（1602 年）前往西藏谒见四世达赖喇嘛，请他派人来监修寺院。寺院建成后，十三位代表因建寺有功，即由达赖封为土官。他们与佑宁寺的关系类似于寺主与寺院的关系。这十三位土官由于职司和僧俗的不同，共分六类。① 这十三名士官虽然管辖的百姓和土地多少不同，有的或者并不管辖百姓，但地位都是平等的，并没有高低之分。随后，"昂锁"等宗教寺院的管辖系统发生了变化。以互助土族为例，在设立互助县以前，这些土官管辖的百姓对土官有纳粮义务。百姓纳完土官的粮后即可不再向政府大仓纳粮，而由土官向大仓纳粮。1930 年互助设县以后，土族的旧官制一律取消，"昂锁"等土官原来管辖的百姓、土地一律由政府直辖，百姓则直接向县大仓纳粮。这时，土官的地位已和一般百姓相同了。但从寺院方面来看，仍承认他们旧日的地位。如佑宁寺每三年选换一次法台时，仍请这十三位"土官"来寺参加典礼，表示对他们前辈修寺有功的纪念。这种寺主与寺院关系的联系，一直到青海解放时依然未变。②

（四）保甲制度的废除

土司制度被废除，地方政府开始通过明堡乡约、村寨红牌的行政管辖系统统属当地的土民。如三川地区在建民和县前就设有官亭、赵木川、乡和（朱家）、中川、下川（美都）五堡，堡下设有社级组织，堡首长称"耆老"，社首长称乡约。建县后改设区和乡、镇及村级组织。

辛亥革命以后，甘青地区出现了封建军阀统治，直到 1949 年结束。在其统治期间，为进一步巩固统治，加强对土民的统治，1935 年马家军阀开始推行保甲制度，分设甲长、保长、保以上为乡。甲长多轮流担任，贫富农均有；保长则多由地主、富农出任。甲长专办差役、粮草和调查户口等事，保长则专管村中一切行政差款等。保、甲一般由群众推选，报县政府委任，任期一年，可连选连任。③ 但当时充任区长、保长、甲长者，

① 《土族简史》编写组：《土族简史》，青海人民出版社 1982 年版。
② 郭璟：《土族》，民族出版社 1990 年版。
③ 吕建福：《土族史》，中国社会科学出版社 2002 年版。

仍以旧时的土司、土官或具有权势的上层分子占绝大多数。直至1949年9月，青海互助、大通、民和地区得以解放，才从此结束了军阀集团在青海的统治，废除了保甲制度。1953年成立了甘肃省临夏大河家回、保安、撒拉、土族联合自治区（区级），其中包括今天的民和三川地区。1954年成立了互助土族自治区（1955年按照宪法规定改称为自治县）以及民和官亭、中川、大通逊让、宝库四个土族乡。之后，民和、大通成立了回族土族自治县。

三　经济生产的变化

（一）经济的发展脉络

土族早期经营畜牧业。元明以后河湟地区的种植业发展很快，逐渐改为以农业为主，兼营畜牧业和手工业。

土族先民为游牧民族，再加之适宜畜牧的自然条件——河湟流域"水草大善，夏凉冬温，水草繁茂，可耕可牧"，畜牧业生产成为土族民众经济生活中主要的经济活动之一。明代及清初的茶马贸易在很大程度上刺激了土族地区畜牧业的发展。同时在土族地区设置官办苑马监后，引入了外地的优良马种和较先进的畜牧方式，如重视草场利用，避免了早期游牧对草场的破坏，这些都对土族人民的畜牧业生产发展产生了一定影响。清初茶马互市停止后，许多军马田地大都变成了农田，土族地区的畜种也由以前的以马为主逐渐变为以牛、羊为主了。[①] 这个时期，不仅是土族的畜牧业得以发展的时期，也是从畜牧业经济向农业经济转化的过程。如，朱元璋在青海东部地区大兴屯田，寓兵于农。一方面从内地调发大量军户，"边地三分守城，七分屯种"[②] 由卫所领之，谓之军屯；另一方面，从内地移民实边，进行屯垦，谓之民屯。这既改变了土族地区的人口结构，使此地汉族人口激增，又使土族地区的大量荒地被开垦，耕地面积迅速扩大。同时随着移民屯田，内地优良的粮种、先进的生产工具及耕作技术也传进来，提高了土族人民的耕作水平。土族地区已形成了以农业为主的经济结构，畜牧业退居次要地位，农业生产得到了发展，不仅农作物品

---

① 《西宁府新志》卷5《地理志》。
② 《明史·食货志》。

种增多、水利资源得到更充分的利用，而且在民和地区还出现了园艺业。归德堡的土族人在这个时期也有了一些手工业（如酿酒、纺织等）。《秦边纪略》称，"堡皆土人，其地产金、褐子、氆氇"。[①] 尽管多种经济都有所发展，但土族地区的社会经济结构仍然是以农业经济为主的单一型经济结构。

新中国成立后，土族地区的经济结构也呈现多元化趋势。农业生产条件有了巨大的改变，地方工业得到了迅速发展，出现了面粉、酿酒、制药、陶瓷、五金、木器砖瓦等生产业。

（二）酿酒工艺、民间刺绣技艺：生存中的文化创新

明、清时期，土族地区伴随着农业经济的发展，促进了手工业（如酿酒、纺织等）的发展，有木匠、褐匠、银匠、铁匠、皮匠裁缝等十余种。主要以家庭副业的形式自产自销。有部分手工业者集中在市镇上形成了较有影响的产业。如，互助威远镇的铁匠铺、木匠铺和烧酒酿造作坊的生产有一定的规模，1932 年前后，威远镇已有了七家酒坊。土族地区素有自己酿酒的传统，酒的度数低，称作酩醪。明初朱元璋大兴屯田，实行移民实边的政策，使得南京、山西等地民众西迁拥入湟水北岸的沙塘川。从山西迁入的酿酒业者，以杏花村的烧酒技术改进了传统的土族酿酒技术，酿造青稞"烧酒"，使互助县威远镇成为甘青地区有名的青稞酒酿造之乡。

至新中国成立时，青稞烧酒作坊已有天佑德、义合永、永盛和、义兴成、文钰合等13 家，以赵长基的"天佑德"为最盛。在原"天佑德"等8 家作坊的基础上成立了青海省互助酒厂，酿造生产出了"互助"牌青稞酒，在很大程度上带动了当地经济的发展。

同时，土族的民间刺绣技艺历史悠久、源远流长，内涵丰富，被誉为土族民间艺术中的明珠。土族刺绣品种类丰富，花样繁多。如，就刺绣工艺品来说，有绣花枕头、手巾、袜垫、烟袋、针扎（荷包）等。仅绣花枕头就花样繁多，有"喜鹊闹梅"、"鸳鸯戏水"、"孔雀戏牡丹"、"凤凰展翅"等祝贺喜结良缘的图案，有"八仙庆寿"、"八宝罗汉"、"福禄寿喜"等祝寿贺寿的图案等。刺绣的种类按其针法分为盘绣、拉绣、堆绣

---

① 《秦边纪略》卷一。

等。近年来，土族的刺绣技法也在不断推陈出新，形成了土族绣品做工精细、种类繁多、色彩斑斓等艺术风格，表现出其丰富的文化内涵以及独特的审美情趣。青海藏之堂土族刺绣厂在青海互助土族自治县建成投产，标志着以土族盘绣为代表的土族刺绣产品的开发进入了一个全新的发展阶段。

四　文化的重构与认同

（一）语言

土族语言属于阿尔泰语系蒙古语族语言。根据 1953 年青海省少数民族调查资料显示，土族语言中蒙古语大约占 70%。1953 年，中央民族学院研究部的陈永龄教授等人在互助调查了 341 个土语基本日常词汇，其中 165 个词汇与蒙古语相同或相近。[①] 还有高名凯、清格尔泰、照那斯图教授等人通过对蒙古语族诸语言进行了对比研究，发现土族语言和同语族的蒙古语、达斡尔语、东乡语、保安语、东部裕固语在语音上有明显的对应关系，在词汇上有很大数量的同源词，它们之间具有更多的共同性。一是在土族语言里保留了古代蒙古语，但是现代蒙古语不用了。在青海互助县大庄村调查中发现村民的日常词汇中保留了很多蒙古语中的古词，如"习惯"、"锁子"、"路"、"家""瓦"等，但现代蒙古人基本上不懂。二是在现代土族语中有大量语词与同语族其他语言有同源关系，这些同源词在语音和语义上的关系大多数是很明显的。[②] 李克郁教授将土族语言与《蒙古秘史》《华夷译语》《事林广记》等古代文献进行比较研究后，也认为土族语中保留了 13 世纪、14 世纪蒙古语的一些语音特点。[③] 同时，土族语言中含有大量的汉藏语词汇。如"加希"（源于藏语的"扎西"，意为吉祥）、"西加"（源于藏语 Shjab，意为保佑）、"什吉"（来自藏语，意为幸福）等。[④] 如"姐"、"花"（借自汉语），"保"（借自汉语，意为保佑）等。

---

① 李志农、丁柏峰主编：《土族——青海互助县大庄村调查》，云南大学出版社 2004 年版。
② 照那斯图：《土语简志》，民族出版社 1982 年版。
③ 李克郁：《土族源流考》，青海人民出版社 1993 年版。
④ 高丙中：《民间文化与公民社会》，北京大学出版社 2008 年版。

现代土族语言分互助、民和、同仁三大方言区，青海互助、大通、乐都和甘肃天祝等地的土语属互助方言；青海民和三川地区及甘肃积石山等地的土语属民和方言；青海黄南藏族自治州同仁县的"五屯"土语属同仁方言。甘肃卓尼土族，俗称"勺哇土族"，使用属汉藏语系藏缅语族藏语支系的方言。土族人普遍兼通汉语和藏语。民和方言内部差别不太大，语言中夹杂着大量的汉语借词，一句话往往是半土半汉的混合语。语音与互助方言稍有差异。如，互助方言的 x 和 f，在民和方言中读为 q 和 x；互助方言的元音分长短，而民和方言的元音不分长短。词汇方面，互助方言的汉语借词比民和方言少，但是有大量的藏语借词，与同仁方言比较相似；互助和民和方言在词汇上有差别。同仁县的"五屯"同仁方言是三大方言区中最具典型性和独特性的方言区。"五屯"同仁方言划分为两个土语群：一支是以年都乎、郭麻日、尕撒日、下庄等村为代表的土族语言，属于阿尔泰语系蒙古语族河湟语群的土族语（即同仁土族语方言）。这里的民众内部通婚率较高，语言上相同或相近，有着较强的凝聚力和认同感；另一支是以吴屯上、下庄和加查玛等村为代表的使用一种独特的土、藏、汉语混合型语言，学术界称之为"吴屯语"。这两种土语的构词方式不同，河湟语群的土族语的构词方式是以派生构词法为主，而"吴屯语"的构词方式是靠附加词（缀造）造词法。由于吴屯与其他四个村子语言上不能彼此交流，体现在文化背景上差异较大，所以投射在村民的心理认同上也会产生隔阂。几位年都乎和保安下庄的老人都说吴屯人不是土族，可能根子上是汉族，只有年都乎、郭玛日、尕撒日和下庄才是真正的土族，他们说的才是土语。吴屯村民也认为自己是土族，但是特意强调其与邻近几个土族村子还是有区别的。①

通过对土族语言的多元性特征的分析我们看到，土族的形成发展过程、历史上的民族迁徙以及民族间频繁的交融，使得其民族语言发生了多元化的变异。不仅仅是体现在土族方言的形成、土族语词汇中多种借词的并存，更重要的是体现在土族民众对群体文化渊源的追忆以及群体身份的多元认同上，是其文化重构与认同的典型事例。

---

① 祁进玉：《群体身份与多元认同：基于三个土族社区的人类学对比研究》，社会科学文献出版社 2008 年版；祁进玉：《"五屯"土族的族群认同》，《青海民族学院学报》2005 年第 3 期。

（二）仪式与庆典

在土族民间传承着诸多的仪式与庆典，如"纳顿"节、"装脏"仪式、转山仪式等较具有代表性。

1. "纳顿"节

"纳顿"节是三川土族的传统民俗，从农历七月十二日中川乡美一村宋家开始，一村接一村，渐次延续到农历九月十五日中川乡朱家村结束，有固定的届期，民和三川民间土族"纳顿"节规模最大。"纳顿"节表征着土族民众庆祝丰收，共同分享收获的快乐；祭祀祖先亡灵，敬奉神明，祈求神灵护佑，生活富足平安。"纳顿"节的组织者称为"牌头"，分"大、小牌头"。有些地区将"大牌头"也称为"总家"，"小牌头"称为"七绕七"。"牌头"之下由具有威望的"老者"组成，共同管理本村庙会的各项重大活动。

"纳顿"节的活动由"跳会手舞"、"跳面具舞"（民间傩戏表演）、"跳法拉"三部分组成。"会手舞"为开场节目，由数十人至数百人参加的群众性集体舞，参加者按照长幼次序排列，伴随着锣鼓的节奏一齐踏动舞步。当地民间传说这种"会手舞"最早起源于蒙古军队为行军习武所演练的古代阵法，后渐变成纳顿节的"会手舞"。"面具舞"以展演"庄稼其"（即庄稼人）剧目拉开序幕，叙述的是土族祖先由游牧生活步入农耕定居生活的真实写照。同时，《庄稼其》也反映了族群根基叙事，口述史文本较多，普遍传说：很早以前，土族的先民们过着逐水草而居的游牧生产生活，后来，三川地区来了西征的成吉思汗的蒙古军队，留有余部在这里驻扎留守黄河渡口。久而久之，留守的士兵就有与当地的诺尔羌女人婚配的，如此渐渐定居下来。军队中原有许多汉人士兵，他们精通农业，而且当地气候温和，十分适合发展农业，汉人老兵教给当地土著人农事技术。为了纪念这段历史，遂将之编为民间舞蹈，流传至今。另有传说：很早以前，当地土人部落出了一个很强的女首领，叫丹阳公主，管理着三川地区。三川土人过着游牧生活，人们的生活很贫困。三川对面南部的羌部落经常来抢劫、侵犯，尤其是到了冬天，黄河结冰，更是频繁来犯。这一年冬天，羌部落又是大张旗鼓，杀气腾腾而来。丹阳公主忧心忡忡，此时，帐下一名汉人老兵进帐献策："禀告大王，若是在霍尔盖乌拉（山）前堆起七座小山包，山包上撒下白石灰，羌的兵马会不战自退。"丹阳公主别无良策，只好冒险试之。第二天，罕的兵将们朝山顶一望，顿时大惊失色："不得了啊！光是面山就有七座，不知道土人的兵丁会有多少哩？"带领的将领马上命令撤退。事后，丹阳公主想到必须要有足够的粮草，才能永久保住三川。后来，由汉人士兵教给土族百姓农业耕作的技术，过上了定居生活。① "面具舞"中展演的《三将》《五将》《杀虎将》等其他剧目，是三川地区土族的傩祭仪式的重要民间傩戏表演节目，反映了汉文化对土族社会文化的广泛影响力。傩戏内容是汉族秋季祭祀土地神的移植，供奉的是汉传民间信仰的神，表演的是汉传故事情节，有关羽、张飞、刘备、吕布、曹操等人的角色表演。随着民族旅游业的快速发展，使得原本以酬神祈福为特点的民间傩祭遗俗，变得越来越富有娱乐性，如舞蹈《土乡花伞》、歌曲《大三川》等具有较大的娱乐性。

学术界对"纳顿"节的来源有不同的研究建树，有学者认为"纳顿"节这种民间遗俗，最初源于傩祭。在民间对其来源流传着不同的说法，有一种传说与蒙古军队有关。据说在元朝初年，成吉思汗的蒙古大军征战西北。其中一支大军行军到了河州城（今临夏）后，分兵两路，一路从凤林关过河，经接官岭、古鄯驿，进军西宁；一路进积石关（亦叫临津关），从循化进军西宁，两路大军渡过黄河都要经过三川地区。大队人马因长期行军作战，人困马乏，就在黄河边驻扎休息。正当大军酣睡之际，上司突然命令大军开拔。但是，一小部分军队因劳累过度，没有听到大军出发的号令。留下来的这一部分队伍一无粮草，二无向导，只好逗留在三川地区。他们在三川开垦荒地、种庄稼，打算筹足粮草再去寻找大部队。谁知道到了第二年秋后，蒙古军队征服了整个中国，成吉思汗的后代也当上了皇帝，上面传令叫他们继续留在当地，把守黄河。于是，这些军队平时种庄稼，农闲时节练兵习武。慢慢地，练兵习武成了当地一种娱乐活动。以后，这种练兵习武活动又变成了在庄稼收获季节定期举行的庆典仪式，而且当地土著民也纷纷参与进来，形成了现在的"纳顿"。现在蒙古人在骑马时用鞭杆敲三下马镫，表示唤醒那些睡着了的伙伴们，免得再丢

---

① 祁进玉：《仪式展演与象征意义：民间仪式中的多神信仰及其社会功能》，《青海民族学院学报》2007 年第 4 期。

了他们。① 在三川地区土族"纳顿"节的仪式中残留着许多蒙古族遗俗，比如浓重的萨满习俗（如法师、法拉等的参与）、"纳顿"仪式中傩祭的中心——蒙古包里面供奉各路神仙和地方神的塑神及神龛，最为神圣、神秘，村民虔诚敬服，顶礼膜拜，祈福还愿等诸多的宗教信仰活动都在这里进行。无论是蒙古包的式样，还是图案，都带有蒙古军队行军大帐的色彩，似乎也在证明前述传说的真实性。② 与此同时，我们也看到"纳顿"节中贯穿着庆丰收，酬谢"二郎神"的主题，具有浓厚的汉文化的气息。"纳顿"节期间，每个村办会一天到两天，由宋家村开始，将"二郎神"从朱家村的庙里请到本村举行"纳顿"仪式。依此，"二郎神"从前一村被迎到后一村。

2. "装脏"仪式

"装脏"仪式是在土族地区，各村村民给本村庙宇中祭祀的神像内装新的脏腑的程序与仪式。"装脏"仪式在形式上虽然与藏传佛教中对佛像的"装藏"活动有类似之处，但其宗教文化内涵略有不同。土族地区举行"装脏"仪式时，大派头将神像内旧脏挖出，将备好的麻雀、蝙蝠、蛇、十二精药等物品装入神像内，再由画匠重新上彩，阴阳师念经点睛，法师念号赞神其威力和恩德。此后庙倌或派头将神像抬到附近深山中挖一洞穴藏好。经过21天或49天后，由法拉"发神"（意为神附身），寻找神像，法拉指明神像藏身之处后，大小派头将神像请回村庙。届时，法师表演神鼓舞（有《周末混沌》《六十花甲字》《青莲曲》等曲目），阴阳师念经，众派头举行献牲仪式。仪式中所唱的赞神歌《周末混沌》《六十花甲字》《青莲曲》等以及法师神鼓舞中的单人舞、双人舞、集体舞和杀生祭祀等，都是古代氏族社会萨满教巫师的祭祀舞蹈的延续。③ 近些年，法师表演神鼓舞也有所变化。随着土族地区的旅游业的发展，有些地方出现了以"轮子秋"与"安召舞"等集体舞替代传统的赞神曲目的现象。装脏的规模和装脏物，依照各村祭祀的神祇不同而有所区别。如，辛家村的"黑池龙王神"装脏时，不装臭脏（即不用动物）而装香脏（即用佛

---

① 马光星、赵清阳、徐秀福：《人神狂欢——黄河上游民间傩》，青海人民出版社 2003年版。

② 祁进玉：《仪式展演与象征意义：民间仪式中的多神信仰及其社会功能》，《青海民族学院学报》2007 年第 4 期。

③ 鄂崇荣：《土族民间信仰中的神祇与仪式》，《青海民族学院学报》2006 年第 2 期。

经若干卷、清油、五谷粮食等物品）；桑不拉村的"娘娘爷"神装素脏（由当地著名活佛提供佛教经卷、十二精药、七种明香等中药）等。[①]

土族地区村庙中的"装脏"仪式含有多种宗教文化因素。从仪式过程与含义中，不难看到萨满信仰、藏传佛教、道教文化的深刻影响及其遗俗。

3. 转山仪式

互助各地土族在端午节前由青苗头组织转山仪式。转山仪式源自明洪武年间，龙王显灵，庇佑土族牧民的传说。每年农历三月至六月，由巫师择日举行。端午节这天清早，一般都是五十村合尔郡自然村一家一人（男女均可）到村里的喇嘛寺聚齐，然后抬着本村寺庙的神，背着经书，吹着法螺，组成仪仗队，成单列从村南出村，上西山，沿本村地界往北、往东、再从村南同一条巷子回村。每家送早饭、午饭，送饭的人在村内聚齐后一齐送去。转山的队伍吃过午饭后进行摔跤比赛，赛完后接着转山。转山队伍要经过两个鄂博。青苗头会另派专人到鄂博煨桑。另外，从这天开始到八月十五，人们借用神的名义约束乡民不准在田地里放牧牲畜，不许砍树践踏青苗，不能打架，不能拆房子。也是在这段时间，村民轮流吹法螺驱雹，保护青苗。一年一度的这种节日活动融入了三种来源的文化因素，如青苗会本身是汉族的，经书和法螺是喇嘛教的，摔跤是蒙古人的传统。[②]

综上所述，土族独特的历史和复杂的族源构成孕育了其独特的民间信仰与节日仪式庆典。各民族文化间的交流和融合是土族仪式和庆典重要的生成语境。

---

① 鄂崇荣：《浅释民和土族村庙中的"装脏"仪式》，《青海民族研究》2004 年第 4 期。
② 高丙中：《民间文化与公民社会》，北京大学出版社 2008 年版。

第 五 章

达斡尔族文化变迁研究

一 文化记忆与民族迁徙

（一）文化记忆：族源话语与民间口碑的叙述

达斡尔族在漫长的历史长河的洗礼中，无论其祖先还是其后代都曾对"我们是谁"、"我们从哪里来"、"要到哪里去"这样的文化认同性问题不停地追源溯古。同样，达斡尔族人如同我们每个人一样，对其成长历程不断地追忆。在有关达斡尔族的族源探讨的历史过程中，所流传的神话、传说、故事等群体文化印象中，既是其族群对自己文化的记忆，又是其民族情感、态度、价值观、社会理想的文化符号体现。

达斡尔族是一个有语言但没有文字的民族，关于民族的很多文化记忆是通过民间口碑叙述的方式流传下来的。关于达斡尔族的族源，自清代以来就一直受到中外史学家及本民族学者的关注，可谓"仁者见仁，智者见智"，归纳起来即有源于隋唐时期黑水国的后人、唐代室韦部落后人、宋元间"白鞑祖"或塔塔儿部落后人、明末清初索伦部后人、辽代契丹族的后人、早期蒙古族后人等诸多说法，这些乃专家学者对其族源的考析，也是对其多元文化渊源的探讨。而来自最底层民众的情绪表达又是其民族的最自然、最淳朴、最本真的文化记忆的诉说。根据我们的调查资料：

（1）主张达斡尔族源于"契丹说"的巴彦不拉尔一位 60 岁老牧民讲：

> 传说达斡尔族人系契丹人的后人，原来是契丹的一支部队，由于

战争失败撤退到黑龙江的北岸，然后就生活下来了，后来由于战争爆发、自然灾害，使他们不得不迁移到黑龙江中游，世代主要靠打鱼为生，清朝时期，沙俄入侵，使达斡尔的一部分迁到了内蒙古的呼伦贝尔。

（2）主张达斡尔族源于"蒙古说"的一位纳文嘎查的个体户讲：

我们这一族人据说是蒙古白鞑靼的后人。几百年前，鞑靼部人生活在贝尔湖一带，鞑靼的酋长与铁木真打仗，失败后归顺了蒙古并在呼伦湖、贝尔湖一带驻扎了下来，逐渐演变成为今天的达斡尔族人。

在关于达斡尔族人是蒙古白鞑靼的后人这种说法里，还有一个关于成吉思汗的传说：

据说成吉思汗在少年时代，曾与塔塔尔族为邻，塔塔尔族首领多次无礼向成吉思汗索要马驹、爱妻，在索要牧场无果后，成吉思汗趁机进攻，其中一部分逃亡北部的就是达斡尔族的祖先塔塔尔族。①

据巴彦托海镇的一位 61 岁的牧民讲：

最早的达斡尔生活在西拉木伦，后来为了躲避战乱和自然灾害，迁到了黑龙江流域的上游，由于迁移的时候条件很恶劣，大部分人病亡，最后，留在了这里。

纳文嘎查的一位 37 岁的牧民讲：

传说有一位男子骑着一匹白马从西拉木伦河出发，一个女子骑着青牛从上河来，两人相遇并相爱，结为夫妻，他们一共生了八个儿子，后来，他们的八个儿子成为八个部落的首领，他们的子孙就是今天的达斡尔人。

---

① 乐志德主编：《达斡尔族资料集》第 5 集，民族出版社 2004 年版。

（3）主张达斡尔族源于"东湖说"的巴彦温都尔的一位个体户讲：

达斡尔族的祖先是东胡人，生活在现在的大兴安岭地区，以打猎为生，后来成为契丹人，清朝的时候由黑龙江迁移到了现在的居住地。

（4）认为达斡尔族源于"索伦说"的主要是从黑龙江迁居去了新疆的伊犁、塔城等地的民众。

根据伊犁之常寿老人和韩富清同志（伊车嘎善二中老师，锡伯族，其妻敖拉氏，景保之女）的讲述：1757 年清朝在北疆平定了准噶尔部上层分子的叛乱；1759 年在南疆平定了大、小和卓的叛乱，实现了清朝对新疆的统一。但新疆仍是边陲，地广人稀，防务空虚。伊犁又是扼北边交通之咽喉，不能没有重兵把守。1762 年 10 月设了伊犁将军，统天山南北各路，开始从东北各地、西安、凉州、庄浪、张家口一带调遣官兵屯垦戍边。其中 1763 年从黑龙江调遣索伦、达斡尔官兵 1214 名；其中有 500 名达斡尔人。常寿（64 岁）讲了新疆达斡尔同胞变迁之苦难史，讲得令人心酸。根据他的讲述，我们了解了 200 年之血泪奋战史，我们也了解到"霍恩酷热"（原布特哈地方的鄂温克，即索伦部中的鄂温克）营，一是因天花致瘟灾；二是因为划在俄境内，而到现在伊犁没有霍恩库热人之缘故。①

（5）主张达斡尔族源于"自由部落说"的巴彦托海镇的一位老师讲：

达斡尔起源于黑龙江，原来是自由的部落，金朝的时候，被契丹收复，辽之后，迁到黑龙江以北，明朝的时候迁回原地。清朝的时候，一部分被征到呼伦贝尔抗击沙俄，后来这部分人就留下来了。

巴彦朝格的 30 岁的牧民讲：

达斡尔起源于黑龙江流域，有自由的部落，各部落偶然有战争，金国的时候，被契丹人收复，与之融合在一起，关于这个说法有关于

---

① 乐志德主编：《达斡尔族资料集》第 5 集，民族出版社 2004 年版。

萨吉尔迪汗的传说为证，辽朝灭亡后，被迫迁到黑龙江以北，明朝时迁回，明朝时移民戍边来到呼伦贝尔，我的家人据说就是生活在清朝之后的达斡尔人。

（6）上述的一系列族源话语也不乏有达斡尔族源于"八旗子弟说"的，据巴彦托海镇的 61 岁的老人讲：

> 有很多老人讲，达斡尔是从东北迁到呼伦贝尔的，但是东北的生活，现在没有几个人能记得，所以很多说法都不可靠，说到族源只能从清朝算起，清朝的时候，为战争的需要，达斡尔留在了呼伦贝尔并生活下来，且编进八旗，也就是旗人。

（7）其中也有人说达斡尔族是多源的，据纳文嘎查的一位 28 岁的牧民讲：

> 解放前，达斡尔名叫达胡儿，据老人讲达斡尔祖先是战国时代的东胡人，是契丹、鲜卑的共同后人。几百年前，曾经有一支军队来到黑龙江流域定居下来，元朝后使用古蒙文做文字，后来文字逐渐失传，所以我认为达斡尔人系胡人、契丹、蒙古的共同后代。

综合众家之说，我们知道达斡尔族是在一定的外在条件影响下通过不同形式的迁徙，最后定居在内蒙古、黑龙江、新疆等地的。他们追寻祖先的足迹都是依据一定的迁徙路线、生活背景、居住地域、英雄人物、文字形式等因素去探索祖先的文化记忆。

我们知道神话叙事是在建构"我们和神们"的关系，传说叙事是在建构"我们与祖先们"的关系，故事叙事是在建构"我们与我们"的关系。顾名思义，神话与我们最远，传说与我们不远不近，故事与我们最贴近。① 正是这些神话、传说、故事等口头传承文学成为达斡尔族文化记忆的重要象征。

达斡尔族只有语言没有文字，大量历史资料分散在汉、满、蒙等民族

---

① 董晓萍：《现代民俗学讲演录》，广西师范大学出版社 2008 年版。

文献中，达斡尔族所留下来的历史记载、神话、传说等口头传承文学成为达斡尔族文化记忆的重要载体。

"族群的核心是神话、记忆、价值和象征符号，时代可以变化，条件可以不同，一个族群的神话、记忆、价值和象征符号，即象征—符号丛，却可以保持稳定，可以附着、渗透在不同的原有或者外来的文化特征上。在神话、仪式、价值和象征符号中，神话处于中心的位置，神话既是一种记忆形式、价值体系，也是一种象征符号体系。"① 达斡尔族的神话就是其民众探寻文化渊源的足迹、索求过往记忆的一个重要文化发展脉络轨迹。

达斡尔族中流传很广的一则神话是"人是恩都日造的"，这是达斡尔族民众探求人类起源最早的发问：

> 传说上古时代，人是由恩都日（天神）下凡捏泥造成的。如今人在出汗的时候，搓搓身子，能搓出泥垢来，就是恩都日当初捏泥造人留下的遗迹。恩都日造完人，在又凉又湿的地面上摆了一大片，让男的曲膝跪下，女的盘腿坐着，所以现在男人膝盖骨发凉，女的下身寒大，这也是恩都日当初造人时粗心留下的遗迹。一天，天边突然出现乌云。恩都日知道暴雨快来了，便急忙操起耙子，收拢地面上的一大片泥人。有的断了手脚，有的伤了耳目，现在人间的残臂跛足、眼瞎耳聋，都是恩都日慌忙时留下的。②

另一则神话是关于达斡尔族在远古时代的生活场景，其中描述了达斡尔族迁徙到沿岸地区后学会了用兽皮做衣服的生存手段：

> 达斡尔人远古时代住在深山密林中，和动物没有什么区别，全身是毛，不穿衣服，两条腿没有膝盖。他们削尖木杆作矛，猎获兽肉生吃。以后渐渐能做箭了，猎获的野兽也多起来，活动范围也不断扩大，也有少数人分散居住。之后搬到河沿，开始吃盐，同时体会到了煮熟的肉好吃。经历了很长时间后，人们身上的毛逐渐减少，还学会

---

① 纳日碧力戈：《现代背景下的族群建构》，云南教育出版社 2000 年版。
② 满都呼：《中国阿尔泰语系诸民族神话故事》，民族出版社 1997 年版。

了用兽皮做衣服。①

　　神话对于达斡尔族族群维持心理内部的稳定起着重要的作用，通过人们口耳相传的神话，族群与民众之间也产生了彼此之间的归属和认同，神话的讲述和流传，无疑成为了达斡尔族民众在某种特定的社会生活的投影与折射。神话是达斡尔族民众保存最初记忆的第一笔材料，而继神话之后的传说对于达斡尔族这样一个无文字的民族而言，必定将起到历史的"活化石"作用。"传说是人类幼年时期的一种续史方式，其中包含着民族起源历史的合理内核。一个民族起源传说。只要结合社会发展历史进行考察，必能够找出其发展的脉络。"②

　　有一则传说讲述的是达斡尔族的祖先是狐狸：

　　　　远古的时候，有一个达斡尔人，他穿着树皮制成的衣服，在原野上漫游。他发现了一个小屋，主人是一个白胡须的老人和他的女儿——一位美丽的少女。老人把他接纳下来，替他煮饭吃，并把女儿许配给他，其实老人和他的女儿都是狐狸。后来两夫妇生了不少的子女，慢慢地发展成了今天的达斡尔人。③

　　至今，在齐齐哈尔一带的达斡尔族聚居区供奉的牌位还是一副人首狐身的画像，他们不仅把自己的族源和狐仙联系起来，而且还有着很浓厚的图腾崇拜意味。随着时代的更迭、环境的改变、文化的变迁，达斡尔族民众口头流传的素材也由对各种自然神、动物神的崇拜转变到对英雄人物的崇拜，借英雄人物的传说去追忆其民族历史的发展流变。

　　　　传说在很早以前，达斡尔族首领萨吉哈尔迪汗率领他的部下南征北战，当时有一部分人马因一些原因留在了大兴安岭山区，他们便是今天达斡尔族的先民。④

---

① 满都呼：《中国阿尔泰语系诸民族神话故事》，民族出版社 1997 年版。
② 孟志东：《达斡尔族研究》（第四辑），内蒙古达斡尔历史语言文学学会出版社 1989年版。
③ 林耀华：《民族学研究》，中国社会科学出版社 1985 年版。
④ 王文长：《哈利村调查》（达斡尔族），中国经济出版社 2010 年版。

伊兰嘎查老人讲了一则关于达斡尔来源的传说：

大约在四五百年前，生活在黑龙江流域的达斡尔，也就是早期的契丹人，我们的始祖叫奇首可汗，达斡尔的一个英雄祖先叫萨吉哈尔迪汗被清政府封为头领，他的子孙成了现在的达斡尔族人。

根据巴彦朝格嘎查的一位牧民讲：

从前，有一位叫萨吉尔迪汗的英雄，带领兵马与四邻之间发生多次的战争。一年夏天，他来到黑龙江，一看江水又宽又深，无法渡过，就等冬天江水封住再过，历经磨难，终于渡过了黑龙江，随后他又越过诺敏河、阿荣河，到达水草丰美的伊敏河，现在的达斡尔人都是他的子孙。

另据纳文嘎查一位 45 岁的老师讲：

一个名叫萨吉哈尔迪汗的达斡尔首领，带领部队修了一条著名的"乌尔阔"（边防线），他从远方来到了水草丰富，适合居住的大兴安岭、嫩江流域，并定居下来形成了今天的达斡尔。

在达斡尔族人民中，形成了以萨吉哈尔迪汗为中心的一个传说圈。这一传说圈较为典型地表现了达斡尔人民力图追踪族源，深切追念本民族始祖人物史迹的民族意识。[①] 这些传说在产生之初难免会有民众的创造和想象的成分，在流传的过程中也会有许多信息的遗失和增添，它与真实的历史必然有一定的距离，不过，重要的不是这些传说所反映的内容的历史真实性，而是它作为一种社会记忆，深深地烙印在达斡尔族民众的脑海里，从而凝聚达斡尔族的族群认同感。[②]

---

① 塔娜：《达斡尔族传说故事的民族特色》，《内蒙古大学学报》（哲学社会科学版）1986 年第 1 期。

② 周大鸣：《中国的族群与族群关系》，广西民族出版社 2002 年版。

达斡尔族的故事是民众对自身民族和历史的一种文化记忆行为，人们通过讲故事记忆和传播着一定社会的文化传统和价值观念，引导社会性格的形成。故事通过对过去事情的记忆和讲述，构建着达斡尔族社会的一定文化形态。① "一个故事从中心点向四周的流布，就像从水面上抛掷卵石的地方，向四周不断扩大的波纹一样。"② 其中，有一则在民众中流传很广的故事是关于达斡尔族源于猎手和仙女的结合：

> 在遥远的古代，苍松翠柏环绕的一座山脚下，有个孤单单的家庭，母亲和两个儿子相依为命过日子。她的两个儿子是神箭手，有一条猎犬和一只猎鹰，每天出猎都满载而归。不知从什么时候起，天天有两个仙女乘猎手出猎来到猎人家中，替猎手年老的母亲收拾屋子，烧火做饭。此事被兄弟二人得知，有一天他们假装出猎，躲在房后窥视。果然，两仙女按时前来，脱下羽衣帮助老人做饭，结果她俩的羽衣被猎手兄弟收起来，后来他们结为夫妻，生儿育女。传说现在的达斡尔人就是两位仙女和猎手繁衍的后代。③

从一定意义上讲，神话、传说、故事等口头叙事文学都留下了达斡尔族先民从太古以来所走过的足迹。④ 这些足迹也是达斡尔族民众口耳相传的一部经典的民族记忆手册。我们知道"文化认同是族群构成的基础，而共同的文化渊源是文化认同最重要的因素"⑤。虽然达斡尔族的族源呈现了多族多源的学说，但在族群的归属上民众的认同和推崇是其共同文化形成的基础，在不断的寻祖溯源的路上，达斡尔族民众代代相传的神话、传说、故事成为了整个民族文化记忆的磨合剂。这种文化记忆是构成达斡尔族族群认同的根基，成为凝聚、维系族群认同的内在黏合力——根基性的情感的联系。⑥

---

① 王文长：《哈利村调查》（达斡尔族），中国经济出版社 2010 年版。
② 罗斯玛丽·列夫·朱姆沃尔特：《口头传承研究方法纵谈》，《民族文学研究》2000 年增刊。
③ 王文长：《哈利村调查》（达斡尔族），中国经济出版社 2010 年版。
④ 巴图宝音：《试论达斡尔民间文学所反映的祖先足迹》，《民间文化》2000 年第 8 期。
⑤ 周大鸣：《中国的族群与族群关系》，广西民族出版社 2002 年版。
⑥ 杨文炯：《互动调适与重构》，民族出版社 2007 年版。

（二）迁徙：拓展的族群关系

达斡尔族自 13 世纪初一直居住在黑龙江中上游北岸，17 世纪中叶由于沙俄入侵黑龙江流域，江北达斡尔、鄂伦春、鄂温克等族人被迫内迁。达斡尔族最初多数迁至嫩江流域，后来，由于清政府征调该族青壮年驻防东北及西北边境城镇，使部分达斡尔人徙居呼伦贝尔、爱辉，以至远徙新疆塔城，此外，也有数次的内迁。

第一次大规模迁徙是在 12 世纪 20 年代，女真族的金朝取代辽朝后，契丹人分裂为三大部分：第一部分是在长城一带和云燕十六州的南部契丹人；第二部分为驻守在今内蒙古西部的契丹人；第三部分是居住在契丹的本土人，其中以契丹本土人居多，一些首领率领部众，投奔了正在勃兴的蒙古族。以库烈儿等为首的契丹人，则纷纷北迁大兴安岭西北的额尔古纳河和黑龙江流域，以保存和壮大实力，其中的一部分先在现在的呼伦贝尔盟北部和西部定居下来。在这一时期以前，达斡尔族主要是与黑龙江以北的鄂温克、鄂伦春、赫哲等民族相互联系，当时居住在这一带的人很少，清代文献中将之统称为"索伦部"。达斡尔族与同属于"索伦部"的鄂温克族关系比较密切。当时达斡尔族人民主要从事农业和畜牧业生产，兼营渔猎，过着定居的生活，并已经开始产生阶级分化。17 世纪中叶以后，沙俄入侵，对达斡尔族人民和其他各族人民进行了长期的掠夺，达斡尔人和鄂温克人被迫南迁到嫩江两岸。[①] 鄂温克、鄂伦春族人居住在黑龙江北岸地区，主要是以狩猎为主，在黑龙江下游地区的赫哲族主要是以渔猎为主，在民族交往中，达斡尔族从这些民族那里学到许多生产生活的经验。

13 世纪初，成吉思汗统一蒙古各部，契丹—达斡尔族基本上归服了蒙古族。契丹首领库烈儿的孙子也投附了成吉思汗，并率领部众参加了蒙古军西征和南征的战役。蒙古军抵达贝加尔湖地区后，让达斡尔族军队留守在那里，从此贝加尔湖地区也有达斡尔人定居。成吉思汗将其疆域分封给他的宗亲和功臣，当时他的领地在今额尔古纳河、呼伦湖和海拉尔河流域广阔的森林草原地带。而部分达斡尔人居住在黑龙江上、中游北岸

---

① 中央民族学院研究室编：《中国少数民族简况：中国是一个统一的多民族的大家庭，蒙古族达斡尔族　鄂温克族　鄂伦春族》（征求意见稿），1974 年。

地区。

　　第二次大规模迁徙是在元、明交替之际，明朝多次派兵北征，与退居长城以北的北元势力进行接连不断的交战，造成达斡尔人又一次大规模北迁。这一时期，居住在大兴安岭西北地区的达斡尔人，散居在西拉木伦、哈拉木伦（西拉木伦的上游支流）和洮儿河等地的达斡尔人，为了免受战争灾难，陆续迁徙转移到黑龙江以北地区，黑龙江上、中游地区遂成为几次北迁的达斡尔人的聚居地。

　　17世纪初，东北地区女真族首领努尔哈赤崛起，统一了女真族各部，建立后金政权。之后，他便着手统一黑龙江上、中游地区。1636年，皇太极即皇位，改国号为清，把生活在黑龙江流域的达斡尔人民，基本上分别包括在两大部内，一是以博穆博果尔为首领的索伦部，一是以巴尔达奇为首领的萨哈尔察部。索伦部的人们，分布在黑龙江上、中游两岸地带；而萨哈尔察部的人们，则分布在精奇里江中、下游两岸地区，以及到牛满河口以西的黑龙江北岸。

　　第三次大规模迁徙是清顺治初年，朝廷刚刚把达斡尔索伦部征服过来，人心还没有安定下来，沙俄向黑龙江流域扩张侵略又接踵而至。沙皇东侵和清朝保卫我国东北边疆的斗争，持续了半个世纪之久。1644年清军入关，开始统一中国的战争。为了这场战争的胜利，清朝统治者不得不动员黑龙江北达斡尔等族迁居嫩江流域，断绝沙俄东侵者的粮源，以维护边界的暂时稳定；同时清朝对达斡尔、鄂温克等族实施八旗制度，充实黑龙江地区的军事实力，以待适当时机抗击俄国侵略者。于是17世纪40年代至50年代前期，达斡尔各部落南渡黑龙江，相继迁入嫩江流域。这是达斡尔人口又一次大规模的历史性迁移。

　　从13世纪到17世纪这一阶段，达斡尔族在南迁后与蒙古族、满族之间相互影响，在族源关系、生产与生活方式、宗教信仰、服饰文化、语言文字等方面有着千丝万缕的关系。尤其是经济文化的相互交流与影响，加强了各个族际间的交流。"尤其是达斡尔族和满族统治者在政治上建立了隶属关系之后，满族文化以其在人口、政治地位、文化传统等多方面的绝对优势强有力地渗透到达斡尔族物质生活和精神生活的方方面面。达斡尔族与满族之间的广泛接触和密切的文化交往，使达斡尔族从各方面认同于满族文化，尤其是在文化心理上更是逐渐解除了与满族及其文化之间的隔阂或障碍，因此从清中期以后，达斡尔族的文化开始吸收满族文化，出现了达满文化融合的局面。"① 南迁后的达斡尔族人同蒙、满民族的交往杂居，促进了其文化发展，生产的提高，因而较其他地区的达斡尔族发展得更快一些。

过斡尔族迁徙到伊犁、塔城地区是在 17 世纪 80 年代末，新疆额鲁特蒙古准噶尔部头目噶尔丹举兵反清，康熙二十九年（1690 年），康熙帝亲率大军西征，至乾隆二十二年（1757 年）清军相继击败噶尔丹及其后继者，在这历时半个多世纪的征战中，布特哈八旗达斡尔族官兵 500 人，以索伦营的名义编入西征清军序列，参加了历次战役。战后参加西征的索伦营编为驻守部队，守卫伊犁等地，每三年由布特哈总管派兵换防。1763 年年初，清政府为免去轮换部队长途跋涉，决定新选派的官兵携带家眷，永戍伊犁地区。同治初年，伊犁地区连续爆发维吾尔族农民反对清朝官吏压迫的武装斗争。被迫参战的达斡尔族官兵遭到起义军的打击，在霍尔果斯城被长久围困后，在领队大臣率领下实行突围，绕道俄境，抵达塔城地区。

达斡尔族迁到新疆后与哈萨克、维吾尔族等民族相互影响，从语言上看达斡尔族语言渐渐被哈萨克语趋同化，宗教信仰以"万物有灵论"为基础的萨满教被弱化，习俗方面尤其是饮食、服饰、婚丧嫁娶上更是与当地的民族融合为一体。可以说西迁后的达斡尔族是"中原文化、印度文化、波斯文化和阿拉伯文化在这里荟萃，来自印度的佛教、来自阿拉伯的伊斯兰教和来自罗马的基督教在此交汇碰撞，草原游牧文化和农耕文化相互辐射、互相影响，形成一种动态开放的人文环境"。②

民国、伪满洲国时期的迁徙是在嫩江以东地区，兵匪之患严重。于是讷谟尔河流域和嫩江东岸的人们，为了躲避兵匪灾患，不得不迁到西布特哈或海拉尔地区。伪满洲时期，由于日伪当局实行"分而治之"的政策，强迫黑龙江省境内的达斡尔迁居伪兴安东省。这一时期以前，"汉族文化并未直接和全面地影响到达斡尔族文化的发展，而是间接地通过满族及其文化产生影响。满语在汉语和达斡尔语之间充当了媒介的角色。清末，随着满族贵族统治地位的衰亡，满族文化的显赫地位及其'国语骑射'的

---

① 孙东方：《文化变迁与双语教育演变——中国东北地区达斡尔族民族教育田野个案研究》，中央民族大学出版社 2010 年版。

② 贺萍：《新疆多元民族文化特征论》，《中国边疆史地研究》2005 年第 3 期。

个性也逐渐丧失。达斡尔族从过去直接与满语文化、间接与汉族文化交流的局面变为基本结束与满族文化的交流，而直接面对汉族文化"。① 在汉文化的植人下达斡尔族的经济和文化各个方面都有了显著的提高，尤其是汉字的介入对达斡尔族的文化、教育、经济的发展起到了重要的推动作用。

中国几千年的历史就是一部族群融合的历史，夏、商、周、秦、汉、隋唐、五代、宋、元、明、清，各个朝代都是如此。北方、南方各族群不断向汉族输入新鲜的血液，部分汉族人口也融入了边疆各族群，汉族之外的其他族群之间也存在相互融合的现象。② 同样，达斡尔族同鄂温克、鄂伦春、蒙、满、汉、哈萨克、维吾尔等民族间的经济文化的交流，对巩固祖国的边疆安定和增进各兄弟民族之间团结互助的友好关系，也有着重要的历史意义。③ 而达斡尔族在与其他民族之间的互动的频度、交往的深度上对本民族的族群认同的强弱也将起到重要的作用。达斡尔族在极其复杂的环境下，在学会与当地的民族交流沟通的方式前提下，还要防止在强大的异文化面前融合乃至兼并。因而，一个民族的发展，不仅要有内部的变革，还要通过学习异己文化、先进技术进行自我完善、自我超越，而大量的外来文化的冲击也将是达斡尔族适应历史发展的需要。

二　社会组织的形成、裂变与重构

（一）以"哈拉"与"莫昆"为中心的宗法制度

达斡尔人自古以来依山傍水而居，不仅创造了适应这种特定环境的物质文化，同时也创造了适应这种环境的制度文化。达斡尔族的哈拉与莫昆的名称主要来源于达斡尔族世居地黑龙江上中游一带祖先曾居地的山川地名，而在此基础之上形成的氏族组织形式、婚姻制度、亲属关系，以及由此演化而成的姓名制度等一系列氏族社会秩序，实际上也反映了达斡尔族

---

① 孙东方：《文化变迁与双语教育演变——中国东北地区达斡尔族民族教育田野个案研究》，中央民族大学出版社 2010 年版。

② 马戎编：《民族社会学》，北京大学出版社 2004 年版，第 116 页。

③ 《中国北方民族关系史》编写组：《中国北方民族关系史》，中国社会科学出版社 1987 年版。

制度文化的演变轨迹。①

1. 哈拉和莫昆的由来

达斡尔人的哈拉（后汉译为金），据说是来自他们原籍的地名。如，金奇里姓人因其祖先曾住在精奇里江边，因而姓金奇里；鄂嫩姓人，因其祖先曾住在鄂嫩河边，因而姓鄂嫩；郭贝勒姓人，因其祖先曾住在郭贝勒阿彦地方，因而姓郭贝勒，等等。

达斡尔人的祖先迁到嫩江流域后，人们问到哈拉为何物时都没法答复，就按着原来住在山根（敖拉）的地方，自称为敖拉哈拉。从此以后，他们就不用毕尔吉、爱满等原来的名称，只用哈拉这个名称了。

哈拉，汉译为姓，每个哈拉都有自己的男性祖先。达斡尔族有敖拉、孟多丁、金奇里、索多尔、苏都尔、乌力斯等 20 个哈拉。每个哈拉均有自己的聚居地域，如敖拉哈拉聚居在精奇里江中游南岸支流提格登河流域；莫日登哈拉聚居在黑龙江中游北岸的奥列思莫日登城西北的莫日登屯及其周围。每个哈拉按照民主推荐的原则，选举自己哈拉的首领，达斡尔语称作"哈拉达"②。

莫昆是以血缘关系为基础的家族组织，在产生时间上要晚于哈拉，对其成员的约束力上也比哈拉更大。据考证，"莫昆这一名称出自辽王朝契丹民族——他们把'小'读为'莫昆'，解释为'部落'之意"③。

2. 哈拉和莫昆的职能

哈拉由若干个莫昆组成，其成员比较分散，与莫昆对比而言在其组织上要松弛。但哈拉通过以下的功能，将哈拉内各莫昆联系起来。

（1）限制哈拉内部通婚。同哈拉（即同姓）不得通婚，过去每个达斡尔人都能自觉地遵守这一习惯上的约束。其理由是：他和她虽然不属于同一个莫昆，可是往上追溯，自然是同一始祖的子孙，也就是说有血缘关系。这一条不但约束同地达斡尔族人，也同样约束异地的达斡尔人哈拉内通婚。

（2）缮修哈拉家谱。哈拉的总族谱（即各莫昆共同的总家谱）经过

---

① 丁石庆：《哈拉与莫昆：达斡尔族父系家族社会的再现》，《中央民族大学学报》（哲学社会科学版）2004 年第 6 期。

② 孙东方：《达斡尔族的文化变迁》，《西南民族大学学报》2007 年第 6 期。

③ 乌力斯·韦戎：《试探达斡尔人的哈勒·莫昆》，《黑龙江民族丛刊》1986 年第 1 期。

若干年就要修缮一次，即开一次家谱大会。会上，各莫昆要派代表一两个人，携带本莫昆已新修缮的族谱参加会议。开家谱会有比较隆重的议式，如烧香奠酒，杀猪宰牛羊，点香供奉祖先，然后把家谱打开供奉。把各莫昆从上一次开家谱会以后死亡者和新生者填写更新（均限于填写男子，新生者的名字用红墨写，死亡者的名字用黑墨盖写），最后全体参加者举行宴席，修缮哈拉族谱会的全部费用由各莫昆分摊。

（3）处理哈拉内部的重大事件。在哈拉内部，处理重大事件，不能由一个莫昆决定时，可以召集同哈拉各莫昆会议，对重大事件进行决议或执行。

（4）举行射箭比赛，联合射猎。这一活动，以哈拉为单位，各莫昆联合进行。首先进行竞技比赛，由甲方和乙方组成，各出相等的射手，比赛前杀猪宰牛，使用的器械双方都为弓，所用的是没有箭镞的箭。胜负的规则是第一箭射在中央眼，再发一箭射中靶子的第二圈上就算赢了。以中靶多的获胜，输的一方付所杀的猪牛钱。比赛的日期大约在旧历三月，就是树叶刚要发绿正要开始种地的时候。射猎在各莫昆之间也是经常举行的，每年春秋两次，或一年举行一次。举行前，由总“敖维达”① 指挥，在预定围场内禁止私人打猎。结束当天，猎获的野兽平均分配，然后由各莫昆把所分配的猎物再分给参加射猎的射手们。如所猎获的野兽特别少，那就不能分配了，以充作联合射猎的费用。

（5）祭吊长者。在丧葬时，参与祭吊者一般只限于本莫昆的人。在很早以前，同哈拉的其他莫昆的人也参加，孟尔丁哈拉的七个莫昆就是如此，同哈拉的某一莫昆的年老辈大的人死去时，其他莫昆各家庭一同筹钱，买酒买猪，并派一两名代表，前往参加丧仪并祭吊。

莫昆的职能如下：

（1）缮修莫昆家谱。莫昆家谱和哈拉家谱一样，只写男子的名字，族谱内某男子的母亲是谁，或者她是什么哈拉的人，都无法知道。据说也不需要知道，因为母亲是由别的哈拉娶进来的，不是本哈拉的人。同样，本莫昆所生的女儿，也不写在族谱里面，因为她早晚要嫁给其他哈拉的男人，不能作为本莫昆的成员。为了保持血统，每个莫昆都有这样的男系族谱。

----

① 指打猎的头目，由佐领充任。

（2）禁止莫昆内部通婚。莫昆是血统关系比哈拉更进一层的人们共同体，因而要禁止内部通婚。莫昆成员都要自觉遵守这一习惯法，而且同时还要互相监督、约束。如果有人违背了这个习惯，必定要受到莫昆的制裁。

（3）管理莫昆公有财产。每个莫昆（或屯）都有共同的牧场，如果是山区，还有其莫昆共有的育林山。各屯都在本屯界内从事生产，各屯所靠的沿江范围为自己的打鱼，如外屯人来打鱼时，要收取一部分鱼份子。

（4）设立莫昆墓地。多数莫昆都有共同的墓地，没有墓地的莫昆，也决不允许一家一户地单独埋葬，至少要以莫昆内支族（莫音）为单位有一个共同墓地。如有共同墓地的按血缘亲疏和辈分的大小，分不同行列埋葬。在共同的墓地里不但外族人不能埋葬，就连本族未出嫁而死的姑娘也不能埋葬在共同墓地内。

（5）共同祭祀。在祭祀方面，每个莫昆都有共同的"斡卓尔·巴尔汗"（祖神），也有该神的替身者——斡卓尔·雅达干（或叫莫昆雅达干）。除此之外，每个莫昆（或屯）还有共同祭祀的"敖包"（把石头堆成堆，中间插上柳条），每年春秋各祭祀一次，杀牛宰猪作为供品，并有祭文，祭文的内容是祈祷风调雨顺，五谷丰收，免除畜疫等祷词（此项祭祀女子不参加），祭文由"巴格其"念诵。

（6）保护莫昆成员的利益。莫昆成员如果受到外来的侵害，莫昆内其他成员有义务提供帮助和保护。

（7）应许接纳养子。年老夫妇没有儿子者，可以接纳养子。在本哈拉或莫昆内接纳养子，无须通过莫昆会议，报本管佐领把养子的户籍转入自己户口册内就可以了。如由其他哈拉和莫昆接纳，要通过莫昆会议，把养子的原哈拉改掉，填入本莫昆族谱和自己的户口册内。

（8）干预子女继承本家财产。家庭财产的继承权属于男子。如某家庭夫妇，没有亲生儿子，由其近支的侄儿继承。如没有近支侄儿，才由其姑娘继承。在有继承人的情况下，女儿要继承遗产，其莫昆人可以出来干预。

莫昆的主要职能除上述以外，还有一些其他职能，如丧葬礼仪问题。莫昆内死者，按其辈分的大小、血缘的亲疏来决定穿孝的范围。莫昆内有姑娘订婚，礼仪也特别热闹，由男方送给女方酒肉，并通知全莫昆人，大家都来聚餐一顿。与此同时，把女婿给莫昆人认亲，并依次给莫昆长辈磕头。等到正式结婚娶媳妇那天还要通知全莫昆人，莫昆人也都来参加婚礼并聚餐，新娘向莫昆长辈们磕头认亲。

清初在达斡尔族中实行八旗制度时，以达斡尔人的哈拉和莫昆为基础组建旗和佐等军事行政机构的，因而使他们的哈拉和莫昆组织长期延续下去。但从清末到民初，随着汉族移民的逐渐增多，原来的聚族而居的局势便逐渐趋于瓦解，特别是从改变八旗行政制度，建立县、乡、区制以来，哈拉、莫昆已不能应付新局面的要求，于是便很快地让位给当地的行政机关和官吏了。

（二）归附清朝：八旗服役、索伦总管

自清代以来，随着达斡尔地区社会政治环境的变化，其社会组织形式也经历了由氏族社会向封建社会的转变，传统的"哈拉"、"莫昆"制度不同程度地被保存下来，并在新形势下继续发挥凝聚族人、稳定社会的作用。在保存哈拉、莫昆制基本内容的条件下，增加了八旗制度的内容，使哈拉、莫昆演变成为清代的"地方政权行政组织"。①

八旗制度，是满族统一其各部，夺取全国政权和维持清王朝近三百年寿命的根本制度，是集军事和行政职能为一体的组织，以黄白红蓝四色及在此四色上镶边的八种旗帜为标志，将全民族组织到统一组织之中。在夺取全国政权的过程中，满族统治者扩大八旗组织范围，除满洲八旗外还有蒙古八旗和汉族八旗。自清初起，达斡尔族被编入满洲八旗行列，每个成年男丁均负有披甲为兵的义务，他们应征参战，驻守哨卡，巡查边境。当时达斡尔族人口不过两三万，但他们的子弟作为清代八旗劲旅，为抵御外患，为保卫祖国的统一，也为维护清王朝的统治地位，流尽了血汗。②

1. 八旗组织的建立

17 世纪中叶，是中国社会动荡变迁的年代。内地的农民起义，连续不断，边疆地区少数民族的反抗斗争此起彼伏。崛起于白山黑水的满族，在努尔哈赤及其后继者皇太极的统率下统一各部后，向黑龙江流域发展，相继出兵黑龙江中下游及松花江下游地区。1640 年年初，皇太极又一次派重兵出征黑龙江中游，当地达斡尔人同鄂温克人一起，在其首领博穆博

---

① 刘金明：《黑龙江达斡尔族》，哈尔滨出版社 2002 年版。
② 满都尔图：《达斡尔族》，民族出版社 1991 年版。

果尔的率领下，以他们的城屯为依托进行抵抗，转战半年，因寡不敌众失败。于是，清朝统治者将俘获的五千余人编为牛录（佐），这是达斡尔人编入八旗组织的开始，此后陆续将归附内迁的达斡尔人编为牛录。1667年，理藩院大臣绰克图等人，先把乌莫迪、奇帕、岳库达为首的 311 名壮丁编为三个佐。1668 年，将 1105 名达斡尔族壮丁编为一个佐，随后又将穆录、苏达阿二人的族众编为两个佐。清朝为了加强对达斡尔和鄂温克等民族的管理，按区域分布情况，将达斡尔人分别编为杜博浅、孟尔丁、讷谟尔三个"扎兰"①，与达斡尔人一同南迁的鄂温克族编为五个"阿巴"。

雍正九年（1731 年），清朝统治者指挥黑龙江将军衙门，规定旗色，在布特哈地区的三个扎兰和五个阿巴的基础上，组建了布特哈八旗②。布特哈地区，是达斡尔人南迁后的主要聚居地，也是首先编制八旗组织的地区。布特哈八旗是利用了达斡尔原有的哈拉、莫昆等社会组织。

为了巩固统治，清朝政府将达斡尔族编入八旗，相当数量的达斡尔族子弟在八旗服役，与满洲人朝夕相处。据记载，清廷从康熙八年始至康熙五十三年前后，历经四十余年，先后编成"布特哈八旗"、"新满洲"、"巴尔虎旗"、"锡伯兵"等，共 331 个佐领。清廷为了加强对黑龙江上游索伦、达斡尔、鄂伦春等少数民族的管理，于康熙八年设索伦总管，编布特哈八旗 97 个佐领。③

布特哈八旗是按照八旗制度编设佐领建立的，作为它的基层单位，是以从事生产为主的军事后备力量。达斡尔、鄂温克族中的男子，按规定每5 年进行一次测丁检查，凡年龄 15 岁、身高 5 尺者一律编为西丹④，是为正规军的后备力量。待到 18 岁时，便全部转为披甲。为了学习军事知识，"自康熙以来，编旗给糈，训以纪律，平时自应其役，军兴皆听调拨"。⑤每年春秋两季，在佐领的率领下，披甲、西丹都要有组织地到布特哈总管

---

① "扎兰"是清代官职"扎兰章京"的简称，汉译参领。

② 布特哈，意为狩猎，故在清代文献中亦将布特哈八旗称为打胜八旗或打牲部，其辖境包括今内蒙古自治区莫力达瓦达斡尔自治旗、阿荣旗、布特哈旗全境和鄂伦春自治旗、科尔沁右翼前旗的一部分；今黑龙江省讷河县、德都县、克山县、克东县全境和甘南县的一部分。

③ 孙东方：《达斡尔族的文化变迁》，《西南民族大学学报》（人文社科版）2007 年第 6 期。

④ "旗下未入伍者，号西丹。遇有征伐不得与，多充库图勒（译言控马奴）"，参见（清）西清：《黑龙江外记》卷 3，《宦海伏波大事记》（黑水丛书 4）。

⑤ （清）何秋涛：《朔方备乘》卷 2，《圣武述略二》，《索伦诸部内属述略》。

衙门进行集中军事操练，称为春秋会操。为保障随时从征参战，平时不准擅自离开以及迁移他处居住。若发生战争，便全部从戎出征。布特哈八旗作为军事后备力量，在筑城永成的黑龙江流域中上游地区编旗驻防，有力地维护了国家的统一和边疆的巩固。①

2. 八旗的义务

（1）应征参战。在清代二百多年间，达斡尔族八旗官兵先后参加了六十多次战役。达斡尔族八旗官兵参加了一系列抵抗外来侵略者的战争。在 1685—1686 年的雅克萨战役中，达斡尔族官兵是参战部队的主力之一。1840—1842 年的第一次鸦片战争中，达斡尔族官兵参加山海关、锦州一线海防的守卫。1856—1860 年的第二次鸦片战争中，达斡尔族官兵同黑龙江省各八旗兵共计 2500 人防守天津海口及昌黎、乐亭各海口。1894 年的中日甲午战争中，齐字营和镇边军中的达斡尔族官兵随同其部队驻守安东和九连城等地。1900 年抗击八国联军侵略中国的战争中，抵抗沙俄入侵；参加了瑷珲保卫战和大岭阻击战。然而，这些战争除雅克萨战役外，都因晚清朝廷的腐败，以失败而告终。

在清代，在达斡尔族八旗官兵被征调参加的历次战役内，平息国内叛乱的战争，无论在规模上，或者在次数和持续的时间上，都占有重要地位。从康熙年间起，经过雍正、乾隆，直到嘉庆末年，在一个多世纪内，达斡尔族八旗兵几乎参加了所有平息叛乱的军事行动。

（2）驻守卡伦。《尼布楚条约》划定中俄国界，结束了长达半个世纪的侵扰与反侵扰的冲突之后，为了保卫国家领土主权不受侵犯，为了维护边界的安宁，清政府沿国境线内侧建立了一系列卡伦②，派八旗官兵驻守。所谓常设卡伦，就是常年驻守的固定哨所，其中一部分设在今俄罗斯境内，另一部分设在现今我国境内。

（3）巡察边境。根据《尼布楚条约》划定中俄国界后，额尔古纳河和外兴安岭成为大清帝国东北国防第一线。根据当时我国与沙俄军事斗争的需要，达斡尔等族南迁黑龙江南岸后，从黑龙江北岸到外兴安岭之间的广大地区，已经成为荒无人烟的地区，时而有俄国"探险者"和流民出

---

① 陈鹏：《清代黑龙江流域少数民族管理研究（1636—1860）》，《东北师范大学学报》2005 年第 7 期。

② 卡伦，满语，意为"更番候望之所"，即哨所。

现在这一地带。自康熙年间到乾隆初年，为了确保这一边境地区的安宁，逐渐设立边境鄂博，制定巡察边境的制度。在格尔必齐河、精奇里江上游吉鲁河、音肯河和牛满江上游的乌勒木边河等地设立每年巡察的鄂博。在阿玛扎尔河上游、精奇里江上游及其支流西勒木迪河上源、牛满江上源设立数处每三年巡察一次的更边远的鄂博，作为巡边者执行任务的终点。

3. 八旗的分裂

八旗制度是清朝统治全国人民的重要军事支柱，为发展和巩固多民族统一国家的形成，为保卫边疆防止外来侵略等都做出了重要的贡献。特别需要指出的是，八旗制度对达斡尔族社会的发展，起到了不可磨灭的作用。随着时间的流逝，八旗制度中落后的一面也日益明显，严重地束缚了满族人民，八旗兵丁受到腐蚀，战斗力也愈来愈弱。八旗制度与清王朝的命运联系在一起，经历了由兴而盛，由盛而衰，由衰而亡的历史过程。

综上所述，我们不难看出，八旗制度是由牛录制演变来的。牛录既是生产组织又是军事组织，决定了八旗制度一开始就具有兵农合一的特征。牛录制是建立在满族社会土地国有制经济基础之上的，这使土地国有制也成为八旗制度的经济基础。旗地是满族社会土地国有制的一种形式，它的兴废就不能不影响八旗制度的盛衰。当旗地兴起并蓬勃发展时，八旗制度也随之日趋完善并充分显示了兵农合一的优越性。它对建立后金、推翻明朝、统一全国起了重要作用；当旗地遭到破坏并逐渐走向崩溃时，八旗制度兵农合一的特征也就逐渐消失，八旗制度日趋瓦解。随着时间的演进，八旗制度逐步失去其存在的条件，也就不得不走向衰亡。

三　社会阶层结构的嬗变

（一）政治地位的变化

清朝入关以前，达斡尔族主要生活在黑龙江中、上游地带，以巴尔达齐为首的萨哈尔察部和以博穆博果尔为首的索伦部。与达斡尔族毗邻而居的还有女真族某些部落和鄂温克、鄂伦春、赫哲等民族，它们同属明朝设置的奴尔干都司统辖。1616 年，努尔哈赤拉开了攻打居住在黑龙江、精奇里江和牛满河一带的索伦各部的序幕，从而建立了达斡尔族部落头目与满足贵族统治者的政治上的附庸关系，其标志主要是达斡尔族各部落向清廷贡献礼物。如天聪元年（1627 年）"萨哈尔察部落六十人来朝，贡貂狐猞狸狲皮"。[①] 这种贡貂制度既是黑龙江流域各索伦部人民对清政府的一种隶属关系的体现，也是清政府行使其管辖权力的反映。

清太宗皇太极在位期间，为了获取更多的财物，扩大清军的实力，对黑龙江流域索伦部发起数次征战，并将获来的壮丁分给盛京城外满洲八旗新编牛录，部分儿童以不入册名义分给每牛录 200 人，其余的人赐给有功的将士当奴隶。[②] 此外，为了进一步强化各部落的归属，满族统治者以皇族宗室之女下嫁至黑龙江流域各部族上层人物的联姻方式，试图用血缘关系深化和密切彼此间在政治上的隶属关系。从以上可以看出，满族统治者对各部落的统治既采用了武力征服又采取了怀柔政策。

清入关以后的达斡尔族，由于沙俄东侵活动愈演愈烈，以及清政府战略防护措施的实行，达斡尔族不得已南迁至嫩江流域，并根据血缘关系的远近建立了哈拉、莫昆的屯落。康熙六年（1667 年），康熙采纳理藩院意见，将未编佐领的一千一百余口达斡尔族人"应照例酌量编为十一佐领，设头目管辖"。[③] 这是首次将达斡尔族作为一个单一民族从索伦部中划出，且以"打虎儿"命名。而后将达斡尔族分成三个扎兰、索伦部中的鄂伦春编为五个阿巴（两者合叫布特哈），均隶属于理藩院的统治。雍正十年（1732 年），在原有三个扎兰、五个阿巴的基础上又建立了布特哈八旗，前后两百多年间八旗参加过多起反帝爱国运动。

清末以后，清政府的政治地位已经岌岌可危，辛亥革命一声枪响推翻了腐朽的清王朝统治，达斡尔族也从此开始了艰难的现代化过程，资产阶级的革命成果被北洋军阀篡夺后，达斡尔族人民又处于奉系军阀的统治下。而后，日本帝国主义的铁蹄再次践踏了东北各地，它们在长春等地建立了伪"满洲国"，在达斡尔地区设立兴安东分省，下辖巴彦、莫力达瓦、阿荣、布特哈、喜扎嘎布五旗，省址设在扎兰屯。对达斡尔族实施了残酷的殖民统治，进而推行保甲制度，思想上进行奴化教育。伪满时期下的达斡尔族在法律上只承认是蒙古族的一部分，不认为达斡尔族是一个独

①　《清太宗实录》卷 23。

②　《达斡尔资料集》编辑委员会、全国少数民族古籍整理研究室编：《达斡尔资料集》（第五集），民族出版社 2004 年版。

③　内蒙古少数民族社会历史调查组、中国科学院内蒙古分院历史研究所编：《达斡尔、鄂温克、鄂伦春、赫哲史料摘抄》（《清实录》），内蒙古人民出版社 1962 年版。

立的民族。[1]

1945 年，日本侵略者投降，达斡尔族人民从殖民统治下解放出来，但接踵而至的是国民党地方势力"光复军"、"挺进军"等地主武装，乘地方秩序混乱，到处抢劫行凶，为了保卫家乡，达斡尔族人民开始建立基层党组织团结一批青年学生进行民主革命。随后，又进入了土地改革的潮流中，这期间在共产党的领导下建立了内蒙古人民自治军，包括五个骑兵师，其中第五师驻扎扎兰屯，其中主力骑兵团均以达斡尔族青年学生为主。随着土地改革的完成和人民解放战争的胜利，达斡尔族人民开始建立了人民民主政权。

新中国成立以后，我国对少数民族地区开始实行民族区域自治，达斡尔族人民同全国其他少数民族一样，开始成为国家的主人，掌握了主动权。达斡尔族长期以来政治上的依附、从属地位开始有了转变，随着社会环境的改善和国家政策的导向终于有了对本民族的族群归属。

（二）经济地位的变化

自清朝初年开始，一直到清中叶，达斡尔族社会还带有浓厚的军事封建制色彩，在经济上也处于被统治、被剥削的地位，这种雇佣剥削的关系在清朝末年已十分普遍。达斡尔族人民经济上被剥削、被雇佣的关系也就造就了政治上的从属地位。在地广人稀，劳力和生产力都极其薄弱的达斡尔族地区，其土地的租佃关系偶尔也会发生的，主要是由于无力自耕者不是因为没有土地，而是缺乏牲畜。凡有耕畜者，都无须租佃他人的土地，而是自己开荒种地。因而，雇佣关系成为达斡尔族中最主要的剥削关系。不仅表现在农业当中，而且在林业和猎业生产中，富有者都会以不同的方式雇佣贫困者。如：在清代达斡尔族的农业雇工分为年工、季节工和日工三种。年工正月十五上工，十一月十五日完工，工期十一个月，多实物工资，年工资一般是十石[2]粮。也有采取伙种的形式雇长工者，资方出土地、耕畜和籽种，劳方出劳动力，工期仍为十一个月，秋后按一定比例分配所收粮食，工资量在正常年景约十石至十二石粮。这种以合伙的形式启用劳动力的习俗，在猎业和林业中亦普遍采用，资方出一切生产资料，劳

---

① 孙东方：《达斡尔族的文化变迁》，《西南民族大学学报》（人文社科版）2007 年第 6 期。

② 石，当地容量单位，因粮食种类不同，约合五百至七百市斤。

方出人力，按讲定的比例分配收益。雇佣关系的发展，加深了达斡尔内部的阶级分化，出现了一批拥有地产的地主、富农，一批贫困农民只能依靠出卖劳动力维持生活。①

自 19 世纪以来，达斡尔族的农林牧猎渔都取得了显著的发展，进而在生产资料的占有方式上其贫富差距越来越悬殊，雇佣关系日趋普遍，地主经济也日益兴盛。清代，尽管达斡尔族人民担负着繁重的兵役、徭役和贡貂等义务，但是达斡尔族的社会经济，在它原有的以半农半牧为主、多种经营为特点的自然经济基础上，较之明末时期有了显著发展。特别是随着外国资本主义因素在我国东北地区的渗透和很多边镇的出现，在达斡尔族各业生产中出现了商品经济，各地农林业已形成地主经济和雇佣关系，阶级分化更为加深，封建上层的特权得到了加强，达斡尔族已经跨进了封建社会的门槛。②

伪满时期的达斡尔族经济更是处于水深火热中，日本帝国主义者根据其《满洲国经济建设纲要》和《产业开发五年计划》，实行了经济统治政策。日寇为了掠夺农产品，在广大农村实行"粮谷出苛制"，达斡尔族农民的粮食被低价收购出去，交不够"出荷粮"者，经常遭到各种形式的折磨。"牲畜出苛制"的实施，使各地达斡尔族的畜牧业遭到严重破坏，牲畜头数逐年下降。在这一时期，达斡尔族人民和其他各族人民一样，完全处在政治上遭迫害，经济上备受掠夺的黑暗统治之下。日本帝国主义的法西斯统治，致使达斡尔族的社会经济全面萎缩，越来越多的农民和其他劳动群众沦为赤贫户，在殖民统治者和封建地主阶级的双重压迫剥削下，过着不能温饱和毫无言行自由的生活。③

解放战争时期的达斡尔族，生产资料分配依旧存在很大的悬殊，占人口极少数的地主和富农，却占有着大量的土地、牲畜、农具等生产资料，而占农村总人口多数的贫下中农占有的生产资料则很少。地主和富农除了剥削雇工农业剩余劳动成果以外，还让雇工从事各项副业生产，将其收入全部据为己有。广大农民还遭受着地主阶级的高利贷剥削。因而，废除封建地主阶级的剥削和封建特权，变革生产关系，已经成为达斡尔族农牧民

---

① 《达斡尔族简史》编写组：《达斡尔族简史》，内蒙古人民出版社 1986 年版。
② 同上。
③ 同上。

的迫切愿望。1947 年，全国土地会议通过的《中国土地法大纲》，在中国共产党的领导下，按照"依靠贫农，团结中农，有步骤地、有分别地消灭封建剥削制度，实现农民土地所有制"的革命运动，在达斡尔族各个农村开展起来。从此，结束了达斡尔族长期受封建地主阶级势力压迫的历史，废除了封建土地所有制和封建特权，使广大贫下中农和牧民从封建地主和牧主的压迫剥削下解放出来。在经济上，广大农民分得了生产生活资料，解放了社会生产力，促进了农牧业生产的发展，为支援全国的解放战争打下了基础，巩固了后方力量。① 自此，达斡尔族的经济发展开始在国家政策的引导下进行自主生产、自主经营，经济地位更是从以前被压迫、被奴役的地位提升到自我管理、自我发展的层面。

（三）民族：身份标志到权益标志的转换

"人类是不能离开身份生活的。"② 追溯达斡尔族的族称是极其深远复杂的，既有民族自称、他称，又有相邻民族之间的互称。因而，对于达斡尔族身份认定是一个不断寻求和探索的历史过程。历史上对达斡尔族名称有"达呼尔"、"打虎尔"、"打古尔"，其中也不乏一些歧视性的称呼有"达子"、"打狐狸"。解放后，国家在进行民族身份时根据本民族的意愿最终定位为"达斡尔"。哈罗德·R. 伊萨斯（Harold R. Isaacs）认为："族称的构造是源于族群认同的基本群体认同的一个重要因素，族称是所有认同象征中最简单、最直观、最明显的，但同时又是很复杂的。"③ 因而，达斡尔族名称的确定既是该民族集体意识的体现，又是该民族共同心理素质的一种外在表现。

新中国成立之后，达斡尔族强烈要求以自己固有的族称加入祖国大家庭的行列。1952 年 8 月，在达斡尔人的要求下，黑龙江省成立了"龙江县达呼尔自治区"。1954 年 3 月，二百多年来被包括在新疆"索伦营"内，一度被认为是"索伦族"的达斡尔人，要求恢复他们的固有族称，享受民族平等自治的权利，成立了"瓜儿本设尔达呼尔族自治区"④，

---

① 《达斡尔族简史》编写组：《达斡尔族简史》，内蒙古人民出版社 1986 年版。
② ［荷兰］佛克马、蚁布思：《文化研究与文化参与》，北京大学出版社 1997 年版。
③ 周大鸣：《中国的族群与族群关系》，广西民族出版社 2004 年版。
④ 黄光学编著：《中国的民族识别》，民族出版社 1995 年版。

1958 年在内蒙古地区建立了"莫力达瓦达斡尔族自治旗",这是全国唯一一个县级达斡尔族自治的地方,以达斡尔族为主体,汉族为多数。这一切表明达斡尔族已彻底结束了封建社会的统治,广大贫苦农民开始真正成为本民族的主人,使整个达斡尔族地区社会面貌发生了历史性的改变。达斡尔族人民自此有了本民族的身份归属,这是一个民族在经过漫长的历史长河洗礼之后对自己文化的一个归位以及长期以来处于边缘地位的最终身份定位。"他们在历史上形成的社会记忆,国家的民族识别和优惠政策,这些都会使达斡尔族保持着自己的某种'心理素质',保持某种程度的象征性认同。"①

达斡尔族身份的确定使整个民族的政治、经济、文化、教育、科技、医疗卫生等各个方面都有了显著的提高。如政治上加强少数民族干部的培养,组织上党员干部的培训并推荐干部进修学习,充分体现了少数民族干部当家作主的权利。经济上取得的成就也是显著的,如:农业收入上除了自然灾害的影响外,都能够保证自给自足以及下一年的农业投入。工业上也是从无到有、从自足到外销的一个显著进步。文化教育上发展也是处于领先地位,达斡尔族素来重视教育的发展,重视人才培养的传统。科技的运用在农业上已见成效,利用农闲时间开展科学普及活动,培养农民学习科技,提高农民对农业科技利用的积极性,农业的科技含量也显著提升。医疗卫生的条件较以前已经有了很大的改善。

达斡尔族在经历了历史上的流离变迁之后,在极其复杂的背景和语境下终于有了本民族的身份认定——达斡尔族。这是在国家话语的介入下对其民族身份的重新建构。这种建构对于达斡尔族社会声望和政治地位的提高都是一个历史性的标志和民族性的象征。

四 经济生产与生活方式的变迁

"草原上的民族需要有放牧与繁殖牛羊的知识;并有效地使牛羊获得繁殖才能得以生存;而山区的人们需要有种种方式来猎获野兽;坝区从事农耕的居民需要有种植农作物的经验与有效的方式。"② 这些都是人们在

---

① 纳日碧力格:《现代背景下的族群建构》,云南教育出版社 2000 年版。
② 郑晓云:《文化认同与文化变迁》,中国社会科学出版社 1992 年版。

长期的生产生活实践中依据自己生存的自然环境来建构自己的经济文化的。那么，达斡尔族在长期的生产生活中又是如何认识、克服自然环境，获得物质文化的同时又丰富其精神文化，并以此作为自己生存手段维持生计的呢？达斡尔族自然生存环境是与它的地域有着必然联系的，其居住的地域有山林、草原、河流和平原，达斡尔族充分利用这种依山傍水的自然条件，使其成为了达斡尔族借以发展其经济文化的历史舞台，他们在这种地域基础上获得了农业、畜牧业、狩猎业、渔业、林业的技能，而且掌握了以交换为目的的"木帮"放排业、大轱辘车制造业、烧炭业，具有综合利用自然生态环境，各业相互促进，适于对外交换的农牧为主、多种经营的经济结构。然而，达斡尔族由昨日的多元经济的格局转向了农业经济一元化的今天又是如何发展演变的呢？达斡尔族人民在一定物质基础之上形成的劳动生活、消费生活、闲暇生活、交往生活的方式又是如何随着时代的变迁，文化的发展而得到不断提升、丰富和发展的呢？以下从这几方面加以论述：

（一）早期渔业生产活动

达斡尔族起源于我国东北黑龙江流域，而黑龙江流域是我国北方最大的水系，历史上曾是我国内陆河流。在众多水系的周围又有绵延起伏的山系，形成了达斡尔族广大地区天然的地理屏障。达斡尔族长期生活在这一地区，也正是这些山水相间的高原地区，为达斡尔族提供了广阔的天然渔场，培育了其早期的渔猎文化。

关于达斡尔人早期的渔业生产状况如何，渔业生产形式的发展演变轨迹呈何态势，渔业生产及建于此基础之上的渔业文化对达斡尔族经济文化类型的形成起到哪些作用等问题，我们既无法从文献记载中全面了解，也不可能从现代达斡尔族的生产活动中推断。所幸的是，达斡尔语口碑文献即口语中还保留了部分有关渔业生产活动的词汇材料，这为我们探讨达斡尔族渔业生产活动提供了一个有效的研究途径。①

在嫩江流域居住的达斡尔族民间流传着这样一句俗语："父亲去世了，该我吃草根鱼头了。"据说草根鱼头最好吃，而这鱼头是一定要让给长辈吃的。此外，达斡尔族在归附清朝之后，搬来嫩江流域，沿河居住。

---

① 丁石庆：《达斡尔语渔业词汇与渔业文化历史变迁》，《满语研究》2002 年第 2 期。

除每年进贡貂皮以外，还要向清代宫廷进贡鳇鱼鱼唇，这曾经是达斡尔人必尽的众多赋税之一。甚至在达斡尔人所敬奉的"娘娘神"的贡品中也有鲤鱼和草根鱼。据老人讲，19世纪中叶以前，达斡尔人的早期烟口袋及用的靴底等均用鱼皮鞣制。① 此外达斡尔民间广泛流传着许多取材于渔业生产活动的神话传说、民歌等，如"鲤鱼在水中游"②、"鱼在水中随意游荡"③ 等民歌，又如"乌龟王子"、"鲫鱼汗、泥鳅军师和阿阔兵"、"鲇鱼与狗熊"④、"小金鱼和大蟒蛇"、"布库救龙王的女儿"等神话传说。这些口头传承不但反映了达斡尔族早期从事渔业生产活动的历史，同时也帮助我们了解了达斡尔人民生活活动和渔业的关系，而这种活动在一定时期内对达斡尔传统的经济文化结构产生深刻影响。

自12世纪中叶以前，居于精奇里江中、下游和黑龙江中岸的达斡尔族因其丰富的水资源，江河里的鳇鱼、鲤鱼、鲟鱼等渔产就十分丰富。

自17世纪达斡尔迁居嫩江流域之后，仍在一定程度上存在渔业生产活动，在过去的基础上有了长足的发展。根据有关文献记载，清代前期达斡尔族的渔业生产主要用于解决自食问题、朝贡问题以及出售到市场，作为一项副业收入的来源。

清末民初，达斡尔人的渔业生产有了长足的发展，由于大量汉族农民的迁入，捕鱼方法和工具也有所改进，捕获鱼量大增，加之随着物质交易的活跃及运输条件的改善，达斡尔人的渔业生产及渔产品趋于商品化，尤其是冬季远销冻鱼，更是一笔可观的收入。相对来说，尤以瑷珲地区的达斡尔人从事渔业生产历史较为久远，他们以瑷珲镇为中心沿江聚居，在黑龙江上捕鱼，是一项沿袭较久的传统生产活动。此外，嫩江及其支流盛产鱼类，有时捕鱼可一次性捕到千斤以上。如莫旗境内河流纵横，泡沼星布，有较丰富的发展渔业生产的资源。旗境水中生长的各种鱼种有47种。

---

① 满都尔图：《达斡尔族》，民族出版社1991年版。

② 歌中唱道：鲤鱼在水中游，金线在炕里头。大马哈鱼在水中游荡，把顶针套在指头上。小白鱼在浅水中游，绣花的针拿在手。鲫鱼在激流中游荡，把剪子拿在手中。参见呼伦贝尔盟文联、呼伦贝尔盟文化局编《达斡尔 鄂温克 鄂伦春民歌》，内蒙古人民出版社1981年版。

③ 歌词唱道：鲫鱼在水中随意游荡，我心里话儿只有你知道。草根鱼在水中随意游荡，我想念你的心情只有你知道。鲤鱼在水中随意游荡，我怀念你的心情只有你知道。细鳞鱼在水中随意游荡，我愿把我的心事全让你知道。千条鱼在水中随意游荡，我愿同你一起白头到老。参见杨士清《达斡尔族民歌选》，内蒙古人民出版社1981年版。

④ 苏勇录编著：《达斡尔族神话故事》，内蒙古文化出版社1998年版。

布特哈达斡尔人有较丰富的捕鱼经验，四季均可捕鱼，因季节、鱼的种类、水面条件的不同，他们都有相应的捕鱼方法和工具。

民国以后，布特哈、齐齐哈尔地区达斡尔族的渔业生产急剧下降，其主要原因是：一是通货膨胀，物价上涨，渔民买不起捕鱼工具，尤其是网线的价钱更高，渔民所获不抵物价。二是由于鱼捐税过重。三是管理部门尤其是警察的关、卡、压，动辄罚款或没收工具等。大多数人为了自食，在不耽误农业劳动的情况下进行，主要利用农闲和早晚时间进行，或者专门抽出一些辅助劳动力在夏季专门捕鱼。① 随着渔业的商品化，传统的集体捕鱼方式逐渐被淘汰，网具计股参加分配，打鱼者的经验也比以前丰富了。

（二）狩猎生产活动

狩猎业在达斡尔族经济文化中占有举足轻重的地位，是其最古老的生产活动之一，而且，达斡尔族狩猎生产活动滋养了文化艺术的生命。在他们古老的民间故事中，有关"莫日根"（优秀猎手）的故事，是最主要的内容。模仿野兽的习性和动作，是达斡尔族民间舞蹈"鲁日格勒"最早塑造的形象。

达斡尔族狩猎经济历史悠久，源远流长。从17世纪以来，达斡尔族人民的猎业史可以分为三个时期。19世纪中叶以前是发达时期，当时，在黑龙江南北的山林里，各种野兽异常丰富，为狩猎生产提供了雄厚的资源和广阔的猎场。19世纪中叶至20世纪初是停滞时期，1858年，中俄《瑷珲条约》的签订，使黑龙江北岸地区划归了俄国；接着中东铁路修成，山林集镇相继出现，边区人口渐多。鉴于上述原因，猎场范围缩小了，野兽数量减少了，以致猎业生产处于停滞状态。中华民国初年以来为衰落时期，在这数十年内，大兴安岭地区的人烟更加稠密起来，森林多被砍伐，野兽越来越少；加上伪满洲国时期，为了阻止东北抗日联军的活动，日寇组织成立山林警察队，限制人们进山狩猎，很多人不得不被迫弃猎务农。目前，只有极少数的达斡尔人从事季节性的狩猎活动。②

自12世纪女真取代辽以后，一路北迁之后的生活场景是"一片人烟

---

① 丁石庆：《达斡尔语渔业词汇与渔业文化历史变迁》，《满语研究》2002年第2期。

② 《莫力达瓦达斡尔自治旗概况》编写组：《莫力达瓦达斡尔自治旗概况》，内蒙古人民出版社1986年版。

稠密的富饶土地，有黑貂，有许多种野兽，盛产粮食，河里鱼产丰富"。①
可以看到当时达斡尔族人民物质生产活动的多元化。17 世纪中叶，在征
服达斡尔索伦部战役中，清军俘获 7600 人，掠去的各种细毛皮张 5400 余
张，几乎老弱妇孺每人一张。明末清初，达斡尔族头目巴尔达奇率众向后
金王朝一次进贡的貂皮就有 1800 张之多，可见，达斡尔族当时的猎业生
产规模相当可观。自迁居嫩江流域后，随着自然环境的变化，狩猎业在齐
齐哈尔、海拉尔等地区的达斡尔人中逐渐被淘汰，只在布特哈、摩尔根等
达斡尔人中延续下去。迁居到新疆地区的达斡尔人，特别是迁到塔城地区
的达斡尔人，由于是靠内陆地区，没有大江、大河，已不能进行传统的渔
业生产，但狩猎业却在达斡尔人中传承下来。达斡尔族的狩猎业最为鼎盛
时期，乃清朝时期的贡貂制度，猎貂成为他们狩猎生产的头等内容。据
《黑龙江外记》记载，布特哈地区"无问官兵散户，身足五尺者，岁纳貂
皮一张，定制也"。从此记载可以看出，达斡尔族人民必须每人每年向朝
廷缴纳貂皮一张。由于清朝政府对达斡尔人纳贡的要求逐年增长，给达斡
尔族人民带来了严重的经济负担，人民苦不堪言，屡次奏请酌减，但是朝
廷均未应许。而后，伴随着沙俄的入侵签订《瑷珲条约》之后以及时局
的混乱，布特哈等地区的达斡尔人才停止了向清朝贡貂的制度。

　　达斡尔族传统的狩猎组织是集体出猎，尤其盛行大规模的联合围猎。
推选出一位狩猎能手"阿维达"负责指挥和组织围猎的各项事宜，这种
联合围猎的传统，直到 19 世纪末仍在达斡尔族中的若干氏族中保留着。
鹰猎是达斡尔族集体狩猎生产活动中的一大特点，但在个体形式进行的狩
猎生产中，则是一种较为理想的狩猎手段。而捕捉山鹰和训练山鹰则是一
项专门的技术，在冬季，猎人骑在马上，猎鹰在他的左手臂上，为猎人寻
找野鸡、野兔等。鹰猎是达斡尔族人民生产生活实践中发明的一种独特的
狩猎方法，既是一项生产活动，又是达斡尔人民饶有兴趣的一项娱乐
活动。

　　达斡尔族的狩猎工具中，其弓箭的发明和使用是具有划时代意义的一
件大事，它大大地提高了劳动效率。清代初期以后，达斡尔族已开始使用
鸟枪等火器狩猎。随着枪械的不断更新换代，火枪最终取代弓箭成为达斡
尔族主要的狩猎工具。在长期的狩猎实践中，达斡尔人不仅掌握了各种野

① 《辽史·营卫志》。

兽的习性特点和活动规律，而且还探索出潜伏、伪装、引诱、逆风接近等方法，积累了丰富的狩猎经验。达斡尔族早期的狩猎活动也曾作为民族经济交往之间的纽带，伴随着狩猎产品的商品化，人们对生态环境的破坏程度也日益加重，达斡尔人的狩猎生产也有了相应的季节性的调整。

（三）农耕发达，多种经营兼顾

达斡尔族是我国北方民族中较早从事农业生产的民族，早在 17 世纪中叶以前就在黑龙江北岸地区开始了定居农业生产的生活，长期以来主要以多种经营为经济特点。自黑龙江迁居嫩江流域起，其气候温和，土壤肥沃的自然环境给达斡尔族农业提供了便利的客观条件，为农业的发展开辟了广阔的空间。清朝初年，在收复了黑龙江的雅克萨战役中，达斡尔人奉命屯垦，生产军粮。此后，达斡尔族又开始为八旗兵耕种公田，他们是嫩江流域的最早开发者。而从嫩江流域迁徙到瑷珲、海拉尔、新疆伊犁等地的达斡尔人，又把他们的农业生产带到了新的居住地。达斡尔族除了大面积耕种粮田外，尤以园田中的蔬菜、烟叶、麻为特色。

达斡尔族迁居嫩江流域之后，根据本地的生态自然环境，主要种植一些成熟期较短的农作物，如：燕麦、大麦、荞麦、黑豆、苏子等粮食副作物生产。自清朝时期开始，达斡尔族聚居区开始建立很多专事农业生产的官屯。在瑷珲地区建立了二十多处的官屯，抽调了很多汉民。而后增至四十多屯。齐齐哈尔等地设立了三十多处的官屯，这些官屯的农民大部分来自内地的汉民，专门为国家生产各种粮食，从而也把很先进的农耕技术带到了内地，为达斡尔族当地农业经济带来了新的生机和活力。而后，清政府实施了一项购买牲畜发放贷银的扶贫互助措施，人民可以购买牲畜，客观上保证了达斡尔族农业生产的顺利进行。清朝晚期，由于城镇的增多，人口的增长，相继出现粮食的购买力也在加大。一些官吏和富户开始扩大耕地面积，雇工务农，生产的粮食开始商品化。这样不仅刺激了达斡尔族人民扩大耕地面积的积极性，也推动了达斡尔族农业生产的步伐。

从 19 世纪末期开始，清朝政府在东北地区实行了封禁政策，不准汉民"一亩多垦，增居一户"。这种人少地多的情景给达斡尔族农民的农业生产带来了一定的限制因素。清朝时期在达斡尔族地区实行的二百多年的八旗制度，到民国初年才逐渐被废除。大批原来抽调去服役的兵役，全部解甲归田，或者从事其他劳动生产，在一定程度上增强了达斡尔族农业生产的能力。

民国时期，在商品生产的刺激和汉族移民先进技术的影响下，达斡尔族的农业生产面貌有了焕然一新的改变，尤以齐齐哈尔、瑷珲、塔城等城的达斡尔族农业生产进展最快。尤其是瑷珲、塔城地区的达斡尔族人民改进了生产工具，提高了生产技术、缩短了劳动工作时间，相应地也扩大了耕地面积。

种植园田是达斡尔族农业生产的一大特点，烟叶的栽培更为突出。达斡尔族在迁居黑龙江北岸地区的时候，就已有了园田业。在达斡尔人看来，有园田半年粮的说法。园田里除种植一些副食品之外，还起到补充主食的作用。重视烟叶的栽培主要源于，达斡尔族成年男女都有抽烟的习惯，而且有相互敬烟的习俗。另外是烟叶可以换取生活上的部分花销，这些农作物的栽培深受当地达斡尔人民的青睐。

达斡尔族历史上的农业是以农牧为主的多种经营的生产特点，这给他们的农业生产必定会带来一定的制约因素。由于农业生产并不是达斡尔的主要经济来源，主要是为满足其口粮和牲畜的饲料。生活上产生的费用则依靠渔猎、牧业、林业等方面的收入。农业是达斡尔族社会的一个支柱，但它仅是达斡尔族经济的一部分，在很长的时间里，达斡尔族的农业地位并不突出，其生产规模小，农作物产量低，而且农业的生产期较短，难免会与畜牧业、狩猎业的生产季节相互矛盾，只能相互彼此兼顾，而不能全力以赴地去从事农业生产。如：春天的耕种季节还没有结束，夏天的远猎旺季已经到来，夏锄的忙季，又到了储备冬季牲畜饲草的时节。因而，各种劳动生产不能周全，农业生产也只能因时因地制宜，粗放经营。虽然在新中国成立之后，达斡尔族的农业在政策的支持和科技的引导下有了广泛的提高，但其农业的模式依旧会留有历史的影子。

（四）生存中的文化创新：大轮车制造业与手工业、放排、烧炭业

文化源于创新，又要在创新中发展。达斡尔族的文化创新是在长期的历史积淀中不断地吸收外来文化的同时又加强其内在文化整合过程中的历练、提升。在此，达斡尔族的文化生命力是在其他民族的不断交流、沟通、融合的过程中不断地自我更新、自我扬弃、自我创造。达斡尔族文化在与异质文化不断的冲突与碰撞中，又保持了其本土文化的张力。这种文化创新为民族经济带来新的曙光的同时，又证明了达斡尔族文化在生存中的不竭动力。达斡尔文化在与蒙、汉文化的交融过程中吸收了其他民族中能用于自身的文化成果，又汇合了其他民族中的精华于一身，这个过程乃达斡尔族文化"自化"过程。

大轮车制造业是达斡尔人自制的一种可以乘坐的大轱辘车。早在三百多年以前，达斡尔族由黑龙江北岸迁居到嫩江流域的时候，其造车技术就在临近的各民族中间享有很高的荣誉。其中，蒙古族牧民称它为"达斡尔车"，汉族的农民称它为"草上飞"。车的制作材料主要为干透的黑桦和柞木。大轱辘车轮高体轻，特别适用于在山地和沼泽地行进。

自 19 世纪末，达斡尔族的大轮车开始用于交换。如每年的七八月，将大轮车运至呼伦贝尔牧区，前往参加在新巴尔虎左旗的甘珠尔庙会（原名寿宁寺），用车轮换回蒙古族牧民的马匹以及日用品等。自民国初年起，由于汉族民众的增多，达斡尔族用自制的大轮车换取汉族农民的粮食等。因而，达斡尔族制造的大轮车，不仅解决了本民族生产生活的需要，还为当地的汉民和蒙古族的牧民提供了一定的运载和交通工具，对于加强民族之间的经济文化之间的往来起到了至关重要的作用，成为民族之间的疏通纽带。这种大轱辘车制造业成为达斡尔族的一种准商业化行为。

达斡尔族的手工业并不是很发达，大部分都是自己手工制作，其制作的品种不是很多。达斡尔人的铁制工具是在解放前夕由外地传入，在这之前的铁制工具仅是一些废铁锻造出来的猎刀、镰刀等。而达斡尔族的猎刀是在外出打猎时必不可少的随身品，其造型十分考究，尤其是刀鞘上与骨筷的合用。达斡尔族因沿河居住，所以盛产柳条。达斡尔族的柳编制品是达斡尔族传统民居的生产生活必需品，可以用来围住园田的外围，防止牲畜的践踏，还可以用来制作土篮、簸箕、箩筐等，用于装置粮食、蔬菜。达斡尔族的桦皮制品主要有桦皮盒、木桶、碗、烟盒等。每年的农历六月进山剥桦树皮，用马尾线、麻绳等缝制而成，其优点是轻巧、方便、防潮，可以用来在仓库里储存粮食、储存酸奶等。桦皮盒的制作也十分精美，上面有雕刻的图案，墨绘的花纹。达斡尔族的种麻业为生产生活提供了很多便利条件，用麻制作的绳线可以用来编织渔网、麻袋、拉草、拉柴等；手搓的麻线可以用来纳鞋底、穿烟叶等。烟袋锅是达斡尔族一项独具特色的手工业品，烟袋锅的原料是杏树银，用工具削成烟袋锅模样，然后用亮油涂抹使其发亮，烟锅边上镶贴片，锅饼上嵌以用兽腿骨钻制的骨环，与烟锅饼的颜色黄白相间，十分美观。[①] 摇篮是达斡尔族抚养婴儿的重要辅助工具，其制作材料主要是稠李子木，其周帮两头呈"U"字形，长1米左右，为了让婴儿躺着更舒服，头部分的周帮翘起一定的角度，在摇篮的两侧绘着各种几何、云卷的图案。皮革业源于达斡尔族在过去穿的都是皮质衣服，因为鞣皮成为一种普遍的手工劳动，鞣皮的材料主要是发酵的燕麦面或玉米面、酸牛奶，将其抹在皮子上，过一段时间皮子上的肉质起泡后，用铁质的刮刀把它刮掉，再用工具磨制皮子，直至柔软，然后用来缝制各种衣物。

达斡尔族放排业的开始源于鄂嫩氏的祖先奇帕告状，传说奇帕不远千里前往京城告发剥削百姓的巴尔达奇，在路上坐着自己编的木排，这可能是达斡尔族放排业的最初源头。康熙年间修筑墨尔根、齐齐哈尔等木城时需要大量的木材，很多木材是靠水上运输，工人主要就是来自山区的达斡尔人。而后中东铁路的开通，又需要大量的木材，这大大地促进了放排业的发展。清末民初，在达斡尔族中间出现了"安达"[②] 关系，由富裕者出生产资料，贫困者出劳动力，收益由劳资双方平分。

烧炭业在达斡尔族历史上的时间并不长，主要是从汉人那里学习的技术。从20世纪初起，随着齐齐哈尔、嫩江、讷河等地需要木炭作为燃料，烧木炭和运输木炭成为达斡尔人的一项重要的副业生产。达斡尔族的烧炭采用合伙生产的方法，由全体成员推选出一位生产经验丰富，负责协调自己也参与生产的"阿纳格"，其收益是按平均分配的原则。烧炭的季节一般选定在农历八九月到翌年一二月之间进行，此季节为农闲时节，既不影响生产农作物，还可以换取一定的生活花销。自伪满时期开始，由于日本人烧饭用木炭，汽车等交通工具也改用木炭，故对木炭的需求量很大。解放后，在林区贯彻了森林防火的措施，烧炭生产才停止。

（五）农业经济一元化

达斡尔族传统经济是以农业为主，多种经营的特点与当地的自然地理环境和经过多次迁徙之后的人文生态环境是有着必然的联系的，在这个过

---

① 满都尔图：《达斡尔族》，民族出版社1991年版。

② 安达，原意为"朋友"，达斡尔族内部或达斡尔人与鄂伦春族猎民间劳资合作的一种形式。

程中要学会多种生存手段，适应当地的生活习惯，掌握不同的生存技巧，从而演变成多种经济生产方式。这对达斡尔而言是在探索其独特的社会地位所要做出的相应环境选择。

自新中国成立以后，由于社会性质的改变，国家政策的导向，民族之间的交往加强所带来的技术、价值观念的影响，达斡尔族传统的以农为主，多种经营的经济形态正在面临着农业经济一元化的挑战。

传统的狩猎业和渔业，由于滥捕滥猎和鱼兽赖以栖息的江河以及森林遭到的严重破坏，其数量严重锐减，加之人口的增多、需求的加大，狩猎业和渔业很难再满足人们生产生活的需要，也就不能再以一个行业的身份支撑下去。畜牧业都有过辉煌，但都因国家政策的改变而改变，最终趋于平淡。

自日本人投降之后，烧炭业以烧炭为主的市场渐渐萧条，后因封山育林、护林防火，烧炭业也渐渐地退出了人民的生活。随着运输业的发展，国家对森林的保护，作为达斡尔族副业的放排业到 80 年代时也开始慢慢地销声匿迹。大轮车制造业完成于改革开放初期，但由于胶轮车的日益普及和道路的改建之后，人们开始争相购买拖拉机，大轮车此后也只能作为民族博物馆的陈列品了。手工业中的烟袋制作，能够看到的仅是上了年纪者，更多时候看到的是人们来往于商店去购买香烟，而对于烟叶的栽培更早已名存实亡。

与上述的行业状况相比，达斡尔族的农业取得了稳定、十足的发展。在经历了历史的特殊时期如"大跃进"、"三年自然灾害"、"十年动乱"之后，其多种经营的形态渐渐地失去了市场，相比之下，随着汉民的大量迁入以及家庭联产承包责任制的实施，"以农为主"的市场得以凸显。以农为主的生产经营形态主要是种植结构的单一化，耕地面积的扩大化，农业的机械化程度显著提高，然而这种单一的经济形态对达斡尔族的多元文化的形成从长远的发展上看并不是可取的，毕竟一个民族的发展是要在多种经济相互促进，相互扶持下共同发展的，所以达斡尔族的经济应在现有的条件上不断加快改革的步伐，提高其经济生产能力，从而带动达斡尔族经济的腾飞。

（六）生活方式的变化

达斡尔族的生活方式变迁随着生存环境的改变而变化，由于长期以来生活水平的滞后，人们的生活一直比较窘迫，人们的劳动都是为了解决生存的需要。其劳动的最初动机都是为了生活，希望能够通过自己的劳动过上好日子，这是他们一辈子致力追求的目标。大部分达斡尔族人民群众除了完成季节性的农务劳动，还参与副业生产。经济贫困者还在农闲时节外出打工，可以获得农业生产以外的收入，外出务工的人们除了带回来外部世界的奇闻之外，还带来一些发财致富的门路。

达斡尔族的劳动合作意识很强烈，从历史上狩猎业、放排业中的集体活动足可以鉴证达斡尔人民的合作意识。如今，在达斡尔族的农业生产劳动中，这种互助的形式得到了更好的印证。达斡尔族虽然实行了包产到户的土地承包责任制，但在生产生活中人们的互助、合作还是少不了的。比如到了农作物耕种或收获的季节，人们以换工的形式，在亲戚和邻里之间开展互助合作生产，以最佳的方式完成粮食抢种抢收工作，不仅加强了家庭生活的亲密关系，还促进了邻里、乡里之间的往来，缩短了对劳动生产时间的同时，提高了劳动生产效率，这种团结友爱的传统美德是达斡尔族先民留给后代的珍贵财富。

达斡尔族人获得物质报酬主要源于土地，大部分达斡尔人把希望寄托于土地上，希望一年到头能够获得实实在在的收入，提高家庭的生活水平。在消费能力上大多是依靠农业的收入，如果收成好，人们就可以购置家电生活用品。依然是活在靠天吃饭的境况下，自然条件的好坏直接决定其生活水平和消费水平的高低。在消费结构上多偏重于子女的上学教育问题，宁愿自己在家里节衣缩食，也要供养子女上学，希望能够学成归来，改变祖祖辈辈"面朝黄土，背朝天"辛苦劳动的生活。

在闲暇生活方面，很早以前的民间传统娱乐活动已让电视娱乐节目等替代。在过去，男孩子们都在村中的空地上打曲棍球、摔跤，女孩在家里玩"哈尼卡""嘎拉哈"，或者绣花，学剪纸。在劳动的间隙，人们会经常跳"鲁日格勒"舞，唱"扎恩德勒"，吹上一首好听的"木库莲"，关于"木库莲"还有一个凄美的爱情故事传说：

> 据说在四五百年以前，有一对恩爱的夫妻。不幸，男的中年死去，女的非常悲痛。那时候，达斡尔族居住在兴安岭密林的边沿地带。那女人每当思念她恩爱伴侣的时候，就独自走进密林里，听林中各种鸟的鸣啭来排解心中的愁绪。后来，她自己动手精心制作了一只

最早的"木库莲",时时带在身边,弹着它为自己解闷。因为"木库莲"的声音十分优美动听,所以很快就传遍千家万户,成为人们在愁苦、孤独中的知心朋友。"木库莲"以后又传到临近的鄂温克、鄂伦春人中间,同样受到他们的喜爱。①

达斡尔族早期的业余生活还是十分丰富的,但经过时代的变迁,异文化的介入,以及现代传媒的冲击彻底改变了达斡尔族传统的生活方式。

五 文化的重构与认同

达斡尔族文化认同是其族群在长期交融、共存的情况下形成的,在形成过程中所创造的语言、仪式是该民族精神文化的重要载体。这种仪式、语言又因区域的不同而形成了不同民族性格和民族心理。达斡尔族的文化重构与认同伴随着时代和社会发展而进步,其语言、仪式也在不同的区域内形成趋同性的共识问题,对族群的归属意识上也在加强。

(一) 语言

达斡尔族语言,按其语言谱系分类法,是属于阿尔泰语系蒙古语族。然而由于历史上的种种原因,达斡尔族却没有形成记载本民族历史文化的文字,"一个民族倘若没有了自己的语言,就会失去归属感,那感觉就像无家可归而不得不寄人篱下一样,因而,语言是民族文化和民族意识的载体"。② 关于达斡尔族无文字的事实在民间还广泛流传着一则传说:

> 传说在一次民族大迁徙中,酋长把汉字等其他文字装在木箱里,因为对自己民族的文字格外重视,就装进铁箱里。过江时突然遇到风浪,装载文字箱子的船翻了船。木箱子因为轻,漂到江岸被人拾起,唯有装达斡尔文字的铁箱沉到江底,怎么也没有找到。从那以后,达斡尔族就没有文字了。③

---

① 吉星编:《中国民俗传说故事》,中国民间文艺出版社 1985 年版。
② 李静:《民族心理学教程》,民族出版社 2006 年版。
③ 图宝音:《试论达斡尔民间文学所反映的祖先足迹》,《民间文化》2000 年第 8 期。

　　达斡尔族语言在经历了民族的不断迁徙之后，"民族之间频繁接触无疑为吸收同化外来词语提供了良好的语言环境，但一种语言能否吸收另一种语言的词语，仍取决于各民族的民族心理"。① 在早期，达斡尔族语言文化主要表现为单语（达斡尔语）即母语文化发展时期，到了中期，由于达斡尔族语言文化主要受满族语言文化的影响而开始了双语文化发展时期，这个时期几乎形成了全民性的达满双语发展时期。清末民初以后，达斡尔族语言文化进入了全民性的达汉双语发展时期，同时各地的达斡尔语之间开始形成一定的方言差异。② 因而，达斡尔族在语言使用上分别经历了单语化（母语话）、达满双语化、达蒙双语化、达汉双语化等过程，这是达斡尔族在经历数次迁徙之后与其他民族产生交流发展的结果，又因各民族之间的文化差异和接触的频率不同，遂产生了不同的语言使用区。

　　明末清初，达斡尔族还没有被迁徙到嫩江流域的时候，基本上是生活在自给自足、封闭的以多种经营农牧定居的状态下，加之地理环境上的限制，呈现出极大的封闭保守性。因此，达斡尔族内部大多是以本民族语言作为交际用语，也就是母语化的发展时期。

　　从清中期至清末，达斡尔族以嫩江流域为主要聚居区，并在隶属于清朝统治者的政治背景下与满族发生了十分广泛的文化接触，随着"国语"——满语满文的逐渐普及，达斡尔族中出现了兼通满语满文的达满双语群体。这部分人的出现以及后来不断扩展的达满双语现象都使达斡尔族的语言和文化有了新的发展。达斡尔族文化的传承也因此多了一种语言和文字载体即满语和满文，从而形成了双语双文化发展时期。③ 据析，达斡尔语中约有 10% 的词汇属于满语外来词，它们主要分布在政治、文化、教育、官职、宗教、经济以及生活的诸多方面。④ 达斡尔族和满族的交流也加强了文化之间的发展，在达满双语文化时期，达斡尔族慢慢开始接受外来文化中一些有益于本民族发展的因素。后期，一些熟悉满汉语的文人学者开始兴办学堂，有力地促进了达斡尔族文化教育事业的发展。

　　民国初期，由于语言特点与蒙古族很相像，尤其是开展了达蒙结合运

---

　　① 顾嘉祖、陆昇：《语言与文化》，上海外语教育出版社 1990 年版。

　　② 丁石庆：《双语族群语言文化的调试与重构——达斡尔族个案研究》，中央民族大学出版社 2006 年版。

　　③ 孙东方：《达斡尔族的文化变迁》，《西南大学学报》（人文社会科学版）2007 年第 6 期。

　　④ 丁石庆：《达斡尔族语言与社会文化》，中央民族大学出版社 1998 年版。

动之后，很多人把原来的达斡尔语或汉语名字改成蒙古语名字。达、蒙两种语言都是同属于阿尔泰语系下的蒙古语族，两种语言在发音系统上相似，语法结构上也有相同地方。达斡尔族在吸收蒙古语借词的时候，也是根据本民族的需要和习惯进行选择的，尽管当时达斡尔族政治上处于从属的位置，经济生活上受到了冲击，但是达斡尔族在语言上还是保留了本民族的特色。

新中国成立之后，达斡尔族文化在汉族文化的影响下取得了显著的进步，而达斡尔族对汉语的借用是通过满语这个中间变量。满族人主中原后，满族统治者为巩固其统治地位，笼络汉族士大夫，尊孔重儒，汉文化地位得到不断提高，达斡尔族亦在满族的影响下接触汉族文化及汉语。随着清政府对东北边疆的开发，使得汉族人口不断涌入这一地区，达斡尔族与汉族的接触过程中直接学习汉族文化及汉语，致使达斡尔词汇中汉语借词的数量不断增长。[①] 满族满文社的日益萎缩，给了达斡尔人更多的学习和使用汉语汉文的机会，在汉族文化的陶冶下发展成达汉文化。随着理解和交流的深入，达斡尔族对汉文化的认同，其接纳和吸收的成分就越来越多。近年来，由于达汉之间的通婚等，更是出现了单语（即汉语）单文化（非母文化）的情况，一些地区的达斡尔人受到周围民族的影响，形成了多语多文化现象。

清朝建立以前，达斡尔族没有文字，以口耳相传的本民族语为主；从清中期到清末，满语满文的普及，达斡尔族中出现了兼通满语满文的双语群体，达满双语现象出现并不断扩展；清末以来，随着汉语汉文社会功能的逐渐渗透，更多的达斡尔人学习和使用汉语汉文，在受汉文化的熏陶下成长为达汉双语人。[②] 文化传播的结果是涵化，由于不同民族的接触而产生的文化变迁过程及其结果，在达斡尔族发展史中，我们可以看到，在各个历史进程中，其文化除了自身的努力进化、发明和发现外，极大地得益于与蒙古、满、汉等民族的互动，得益于这些民族的文化传播，借用了这些民族的语言。[③]

---

① 孔翠花：《新疆达斡尔族文化变迁研究》，民族出版社 2007 年版。

② 孙东方：《文化变迁与双语教育演变——中国东北地区达斡尔族民族教育田野个案研究》，中央民族大学出版社 2010 年版。

③ 同上。

　　达斡尔族在整个文化变迁的过程中，通过学习蒙、满、汉等语言，不仅学会借用了外民族的先进文明成果来发展自己，同时还能利用与这些民族的互动交流的机会，成功地运用外民族语言培养本民族的人才。

　　自新中国成立后，党和政府组织少数民族文字专家开始重新创制达斡尔文字，决定以斯拉夫文为字母形式，创制达斡尔文字。达斡尔族这种双语文化现象在总的发展趋势上看起来此起彼伏，是由多个因素决定的，最主要的乃国家话语权的介入，虽然对整个达斡尔族语言使用者的文化价值观有一定的冲击，但对达斡尔族与异文化的互补和互动将会起到十分关键的作用。

（二）仪式与庆典

　　仪式是人们在特定的时空环境中的一种行为方式。在仪式中，人们表达了对神圣者的尊重、崇敬和惧怕的感情，也表现了人类对时间、对自然界生命节律的敬畏和礼赞。仪式多以信仰为基础，在神灵信仰的前提下，实际上包含着不同的信仰心态，也产生了不同的价值观念，形成了不同的仪式方式。① 可以说，仪式就是把过去的某种记忆加以重现，成为"肢体社会记忆"。②

　　1. 敖包祭

　　"敖包"是在山坡、高岗上用石块垒起的塔形的用于祭祀的石堆，一般设在村落周围的高处，用石块堆成圆锥体，上面插着枝叶繁茂的树木，枝叶上挂饰黄、红、蓝色布条。黄色代表祭地，红色代表祭火，蓝色代表祭天和火，树木代表祭祀森林，石头堆代表祭山，③ 体现了达斡尔族人民大自然崇拜的原始信仰。达斡尔人的敖包祭分为春祭和秋祭。举行敖包祭祀时，要供奉宰牲致祭辞。举行春祭敖包的目的，主要是祈求天、地、山、川等诸神，赐予人间风调雨顺、五谷丰登、畜业兴旺、除病消灾；举行秋季敖包的目的，主要是感谢天、地、山、川等诸神，赐予人间的恩惠，人们获得了五谷满仓，畜群满圈的农牧业大丰收，同时还祈求诸神们

显灵消除一切病灾，保佑人们平安幸福。① 敖包祭是达斡尔族古老文化的一个缩影，与此仪式相关的一系列的活动无不体现了达斡尔族人民的创造能力。敖包祭作为一种文化，其中包含着很多达斡尔族的传统文化和习俗，对研究达斡尔族早期的游牧生活及其迁徙发展史起着重要的作用。

达斡尔族祭祀敖包的活动传达和保存了达斡尔族人民真实的生活历程，生动地记录了该民族的甘苦、荣辱与兴衰。达斡尔族在不断的历史巨变中依然保持着对生命历程的探索，并保持与其他民族的文化交流，加强了达斡尔族社会的整体凝聚力、向心力和认同感，这是达斡尔族民众对自己文化的一种不间断的、持续性的、强劲的、现实的释读与演绎。

2. 求雨祭

达斡尔族祖先由于对自然界的各种现象不理解而又常常受制于自然现象的怪圈里，从而产生了对大自然敬畏的心理，这是早期自然崇拜的开端。在达斡尔族祖先意识里，自然现象中的一切表象都是具有无穷威力的，有不可抗拒的法力，从而对自然界产生了一种望而生畏，畏而仰之的心态，进而用拟人化的方法去理解自然现象，在达斡尔族地区盛行的求雨仪式就是达斡尔族先民因为天旱向天神求雨的一种仪式。"仪式，通常被界定为象征性的、表演性的、由文化传统所规定的一整套行为方式。它可以是神圣的也可以是凡俗的活动，这类活动经常被功能性地解释为在特定群体或文化中沟通（人与神之间，人与人之间）、过渡（社会类别的、地域的、生命周期的）、强化秩序及整合社会的方式。"② 达斡尔族求雨仪式就是一种集众的，掌握权是由祭祀或者萨满操控，在整个活动期间人们寄予仪式的是一种祈求粮食丰收，消除灾祸的期望。

达斡尔人的意识观里认为下雨是由天上的雨神主宰，每当盛夏天旱不雨时同村的妇女们相约到江河湖泊边，只需一两个男人陪同去挖灶、杀鸡。杀鸡后将羽毛和整张鸡皮一起扒下，挂在用柳杆支起来的三脚架上，然后将带去的米和鸡肉一起熬粥喝，接下来是由主祭者"巴格其"（萨满教神职人员）或者是通晓祭词的男子念祈祷词，祈求天上降雨水解除旱情，为人民种植的谷物带来生机。大家吃完鸡肉米粥后，每人手拿盆子到河里去取水，然后相互追逐尽情泼洒，以示降雨。

---

① 王文长：《达斡尔族哈利村调查》，中国经济出版社 2010 年版。
② 郭于华主编：《仪式与社会变迁》，社会科学文献出版社 2000 年版。

达斡尔族还有更大规模的祭祀求雨活动，称为"辛西拉贝"，届时村里人将会召开会议商议求雨的事宜和日期。活动主要选择在榆树旁，众人搭灶宰牛，把煮熟的牛头、手把肉、血肠装在盆里，供奉上天。将点燃的香系在柳条上插在地上，继续由主祭者诵祭词，叙述农田的旱情，民众的疾苦，请上天赐雨。仪式结束后人们分吃食物，并用盆、水桶向榆树洒水，然后互相泼水，祈求下雨。如果还是不下雨，就会敲锣打鼓，请上戏班子唱两天戏，为的是娱乐上天。

从求雨的仪式中可以看到达斡尔人民朴素的自然观、宇宙观，而对"天"的概念并不是清晰的，是一种无形的意识支配人们去做这件事情，也是自然崇拜的外在形式。他们之所以要去河边或者神树旁去祭祀，主要是这些象征物在达斡尔人眼中构成了一种沟通上天旨意的"桥梁"，希望这些象征物能够指引人们前进的方向，亦想通过求雨仪式可以透露达斡尔族人们朴素的、久远的历史文化。

达斡尔族通过求雨将人们的情绪、挫折、痛苦在这种象征情景里得以解脱，在这种仪式的背后我们也看到一定的社会功能，如在消除人们的紧张情绪，增强整个村落的凝聚力以及娱乐功能上。科林斯认为："互动仪式过程中，情感能量是重要的驱动力，它认为人们发展积极情感是最有价值的，人们可能通过参与这些互动仪式来增进这种积极情感，从而由这种互动仪式再生出一种共同的关注焦点，一种共同的情绪，并形成群体的情感共鸣且根据道德规范将它们符号化。"① 在求雨的互动仪式中，不仅加强了达斡尔族的团结互助意识，释放了个人的情感能量，更为重要的是强化了作为这个群体成员身份的荣誉感。天旱之时，人们就会聚集起来讨论今年庄稼是如何的不好，人们就会带有一种忧虑、紧张的情绪，进而这种情绪在民众中间传播开来。从而，人们就会相继联合起来求雨，伴随着求雨仪式的进行和降雨的来临，人们的紧张情绪才得以缓解。达斡尔族的求雨并非个人行为，而是号召村里人以及邻村的人一起响应求雨，而这种行为就会演化成人们之间的共同行为，平时那种相对独立、松散的群体就会被卷入集合、团结的群体里，加强了整个村落的向心力、凝聚力。求雨仪式后一系列宴饮和相互泼水的活动无不体现了达斡尔族求雨的娱乐身心的作用，人们可以尽情释放自己的情绪，发泄心中的不悦，从而营造一种热

---

① ［美］科林斯：《互动仪式链》，商务印书馆 2004 年版。

烈的娱乐轻松环境。

3. 斡米南仪式

达斡尔人信仰萨满教，他们将男女萨满统称为"雅得根"。每隔三年雅得根都要举行一次隆重的跳神仪式，达斡尔语称为"斡米南"，这是达斡尔族仪式活动中最为隆重的一项宗教盛典。祭典上会出现萨满一系列的请神、祭神、送神，平日替病人向神许愿、还愿时，都会唱诵不同内容的祷词，同时，还要描述各神的来历、形貌特征、爱好和所供祭品的丰美。萨满的祷词不仅内涵丰富，而且还反映了达斡尔族社会生活的一个侧面。每个萨满在其一生中要举行若干次"斡米南"祭典，在为师老萨满的指导和陪祭下跳神，请自己的神灵附体。这种祭典的宗旨之一，是提高萨满的素质，二是为自己的族众祈求平安丰收。① 每举行一次"斡米南"，标志其资历的神帽上的鹿角就加上一个支叉。"斡米南"仪式的第三天举行的是"库热"仪式，是向神表达达斡尔人祈求无病无灾、人口兴旺的虔诚愿望的仪式。参加仪式的人们集中站在院中，主祭和应邀指导的两名萨满用整张牛皮割成的鲜皮条把人群围住，各持皮条的一端拉紧，测量皮条的长度是否有所增长，如此反复三次，如果皮条的长度有所增长，就认为是人口增长的祥兆，最后将三股皮条绞成一股，让人们从合围的皮绳下面钻出来。据说凡是从皮绳下面钻出来的人，可以避免病灾。②

4. 庆典：达斡尔族"沃其贝节"

"一场大的庆典活动，往往可以营造最广泛的社会共识。"③ 如新疆塔城地区达斡尔族一年一度的"沃其贝节"，就是为了纪念屯垦戍边而举办的大型庆典活动。

达斡尔族一年一度最为隆重的庆典活动，人们清晨来到祭坛周围，就地取一块石头，摆放到祭坛旁边，如果有因故不能前往者，可由家人或亲朋好友代放。最初，这是一种报到方式，属于族内清点人数的举动。敖包的地点一般选在水草丰美、草木茂盛的高地上，石块堆得越高越大，越预示着民族的紧密团结和兴旺发达。在斡包的中部顶端，插有松树或柳树

---

① 王洪志：《萨满教与达斡尔族传统文化》，《齐齐哈尔大学学报》（哲学社会科学版）2008 年第 3 期。

② 王文长：《达斡尔族哈利村调查》，中国经济出版社 2010 年版。

③ 薛亚利：《庆典：集体记忆和社会认同》，《中国农业大学学报》（社会科学版）2010 年第 3 期。

枝，枝条上系有代表各部落的彩色布带。斡包西边的祭坛上，则摆放宰杀的牛羊头，各种食物和倒满的三杯酒。①

祭祀活动正式开始后，首先是敬酒仪式：首领举起第一杯酒，带族人朝东方跪下，将酒洒在地上，叩头三次，以示祭奠祖先；首领举起第二杯酒，轻轻洒在斡包上，以告慰亡者的在天之灵；首领举起第三杯酒，由空中倒洒向斡包，祈求生者来年平安吉祥。随即，众人围绕斡包转三圈。先由首领边喊"活诺"、"活诺"（保佑的意思），边向斡包抛撒五谷粥，接下来大家一起做同样的动作，祈祷神灵的保佑。② 祭祀完毕，就是重要的集会，主要包括讲述西迁过去的达斡尔族屯垦戍边的历史，计划今后的生产生活以及解决邻里之间的纠纷，为无经济能力、无劳动力的老弱病残、孤儿寡妇提供物资捐献。集会之后，便是举行一些传统的民间体育项目包括赛马、摔跤、射箭、打曲棍球等。午间，人们便聚集在草地之间，尽情品尝美酒美食。歌声响起来，欢快的舞蹈跳起来，直至傍晚活动结束。

"沃其贝节"随着时代、环境的变迁，在保留传统祭祀习俗功能的基础之上，同时还融入了特殊历史条件、特殊生存环境下所产生的新的资质，尤其是纪念西征屯垦戍边的内容，是希望达到传承民族文化和凝聚民族精神的效果。因此，现在的斡包节又被称为西征节。达斡尔族有自己的语言，但没有文字，每年一次的"沃其贝节"就是对历史口口相传的重要场所和机会，无论大人、孩子，谈及自己民族的来历都如数家珍。也正是因为如此，先辈西征屯垦戍边的悲壮而辉煌的业绩，教育和激励了一代又一代达斡尔人，成为达斡尔及各族人民共同的宝贵精神财富。③ 达斡尔族"庆典举办的真正受众并不是国家或庆典本身，它的受众是最广泛的社会群体，庆典的作用，就是在异质性高的社会群体中创造出共识程度最高的记忆及认同"。④

---

① 李晓林：《斡包节：追寻失落的记忆——新疆边境纪事之四》，《中国民族》2006年第1期。

② 同上。

③ 同上。

④ 薛亚利：《庆典：集体记忆和社会认同》，《中国农业大学学报》（社会科学版）2010年第3期。

5. 庆典：那达慕大会

1952 年 8 月 18 日，达斡尔族自治区在齐齐哈尔卧牛吐成立，为纪念这一标志性节日，当地达斡尔族人民每年都会选定这一天举行"那达慕"大会来庆祝这个喜庆的日子，以祈求上苍赐福、百姓安宁。"那达慕"大会是达斡尔族和蒙古族共有的传统草原盛会，两个民族同属于阿尔泰语系下面的蒙古语族，因而，"那达慕"在同音上共同译为"游艺"之意。

历史上达斡尔族的"那达慕"大会大多选定在金秋八月，这个时节正是夏忙之后的闲暇时节，聚居在大兴安岭地区的达斡尔族正值秋收在即，也是景色最美的季节，人们都会聚集起来庆祝这一盛会。这项庆祝活动主要源于敖包祭上的摔跤、赛马、射箭三项游艺活动，大会上除了举行传统的文体活动外，还举行盛大的商贸集会，提供招商引资的场所。兄弟民族的参加映衬此项庆祝活动的丰富多彩，这是居住在大兴安岭地区的少数民族的大联欢。

达斡尔族举行的一系列仪式、庆典是其传统文化的一个剪影，之所以会产生种种信仰、崇拜也是与当时的社会状况密不可分的。但是随着达斡尔族与其他民族之间的交融，由狩猎文化转向农业文化的过渡过程中，达斡尔族的宗教也发生了一定变化。任何民族都会充分利用留下来的符号资本并且通过周期举行的各种仪式和社会活动使之"增值"，通过想象中的神和祖先来拟制生活的场景，成为非常重要的社会和民族认同标志。这个标志的意义和活力不在于字面和记载，而在于群众对它的解读、宣传和再编码，以及因此产生的号召、响应、参与互动等功能和不断强化的它的社会记忆。[①] 达斡尔族的宗教信仰随着环境的变迁也逐渐发生了变化，由于"文化传播的范围或借用的程度取决于两个民族之间接触的时间与密切程度"，[②] 故而，环境的变化对达斡尔族的宗教信仰变迁的作用也是巨大的。早期宗教信仰作为人们祈福祛灾的一种生活手段，随着科学知识在达斡尔族人民中广泛传播，传统的萨满活动及其威望已远不如往昔，萨满活动也开始慢慢淡出人们的视野，这对于一个民族而言无疑是一个历史性的进步。

---

① 纳日碧力格：《现代背景下的族群建构》，云南教育出版社 2000 年版。
② 黄淑娉、龚佩华：《文化人类学理论方法研究》，广东高等教育出版社 1998 年版。

小结

综上所述，我们总结出以下几点：

（1）一个民族的形成过程，实际上就是其本体文化的孕育过程。从蒙古语族各民族衍生的区域空间上来看，它们是孕育于数千年来形成的中国从东北到西南始终存在着的一个边地半圆形文化传播带上。在这个文化地带上各民族不断迁徙、分化聚合、相互融合的结果，文化上相互借鉴与渗透，从而形成了建立在多样性基础上的若干相似性，孕育了具有某一文化特征上的"同构性"的诸民族。如，同属于一个语系语族的各民族。历史上的族际互动与文化交融，是孕育形成蒙古语族民族本体文化形态的主要动力。蒙古语族民族东乡族、保安族、裕固族、土族形成于元末明初之际；"达斡尔"一词作为达斡尔族本民族的自称，最早见于元末明初之际。因而，这个时期的"文化形态"，应该是这些民族作为族群边界的"相对稳定的文化形态"——民族本体文化形态。研究各民族的社会文化变迁时，不可忽略各民族本体文化的孕育过程。本体文化的孕育过程，就是各民族本体文化因子逐渐积累的过程。不同的族源成分和文化因子，成为一种社会事实，在民族发展的过程中，以集体记忆的形式，影响着民族文化的萌发与创新。

（2）蒙古语族各民族基于自然生态环境变化和社会环境变更而形成了各种不同的经济结构，逐渐形成民族之间在经济文化上相互依存的共生关系。我们清晰地看到，经济需求和社会需求是社会文化变迁的最直接的动因。同时，蒙古语族各民族群众的族源话语与民间口碑的叙述，清晰地表明了蒙古语族各民族群众是在特定的族群关系体系中寻找关于本族的族源及其文化渊源问题。这种族源及其文化记忆反映出甘青地区甚至是整个北方的族群关系结构，以及这种关系结构的变化。实则为这些族群生存的社会结构。在这样的社会结构中，形成了蒙古语族各民族的"族群边界"及其文化共享的实践。

（3）历史上的民族迁徙与民族融合是蒙古语族各民族社会文化变迁的主要途径。民族迁徙包括民族自身的迁徙与外族人口的流动。民族人口的流动即文化的流动过程，民族融合过程也是文化交融的过程。通过文化的借用、吸纳甚至涵化，蒙古语族各民族进行了文化的创造与变革。

（4）蒙古语族各民族社会文化变迁中，中原以汉文化为主体的儒家文化渗透至"边疆地带"，少数民族的文化通过次生文化形式"内地化"，两种社会文化之间形成了复杂的互动关系，社会文化变迁呈现了"互化过程"，尤其是在主体文化的凝聚力与边缘文化的向心力两种文化力的相互作用下，汉文化与少数民族文化之间形成了兼容性与相融性有机统一的格局，呈现出多元一体的发展趋势。

（5）蒙古语族各民族社会文化变迁中，各个时期的政治制度和管理体制，直接地影响着社会结构与组织的变化、文化的认同与重构。

下 编

第六章

东乡族实地调研

一 样本的状况

（一）年龄（见表6—1）

表6—1　　　　　　　　　　年龄分布

		频率	百分比	有效百分比	累积百分比
	18岁以下	3	3.0	3.0	3.0
	18—40岁	56	56.0	56.0	59.0
有效	41—65岁	34	34.0	34.0	93.0
	66岁以上	7	7.0	7.0	100.0
	合计	100	100.0	100.0	

本次调查对象的年龄分布18岁以下（少年）的有3人，占全部调查对象的3%；18—40岁（青年）的有56人，占总数的56%；41—65岁（中年）的有34人，占总数的34%；66岁以上（老年）的有7人，占总数的7%。

（二）性别（见表6—2）

表6—2　　　　　　　　　　　　性别

有效		频率	百分比	有效百分比	累积百分比
	男	63	63.0	63.0	63.0
	女	37	37.0	37.0	100.0
	合计	100	100.0	100.0	

　　本次调查对象的性别分布：男63人，占总数的63%；女37人，占总调查对象的37%。

（三）职业（见表6—3）

表6—3　　　　　　　　　　　　职业

有效		频率	百分比	有效百分比	累积百分比
	农民	38	38.0	38.0	38.0
	工人	5	5.0	5.0	43.0
	教师	5	5.0	5.0	48.0
	个体户	16	16.0	16.0	64.0
	公务员	30	30.0	30.0	94.0
	司机	1	1.0	1.0	95.0
	学生	3	3.0	3.0	98.0
	拉面师	1	1.0	1.0	99.0
	修鞋师	1	1.0	1.0	100.0
	合计	100	100.0	100.0	

　　本次调查对象的职业分布：农民38人，占总调查对象的38%；工人5人，占总数的5%；教师5人，占总数的5%；个体户16人，占总数的16%；公务员30人，占总数的30%；司机1人，占总数的1%；学生3人，占总数的3%；拉面师1人，占总数的1%；修鞋师1人，占总数的1%。

二 居住格局

（一）村庄（见表6—4）

表6—4　　　　　　　　　目前居住的村庄

		频率	百分比	有效百分比	累积百分比
有效	白和	1	1.0	1.0	1.0
	白和乡	1	1.0	1.0	2.0
	春台乡陈家村	1	1.0	1.0	3.0
	春台乡大庄村	1	1.0	1.0	4.0
	春台乡和岘村	1	1.0	1.0	5.0
	春台乡龙甫村	2	2.0	2.0	7.0
	达坂村	1	1.0	1.0	8.0
	达坂乡	1	1.0	1.0	9.0
	达板乡水村	1	1.0	1.0	10.0
	达板镇上科妥村	1	1.0	1.0	11.0
	东乡村	1	1.0	1.0	12.0
	东乡县	1	1.0	1.0	13.0
	东乡县锁南镇	15	15.0	15.0	28.0
	东延乡赵家村	1	1.0	1.0	29.0
	黑沙村	1	1.0	1.0	30.0
	红庄村	1	1.0	1.0	31.0
	李家村	1	1.0	1.0	32.0
	柳树村	1	1.0	1.0	33.0
	龙泉乡	2	2.0	2.0	35.0
	那勒寺	2	2.0	2.0	37.0
	那勒寺乡	1	1.0	1.0	38.0
	牛家村	1	1.0	1.0	39.0
	坪庄乡大坡村	1	1.0	1.0	40.0
	坪庄乡	8	8.0	8.0	48.0
	坪庄乡结沟村	1	1.0	1.0	49.0
	坪庄乡南关村	2	2.0	2.0	51.0

		频率	百分比	有效百分比	累积百分比
有效	锁南镇	34	34.0	34.0	85.0
	锁南镇锁南村	1	1.0	1.0	86.0
	锁南镇新庄巷	1	1.0	1.0	87.0
	锁南镇伊哈池村	1	1.0	1.0	88.0
	王家村	1	1.0	1.0	89.0
	五麦寺村	1	1.0	1.0	90.0
	县城	8	8.0	8.0	98.0
	新星村	1	1.0	1.0	99.0
	赵家乡赵家村	1	1.0	1.0	100.0
	合计	100	100.0	100.0	

本次调查对象居住在县城（东乡县锁南镇）的大约有60人，占总数的60%；多数认为县城建立50多年了，是从别处由于工作原因迁过来的。

（二）村庄史（见表6—5）

表6—5　　　　　　　　　　是否知道村庄史

		频率	百分比	有效百分比	累积百分比
有效	知道	10	10.0	10.1	10.1
	不知道	89	89.0	89.9	100.0
	合计	99	99.0	100.0	
缺失	系统	1	1.0		
合计		100	100.0		

本次调查对象有10人知道居住地的历史，占总数的10%；有89人不知道村庄的历史，占总数的89%。

1. 东乡县锁南镇

个案1：东乡县城103岁的老人说清朝时就住这里，至今100多年了。清以前这里有汉族一二十户，后来才形成东乡族。关于族源，他说是蒙古族或阿拉伯人，有的说是阿拉伯人的后裔，因为信仰和阿拉伯人一样，有的说是蒙古族后裔，因为语言和蒙古族一样，具体不清楚。还说国民党时期这里只有60—70户人家，现在已有2000多户了。

个案2：有一公务员认为县城是40多年前成立的，她9岁时因父母在县城工作从临夏迁来的，当时是为过来上学。听老人说东乡族的族源是蒙古族，以前这里是大海，后来形成山脉，听老人说是蒙古族的后裔，因为语言和信仰和蒙古族一样，现在东乡语和蒙古语还差不多。

个案3：有一县干部，2003年从河滩镇迁来，关于河滩镇的历史不清楚。而关于东乡族族源，他听说是蒙古族，他说，元朝时蒙古大军西征与当地民族融合形成了现在的东乡族。

2. 坪庄乡

个案1：村民说坪庄乡从唐汪迁来3—200户，明初从山西迁至陇西，清初迁至唐汪，清末又迁至唐汪，距今50—200年了。

个案2：坪庄乡南关村老庄社村民说，现300多户，说这里是临夏的一个犯罪的人发配到南关后发展而来的。

个案3：锁南镇坪庄村果园堆社村民说，祖辈是清朝时从庆州府迁居来的庆州回民白彦虎——陕西回民造反的领袖，由于战乱作为难民迁来的。他说东乡族的族源是回族可能根据于此。距今大约120年了。

个案4：当地一位干部说，坪庄乡三社村祁家堆社原来汉族多，后来从各地各姓氏来的都有，至于怎么形成东乡族及信仰伊斯兰教的不清楚。

3. 新星村

村民说自己不知道村庄的历史，关于族源听爷爷说是成吉思汗的一个部落的后裔，其中姓马的从阿拉伯迁来，信仰伊斯兰教，其他姓氏的都是从其他地方迁来的，后来在姓马的劝说下都信仰伊斯兰教。

4. 龙泉乡周杨村

个案1：村民说自己不清楚村庄史，但族源听说是蒙古族，依据是语言和蒙古族相似。

（三）村民身份（见表6—6、表6—7）

表6—6 是否原住民

有效		频率	百分比	有效百分比	累积百分比
有效	是	87	87.0	87.0	87.0
	否	13	13.0	13.0	100.0
	合计	100	100.0	100.0	

本次调查对象有87人是原住民，占总数的87%；13人不是原住民，占总数的13%。

表6—7 从哪里迁来

		频率	百分比	有效百分比	累积百分比
有效		66	66.0	66.0	66.0
	东乡唐汪	1	1.0	1.0	67.0
	高山	1	1.0	1.0	68.0
	河滩	1	1.0	1.0	69.0
	红庄村	1	1.0	1.0	70.0
	老庄村	1	1.0	1.0	71.0
	临夏	2	2.0	2.0	73.0
	柳树乡	1	1.0	1.0	74.0
	龙泉乡	1	1.0	1.0	75.0
	免古池	1	1.0	1.0	76.0
	唐汪	1	1.0	1.0	77.0
	无	20	20.0	20.0	97.0
	县上	1	1.0	1.0	98.0
	乡下	1	1.0	1.0	99.0
	沿岭乡	1	1.0	1.0	100.0
	合计	100	100.0	100.0	

此次调查对象无迁移情况的66人，占总数的66%；不知道从何处迁

来的 20 人，占总数的 20%；从临夏迁往县城的 2 人，占总数的 2%；从其他地方迁来的如乡下、免古池、老庄村、龙泉乡、唐汪、红庄村、河滩、高山、沿岭村、柳树乡各 1 人，各占总数的 1%。

三 民族认同与族际交往

（一）族源记忆与民族认同（见表 6—8 至表 6—11）

表 6—8　　　　　　　　　　对族源的记忆

		频率	百分比	有效百分比	累积百分比
有效	蒙古族	20	20.0	20.0	20.0
	回族	4	4.0	4.0	24.0
	不清楚	30	30.0	30.0	54.0
	中亚少数民族	1	1.0	1.0	55.0
	东乡族	40	40.0	40.0	95.0
	阿拉伯人	3	3.0	3.0	98.0
	汉族	1	1.0	1.0	99.0
	蒙古、回、汉	1	1.0	1.0	100.0
	合计	100	100.0	100.0	

本次调查认为族源是蒙古族的 20 人，占总数的 20%；认为族源是回族的 4 人，占总数的 4%；不清楚族源的 30 人，占总数的 30%；认为族源是中亚少数民族的 1 人，占总数的 1%；认为族源就是东乡族的 40 人，占总数的 40%；认为族源是阿拉伯人的 3 人，占总数的 3%；认为族源是汉族的 1 人，占总数的 1%；认为族源是蒙古、回、汉的 1 人，占总数的 1%。

表6—9 族源依据

		频率	百分比	有效百分比	累积百分比
有效	口头流传	23	23.0	29.5	29.5
	书本学习	9	9.0	11.5	41.0
	不清楚	42	42.0	53.8	94.9
	个人推断	4	4.0	5.1	100.0
	合计	78	78.0	100.0	
缺失	系统	22	22.0		
合计		100	100.0		

本次调查族源依据情况：认为是口头流传的23人，占总数的23%；从书本学习的9人，占总数的9%；不清楚的42人，占总数的42%；根据个人推断的4人，占总数的4%。

表6—10 哪里人或哪族人

		频率	百分比	有效百分比	累积百分比
有效	东乡族	100	100.0	100.0	100.0

本次调查对象都认为自己是东乡族人。

表6—11 民族依据

		频率	百分比	有效百分比	累积百分比
有效	血缘	48	48.0	52.7	52.7
	语言	11	11.0	12.1	64.8
	宗教信仰	6	6.0	6.6	71.4
	血缘和语言	16	16.0	17.6	89.0
	居住地	2	2.0	2.2	91.2
	不知道	8	8.0	8.8	100.0
	合计	91	91.0	100.0	
缺失	系统	9	9.0		
合计		100	100.0		

本次调查以血缘为民族依据的 48 人，占总数的 48%；以语言为民族依据的 11 人，占总数的 11%；以宗教信仰为依据的 6 人，占总数的 6%；以血缘和语言为依据的 16 人，占总数的 16%；以居住地为依据的 2 人，占总数的 2%；不知道的 8 人，占总数的 8%。

（二）族际交往（见表 6—12 至表 6—47）

表 6—12　　　　　　　　　　与藏族的交往频率

		频率	百分比	有效百分比	累积百分比
有效	经常	3	3.0	3.7	3.7
	偶尔	8	8.0	9.8	13.4
	从不交往	71	71.0	86.6	100.0
	合计	82	82.0	100.0	
缺失	系统	18	18.0		
合计		100	100.0		

认为经常和藏族交往的 3 人，占总数的 3%；认为偶尔和藏族交往的 8 人，占总数的 8%；认为和藏族从不交往的 71 人，占总数的 71%。

表 6—13　　　　　　　　　　与藏族的关系

		频率	百分比	有效百分比	累积百分比
有效	好处	5	5.0	7.0	7.0
	一般	6	6.0	8.5	15.5
	不好处	60	60.0	84.5	100.0
	合计	71	71.0	100.0	
缺失	系统	29	29.0		
合计		100	100.0		

调查对象中认为和藏族关系好处的 5 人，占总数的 5%；和藏族关系一般的 6 人，占总数的 6%；认为和藏族关系不好处的 60 人，占总数的 60%。

表6—14   是否得到过藏族的帮助

		频率	百分比	有效百分比	累积百分比
有效	是	6	6.0	8.5	8.5
	否	65	65.0	91.5	100.0
	合计	71	71.0	100.0	
缺失	系统	29	29.0		
合计		100	100.0		

此次调查对象中认为得到过藏族帮助的有6人，占总数的6%；认为没得到过藏族帮助的65人，占总数的65%。

表6—15   与蒙古族的交往频率

		频率	百分比	有效百分比	累积百分比
有效	经常	1	1.0	1.2	1.2
	偶尔	2	2.0	2.5	3.7
	从不交往	78	78.0	96.3	100.0
	合计	81	81.0	100.0	
缺失	系统	19	19.0		
合计		100	100.0		

认为和蒙古族经常交往的1人，占总数的1%；认为和蒙古族偶尔交往的2人，占总数的2%；认为和蒙古族从不交往的78人，占总数的78%。

表6—16   与蒙古族的关系

		频率	百分比	有效百分比	累积百分比
有效	好处	2	2.0	2.9	2.9
	一般	1	1.0	1.4	4.3
	不好处	66	66.0	95.7	100.0
	合计	69	69.0	100.0	
缺失	系统	31	31.0		
合计		100	100.0		

本次调查对象认为和蒙古族关系好处的 2 人，占总数的 2%；认为和蒙古族关系一般的 1 人，占总数的 1%；认为和蒙古族关系不好处的 66 人，占总数的 66%。

表 6—17　　　　　　　　是否得到过蒙古族的帮助

		频率	百分比	有效百分比	累积百分比
有效	是	2	2.0	2.9	2.9
	否	67	67.0	97.1	100.0
	合计	69	69.0	100.0	
缺失	系统	31	31.0		
合计		100	100.0		

调查对象中有 2 人认为得到过蒙古族的帮助，占总数的 2%；67 人认为没得到过蒙古族的帮助，占总数的 67%。

表 6—18　　　　　　　　与回族的交往频率

		频率	百分比	有效百分比	累积百分比
有效	经常	72	72.0	80.0	80.0
	偶尔	12	12.0	13.3	93.3
	从不交往	6	6.0	6.7	100.0
	合计	90	90.0	100.0	
缺失	系统	10	10.0		
合计		100	100.0		

调查对象中认为和回族经常交往的 72 人，占总数的 72%；认为和回族偶尔交往的 12 人，占总数的 12%；认为和回族从不交往的 6 人，占总数的 6%。

表 6—19　　　　　　　　　　　与回族的关系

		频率	百分比	有效百分比	累积百分比
有效	好处	74	74.0	84.1	84.1
	一般	10	10.0	11.4	95.5
	不好处	4	4.0	4.5	100.0
	合计	88	88.0	100.0	
缺失	系统	12	12.0		
合计		100	100.0		

　　调查对象中认为和回族关系好处的 74 人，占总数的 74%；认为和回族关系一般的 10 人，占总数的 10%；认为和回族关系不好处的 4 人，占总数的 4%。

表 6—20　　　　　　　　　　是否得到过回族的帮助

		频率	百分比	有效百分比	累积百分比
有效	是	77	77.0	87.5	87.5
	否	11	11.0	12.5	100.0
	合计	88	88.0	100.0	
缺失	系统	12	12.0		
合计		100	100.0		

　　调查对象中认为得到过回族帮助的 77 人，占总数的 77%；认为没得到过回族帮助的 11 人，占总数的 11%。

表 6—21　　　　　　　　　　与东乡族的交往频率

		频率	百分比	有效百分比	累积百分比
有效	经常	100	100.0	100.0	100.0

　　本次调查对象中都认为和东乡族经常交往。

表6—22 与东乡族的关系

		频率	百分比	有效百分比	累积百分比
有效	好处	100	100.0	100.0	100.0

本次调查都认为和东乡族之间的关系好处。

表6—23 是否得到过东乡族的帮助

		频率	百分比	有效百分比	累积百分比
有效	是	100	100.0	100.0	100.0

本次调查都认为得到过东乡族的帮助。

表6—24 与保安族的交往频率

		频率	百分比	有效百分比	累积百分比
有效	经常	6	6.0	7.4	7.4
	偶尔	4	4.0	4.9	12.3
	从不交往	71	71.0	87.7	100.0
	合计	81	81.0	100.0	
缺失	系统	19	19.0		
合计		100	100.0		

本次调查对象中认为和保安族经常交往的6人，占总数的6%；认为和保安族偶尔交往的4人，占总数的4%；认为和保安族从不交往的71人，占总数的71%。

表6—25 与保安族的关系

		频率	百分比	有效百分比	累积百分比
有效	好处	8	8.0	11.4	11.4
	一般	2	2.0	2.9	14.3
	不好处	60	60.0	85.7	100.0
	合计	70	70.0	100.0	
缺失	系统	30	30.0		
合计		100	100.0		

调查对象中认为和保安族关系好处的 8 人，占总数的 8%；认为和保安族关系一般的 2 人，占总数的 2%；认为和保安族关系不好处的 60 人，占总数的 60%。

表 6—26　　　　　　　　　　是否得到过保安族的帮助

		频率	百分比	有效百分比	累积百分比
有效	是	10	10.0	14.3	14.3
	否	60	60.0	85.7	100.0
	合计	70	70.0	100.0	
缺失	系统	30	30.0		
合计		100	100.0		

调查对象中认为得到过保安族帮助的 10 人，占总数的 10%；没得到过保安族帮助的 60 人，占 60%。

表 6—27　　　　　　　　　　与裕固族的交往频率

		频率	百分比	有效百分比	累积百分比
有效	经常	1	1.0	1.2	1.2
	偶尔	2	2.0	2.5	3.7
	从不交往	78	78.0	96.3	100.0
	合计	81	81.0	100.0	
缺失	系统	19	19.0		
合计		100	100.0		

调查对象中认为和裕固族经常交往的 1 人，占 1%；认为偶尔交往的 2 人，占 2%；认为从不交往的 78 人，占 78%。

表6—28   与裕固族的关系

		频率	百分比	有效百分比	累积百分比
有效	好处	2	2.0	2.9	2.9
	一般	1	1.0	1.4	4.3
	不好处	66	66.0	95.7	100.0
	合计	69	69.0	100.0	
缺失	系统	31	31.0		
合计		100	100.0		

调查对象中认为和裕固族关系好处的2人，占2%；和裕固族关系一般的1人，占1%；认为和裕固族关系不好处的66人，占66%。

表6—29   是否得到过裕固族的帮助

		频率	百分比	有效百分比	累积百分比
有效	是	2	2.0	2.9	2.9
	否	67	67.0	97.1	100.0
	合计	69	69.0	100.0	
缺失	系统	31	31.0		
合计		100	100.0		

调查对象中认为得到过裕固族帮助的2人，占2%；认为没得到过裕固族帮助的67人，占67%。

表6—30   与汉族的交往频率

		频率	百分比	有效百分比	累积百分比
有效	经常	71	71.0	79.8	79.8
	偶尔	14	14.0	15.7	95.5
	从不交往	4	4.0	4.5	100.0
	合计	89	89.0	100.0	
缺失	系统	11	11.0		

调查对象中认为和汉族经常交往的71人，占71%；认为和汉族偶尔

交往的 14 人，占 14%；认为和汉族从不交往的 4 人，占 4%。

表 6—31 与汉族的关系

		频率	百分比	有效百分比	累积百分比
有效	好处	73	73.0	83.0	83.0
	一般	12	12.0	13.6	96.6
	不好处	3	3.0	3.4	100.0
	合计	88	88.0	100.0	
缺失	系统	12	12.0		
	合计	100	100.0		

调查对象中认为和汉族关系好处的 73 人，占 73%；认为和汉族关系一般的 12 人，占 12%；认为和汉族关系不好处的 3 人，占 3%。

表 6—32 是否得到过汉族的帮助

		频率	百分比	有效百分比	累积百分比
有效	是	77	77.0	87.5	87.5
	否	11	11.0	12.5	100.0
	合计	88	88.0	100.0	
缺失	系统	12	12.0		
	合计	100	100.0		

调查对象中认为得到过汉族帮助的 77 人，占 77%；认为没得到过汉族帮助的 11 人，占 11%。

表 6—33 与土族的交往频率

		频率	百分比	有效百分比	累积百分比
有效	从不交往	81	81.0	100.0	100.0
缺失	系统	19	19.0		
	合计	100	100.0		

调查对象中81人认为和土族从不交往，占81%。

表6—34 与土族的关系

		频率	百分比	有效百分比	累积百分比
有效	不好处	69	69.0	100.0	100.0
缺失	系统	31	31.0		
合计		100	100.0		

调查对象中69人认为和土族关系不好处，占69%。

表6—35 是否得到过土族的帮助

		频率	百分比	有效百分比	累积百分比
有效	否	69	69.0	100.0	100.0
缺失	系统	31	31.0		
合计		100	100.0		

调查对象中69人认为没得到过土族的帮助，占69%。

表6—36 与撒拉族的交往频率

		频率	百分比	有效百分比	累积百分比
	经常	5	5.0	6.2	6.2
	偶尔	2	2.0	2.5	8.6
有效	从不交往	74	74.0	91.4	100.0
	合计	81	81.0	100.0	
缺失	系统	19	19.0		
合计		100	100.0		

调查对象中认为和撒拉族经常交往的5人，占5%；偶尔交往的2人，占2%；从不交往的74人，占74%。

表6—37　　　　　　　　　　与撒拉族的关系

		频率	百分比	有效百分比	累积百分比
有效	好处	5	5.0	7.2	7.2
	一般	1	1.0	1.4	8.7
	不好处	63	63.0	91.3	100.0
	合计	69	69.0	100.0	
缺失	系统	31	31.0		
合计		100	100.0		

　　调查对象中认为和撒拉族关系好处的 5 人，占 5%；关系一般的 1人，占 1%；关系不好处的 63 人，占 63%。

表6—38　　　　　　　　是否得到过撒拉族的帮助

		频率	百分比	有效百分比	累积百分比
有效	是	5	5.0	7.2	7.2
	否	64	64.0	92.8	100.0
	合计	69	69.0	100.0	
缺失	系统	31	31.0		
合计		100	100.0		

　　调查对象中认为得到过撒拉族帮助的 5 人，占 5%；没得到过撒拉族帮助的 64 人，占 64%。

　　从调查中可知东乡族经常和回族、汉族、东乡族交往，关系较好，并经常相互帮助，而和藏族、蒙古族、土族、保安族、撒拉族、裕固族不经常交往，关系不好处，彼此间亦不互相帮助。

表6—39　　　　　　　　是否可以和藏族结婚

		频率	百分比	有效百分比	累积百分比
有效	否	81	81.0	100.0	100.0
缺失	系统	19	19.0		
合计		100	100.0		

调查对象中81人认为不能和藏族通婚，占81%。

表 6—40　　　　　　　　　　　是否可以和蒙古族结婚

		频率	百分比	有效百分比	累积百分比
有效	否	81	81.0	100.0	100.0
缺失	系统	19	19.0		
	合计	100	100.0		

调查对象中亦有81人认为不能和蒙古族通婚，占81%。

表 6—41　　　　　　　　　　　是否可以和回族结婚

		频率	百分比	有效百分比	累积百分比
有效	是	90	90.0	96.8	96.8
	否	3	3.0	3.2	100.0
	合计	93	93.0	100.0	
缺失	系统	7	7.0		
	合计	100	100.0		

调查对象中90人认为可和回族通婚，占90%。

表 6—42　　　　　　　　　　　是否可以和东乡族结婚

		频率	百分比	有效百分比	累积百分比
有效	是	99	99.0	99.0	99.0
	否	1	1.0	1.0	100.0
	合计	100	100.0	100.0	

调查对象中99人认为可和东乡族通婚，占99%；1人认为不可和东乡族通婚，占1%。

表6—43　　　　　　　　是否可以和保安族结婚

		频率	百分比	有效百分比	累积百分比
有效	是	22	22.0	25.9	25.9
	否	63	63.0	74.1	100.0
	合计	85	85.0	100.0	
缺失	系统	15	15.0		
合计		100	100.0		

　　调查对象中22人认为可和保安族通婚，占22%；63人认为不可和保安族通婚，占63%。

表6—44　　　　　　　　是否可以和裕固族结婚

		频率	百分比	有效百分比	累积百分比
有效	否	81	81.0	100.0	100.0
缺失	系统	19	19.0		
合计		100	100.0		

　　调查对象中81人认为不可和裕固族通婚，占81%。

表6—45　　　　　　　　是否可以和汉族结婚

		频率	百分比	有效百分比	累积百分比
有效	是	6	6.0	7.1	7.1
	否	78	78.0	92.9	100.0
	合计	84	84.0	100.0	
缺失	系统	16	16.0		
合计		100	100.0		

　　调查对象中6人认为可和汉族通婚，占6%；78人认为不可和汉族通婚，占78%。

表 6—46 是否可以和撒拉族结婚

		频率	百分比	有效百分比	累积百分比
有效	是	15	15.0	17.9	17.9
	否	69	69.0	82.1	100.0
	合计	84	84.0	100.0	
缺失	系统	16	16.0		
合计		100	100.0		

调查对象中 15 人认为可和撒拉族通婚，占 15%；69 人认为不可和撒拉族通婚，占 69%。

表 6—47 是否可以和土族结婚

		频率	百分比	有效百分比	累积百分比
有效	否	81	81.0	100.0	100.0
缺失	系统	19	19.0		
合计		100	100.0		

调查对象中 81 人认为不可和土族通婚，占 81%；东乡族经常通婚的民族有回族、东乡族；而不经常通婚的民族有藏族、蒙古族、保安族、土族、撒拉族、裕固族、汉族。

四 生产方式与生活方式

（一）生产方式与变化（见表 6—48 至表 6—53）

表 6—48 生产方式

		频率	百分比	有效百分比	累积百分比
有效	农业	47	47.0	47.0	47.0
	商业	16	16.0	16.0	63.0
	服务业	4	4.0	4.0	67.0
	其他工作	33	33.0	33.0	100.0
	合计	100	100.0	100.0	

本次调查从事农业的有 47 人，占总数的 47%；从事商业的有 16 人，占总数的 16%；从事服务业的有 4 人，占总数的 4%；从事其他工作的有 33 人，占总数的 33%。

表 6—49　　　　　　　　　生产方式变化情况

		频率	百分比	有效百分比	累积百分比
有效	无	43	43.0	47.3	47.3
	打工	29	29.0	31.9	79.1
	农业转商	19	19.0	20.9	100.0
	合计	91	91.0	100.0	
缺失	系统	9	9.0		
合计		100	100.0		

本次调查生产方式无变化的 43 人，占总数的 43%；由农业转成打工的 29 人，占总数的 29%；由农业转商业的 19 人，占总数的 19%。

表 6—50　　　　　　　　　进城务工的经历

		频率	百分比	有效百分比	累积百分比
有效	有	27	27.0	32.9	32.9
	无	55	55.0	67.1	100.0
	合计	82	82.0	100.0	
缺失	系统	18	18.0		
合计		100	100.0		

调查对象中 27 人有进城务工经历，占 27%；55 人没有进城务工经历，占 55%。

表 6—51　　　　　　　　　务工时间

		频率	百分比	有效百分比	累积百分比
有效		38	38.0	38.0	38.0
	2004 年	1	1.0	1.0	39.0
	2005—2007 年	1	1.0	1.0	40.0

		频率	百分比	有效百分比	累积百分比
有效	2007 年	1	1.0	1.0	41.0
	2008 年	1	1.0	1.0	42.0
	2013 年	1	1.0	1.0	43.0
	1990 年	1	1.0	1.0	44.0
	2000 年	3	3.0	3.0	47.0
	2002 年	2	2.0	2.0	49.0
	2003 年	1	1.0	1.0	50.0
	2006 年	1	1.0	1.0	51.0
	2007 年	1	1.0	1.0	52.0
	2009 年	2	2.0	2.0	54.0
	3 月到 8 月	1	1.0	1.0	55.0
	4 月	1	1.0	1.0	56.0
	5 月	1	1.0	1.0	57.0
	1983 年以后	1	1.0	1.0	58.0
	春季	1	1.0	1.0	59.0
	农闲	4	4.0	4.0	63.0
	农闲儿子打工	1	1.0	1.0	64.0
	全年	3	3.0	3.0	67.0
	无	33	33.0	33.0	100.0
	合计	100	100.0	100.0	

调查对象中无务工时间的 71 人，占 71%；其他大都是近几年外出务工的，也有全年或农闲时外出的，各占比率不多。

表 6—52　　　　　　　　　务工地点

		频率	百分比	有效百分比	累积百分比
有效	没有打工经历	38	38.0	38.0	38.0
	北京	1	1.0	1.0	39.0
	本地	2	2.0	2.0	41.0
	敦煌	1	1.0	1.0	42.0

续表

		频率	百分比	有效百分比	累积百分比
有效	广东、浙江、兰州	1	1.0	1.0	43.0
	拉萨	1	1.0	1.0	44.0
	兰州	6	6.0	6.0	50.0
	兰州、拉萨	1	1.0	1.0	51.0
	兰州、武汉	1	1.0	1.0	52.0
	兰州、东乡县	1	1.0	1.0	53.0
	临夏	3	3.0	3.0	56.0
	临夏、兰州	1	1.0	1.0	57.0
	陇西	1	1.0	1.0	58.0
	青海、新疆	1	1.0	1.0	59.0
	无	33	33.0	33.0	92.0
	县城	3	3.0	3.0	95.0
	县城馆子里	1	1.0	1.0	96.0
	县城张掖	1	1.0	1.0	97.0
	县上	1	1.0	1.0	98.0
	新疆	2	2.0	2.0	100.0
	合计	100	100.0	100.0	

　　调查对象外出务工地点临夏、兰州、县城、新疆、北京等各地的都有，占比率不多；而回答"无"及"没有"的打工者占71%。

表6—53　　　　　　　　　　工种

		频率	百分比	有效百分比	累积百分比
有效	其他	37	37.0	37.0	37.0
	采棉花	1	1.0	1.0	38.0
	餐饮	1	1.0	1.0	39.0
	拆迁	1	1.0	1.0	40.0
	打杂工	1	1.0	1.0	41.0
	打字员	1	1.0	1.0	42.0
	服务	1	1.0	1.0	43.0

续表

		频率	百分比	有效百分比	累积百分比
有效	各种活	3	3.0	3.0	46.0
	建筑	1	1.0	1.0	47.0
	建筑工	2	2.0	2.0	49.0
	建筑工人	3	3.0	3.0	52.0
	建筑杂工	1	1.0	1.0	53.0
	拉面	1	1.0	1.0	54.0
	拉面师傅	1	1.0	1.0	55.0
	卖羊皮	1	1.0	1.0	56.0
	农场	1	1.0	1.0	57.0
	司机	1	1.0	1.0	58.0
	无职业	33	33.0	33.0	91.0
	小工	4	4.0	4.0	95.0
	杂工	3	3.0	3.0	98.0
	摘棉花	1	1.0	1.0	99.0
	照相	1	1.0	1.0	100.0
	合计	100	100.0	100.0	

　　调查对象从事各种职业的都有，如建筑工人、杂工摘棉花、司机、服务、照相、拉面等，所占比率不多，大约占 30%；而无职业及其他情况者占 70%。

　　从此次调查对象中可知东乡族大都无进城经历，一般在本地工作，亦有极少数人去各地务工，从事各种职业。

（二）家庭结构（见表 6—54）

表 6—54　　　　　　　　　　　　家庭结构

		频率	百分比	有效百分比	累积百分比
有效	核心家庭	42	42.0	42.0	42.0
	主干家庭	32	32.0	32.0	74.0
	联合家庭	24	24.0	24.0	98.0
	单亲家庭	1	1.0	1.0	99.0
	空巢家庭	1	1.0	1.0	100.0
	合计	100	100.0	100.0	

本次调查对象中有 42 户是核心家庭，占 42%；32 户是主干家庭，占 32%；24 户是联合家庭，占 24%；单亲家庭和空巢家庭各 1 户，占 2%；

（三）收入与支出（见表 6—55 至表 6—58）

表 6—55　　　　　　　　　　　　收入种类

		频率	百分比	有效百分比	累积百分比
有效	农业收入	11	11.0	11.1	11.1
	服务业收入	3	3.0	3.0	14.1
	工资	30	30.0	30.3	44.4
	农业收入和工资	36	36.0	36.4	80.8
	商业收入	16	16.0	16.2	97.0
	农业收入和商业收入	3	3.0	3.0	100.0
	合计	99	99.0	100.0	
缺失	系统	1	1.0		
合计		100	100.0		

本次调查以农业收入为主的 11 人，占总数的 11%；以服务业为主的 3 人，占总数的 3%；以工资为主的 30 人，占总数的 30%；以农业和工资收入为主的 36 人，占总数的 36%；以商业收入为主的 16 人，占总数

的 16%；以农业和商业收入为主的 3 人，占总数的 3%。

表6—56　　　　　　　　　　　收入来源

有效		频率	百分比	有效百分比	累积百分比
	农产品	15	15.0	15.0	15.0
	国家	32	32.0	32.0	47.0
	个人营业收入	25	25.0	25.0	72.0
	企业	8	8.0	8.0	80.0
	农产品和企业	20	20.0	20.0	100.0
	合计	100	100.0	100.0	

本次调查以农产品为收入来源的 15 人，占总数的 15%；以国家为收入来源的 32 人，占总数的 32%；以个人营业收入为主的 25 人，占总数的 25%；以企业为收入来源的 8 人，占总数的 8%；以农产品和企业为收入来源的 20 人，占总数的 20%。

表6—57　　　　　　　　　　　消费状况

有效		频率	百分比	有效百分比	累积百分比
	日常生活	67	67.0	67.0	67.0
	农业生产	1	1.0	1.0	68.0
	日常生活和子女上学	32	32.0	32.0	100.0
	合计	100	100.0	100.0	

本次调查对象消费状况主要是日常生活的 67 人，占总数的 67%；以农业生产为消费对象的 1 人，占总数的 1%；以日常生活和子女上学为消费对象的 32 人，占总数的 32%。

表6—58　　　　　　　　　　　年消费数额

有效		频率	百分比	有效百分比	累积百分比
	3000 元及以下	2	2.0	2.0	2.0
	3001—5000 元	6	6.0	6.0	8.0

		频率	百分比	有效百分比	累积百分比
有效	5001—10000 元	16	16.0	16.0	24.0
	10001—15000 元	17	17.0	17.0	41.0
	15001—20000 元	14	14.0	14.0	55.0
	20001—25000 元	10	10.0	10.0	65.0
	25001—30000 元	21	21.0	21.0	86.0
	30000 元以上	14	14.0	14.0	100.0
	合计	100	100.0	100.0	

本次调查对象消费数额每年在 3000 元及以下的 2 人，占总数的 2%；消费数额 3001—5000 元的 6 人，占总数的 6%；消费数额在 5001—10000 元的 16 人，占总数的 16%；10001—15000 元的 17 人，占总数的 17%；15001—20000 元的 14 人，占总数的 14%；20001—25000 元的 10 人，占总数的 10%；25001—30000 元的 21 人，占总数的 21%；30000 元以上的 14 人，占总数的 14%。

（四）使用电器情况（见表 6—59 至表 6—64）

表 6—59　　　　　　　　　　是否有手机

		频率	百分比	有效百分比	累积百分比
有效	是	81	81.0	81.0	81.0
	否	19	19.0	19.0	100.0
	合计	100	100.0	100.0	

本次调查对象中 81 人拥有手机，占 81%；19 人没手机，占 19%。

表 6—60　　　　　　　　　　是否有摩托车

		频率	百分比	有效百分比	累积百分比
有效	是	46	46.0	46.0	46.0
	否	54	54.0	54.0	100.0
	合计	100	100.0	100.0	

本次调查对象中 46 人家里有摩托车，占 46%；54 人家里没有摩托车，占 54%。

表 6—61　　　　　　　　　　是否有电视机

		频率	百分比	有效百分比	累积百分比
有效	是	95	95.0	95.0	95.0
	否	5	5.0	5.0	100.0
	合计	100	100.0	100.0	

本次调查对象中 95 人家里有电视机，占 95%；5 人家里没有电视机，占 5%。

表 6—62　　　　　　　　　　是否有农用车

		频率	百分比	有效百分比	累积百分比
有效	是	5	5.0	5.0	5.0
	否	95	95.0	95.0	100.0
	合计	100	100.0	100.0	

此次调查对象中 5 人家里有农用车，占 5%；95 人家里无农用车，占 95%。

表 6—63　　　　　　　　　　是否有汽车

		频率	百分比	有效百分比	累积百分比
有效	是	20	20.0	20.0	20.0
	否	80	80.0	80.0	100.0
	合计	100	100.0	100.0	

此次调查对象中 20 人家里有汽车，占 20%；80 人家里无汽车，占 80%。

表 6—64　　　　　　　　　　是否有电脑

有效		频率	百分比	有效百分比	累积百分比
	是	17	17.0	17.0	17.0
	否	83	83.0	83.0	100.0
	合计	100	100.0	100.0	

本次调查对象中 17 人有电脑，占 17%；83 人无电脑，占 83%。

从这些调查对象中可知多数人家有电视机、手机这些现代通信工具，而多数人没有电脑、汽车、农用车等，拥有摩托的亦不少。

五　文化与宗教

（一）语言的使用情况（见表 6—65）

表 6—65　　　　　　　　　　使用的语言

有效		频率	百分比	有效百分比	累积百分比
	汉语	6	6.0	6.0	6.0
	东乡语和汉语	94	94.0	94.0	100.0
	合计	100	100.0	100.0	

使用的语言情况：本次总调查对象只使用汉语的 6 人，占总数的 6%；使用东乡语和汉语两种的 94 人，占总数的 94%。

（二）受教育程度与受教育地点（见表 6—66、表 6—67）

表 6—66　　　　　　　　　　受教育程度

有效		频率	百分比	有效百分比	累积百分比
	文盲	36	36.0	36.0	36.0
	小学	11	11.0	11.0	47.0
	初中	5	5.0	5.0	52.0
	高中	7	7.0	7.0	59.0

		频率	百分比	有效百分比	累积百分比
有效	中专	12	12.0	12.0	71.0
	大学	28	28.0	28.0	99.0
	研究生及以上	1	1.0	1.0	100.0
	合计	100	100.0	100.0	

　　此次调查对象中没受过教育的 36 人，占总数的 36%；小学文化程度的 11 人，占总数的 11%；初中文化程度的 5 人，占总数的 5%；高中文化程度的 7 人，占总数的 7%；中专程度的 12 人，占总数的 12%；大学文化程度的 28 人，占总数的 28%；研究生及以上程度的 1 人，占总数的 1%。

表 6—67　　　　　　　　　受教育的地点

		频率	百分比	有效百分比	累积百分比
有效	锁南坝	21	21.0	21.0	21.0
	春台小学	1	1.0	1.0	22.0
	村	5	5.0	5.0	27.0
	村小学	3	3.0	3.0	30.0
	省党校	2	2.0	2.0	32.0
	电大	1	1.0	1.0	33.0
	东乡民族中学	2	2.0	2.0	35.0
	东乡师范	3	3.0	3.0	38.0
	东乡一中	1	1.0	1.0	39.0
	东乡中学	1	1.0	1.0	40.0
	甘南	1	1.0	1.0	41.0
	甘肃农业大学	1	1.0	1.0	42.0
	合作师专	1	1.0	1.0	43.0
	兰州	16	16.0	16.0	59.0
	兰州教育学院	1	1.0	1.0	60.0
	兰州理工大学	1	1.0	1.0	61.0
	临夏	5	5.0	5.0	66.0

续表

		频率	百分比	有效百分比	累积百分比
有效	临夏民族中学	1	1.0	1.0	67.0
	临夏师范	1	1.0	1.0	68.0
	民族中学	1	1.0	1.0	69.0
	农村跟读学校	1	1.0	1.0	70.0
	商学院	1	1.0	1.0	71.0
	省委党校	2	2.0	2.0	73.0
	无	15	15.0	15.0	88.0
	西北民大	1	1.0	1.0	89.0
	西北师大	2	2.0	2.0	91.0
	县	1	1.0	1.0	92.0
	县城	4	4.0	4.0	96.0
	县党校	1	1.0	1.0	97.0
	乡	1	1.0	1.0	98.0
	镇上	2	2.0	2.0	100.0
	合计	100	100.0	100.0	

本次调查对象的受教育地点大都在本地或村里或镇上，有临夏、甘肃省党校等，也有一些在兰州各高校读的，如西北民大、西北师大、商学院等。

（三）民族文化特点的认同（见表6—68）

表6—68　　　　　　　　认为本族文化特点

		频率	百分比	有效百分比	累积百分比
有效	不知道	14	14.0	14.0	14.0
	不清楚	1	1.0	1.0	15.0
	淳朴好客、爱交往、饮食清真	1	1.0	1.0	16.0
	淳朴好客、善经商、爱劳动、文化保守	1	1.0	1.0	17.0
	聪明好客	1	1.0	1.0	18.0

		频率	百分比	有效百分比	累积百分比
有效	聪明、善良、淳朴	1	1.0	1.0	19.0
	聪明、善良、善歌舞	1	1.0	1.0	20.0
	好客、饮食清真、民风淳朴	1	1.0	1.0	21.0
	好客、饮食清真、淳朴	1	1.0	1.0	22.0
	灵活、善良、聪明、大方、好客	1	1.0	1.0	23.0
	民风淳朴、好客、善良	1	1.0	1.0	24.0
	民性豪放直爽	1	1.0	1.0	25.0
	朴实	4	4.0	4.0	29.0
	勤劳朴实、善良、团结	1	1.0	1.0	30.0
	善于经商	1	1.0	1.0	31.0
	生活方式、语言不同	1	1.0	1.0	32.0
	生活习惯、宗教信仰、语言	1	1.0	1.0	33.0
	团结	1	1.0	1.0	34.0
	无	9	9.0	9.0	43.0
	性格、语言等方面	1	1.0	1.0	44.0
	一般素质不高、收入不高，导致饮食服饰不高	1	1.0	1.0	45.0
	伊斯兰文化	1	1.0	1.0	46.0
	饮食	1	1.0	1.0	47.0
	饮食、语言	1	1.0	1.0	48.0
	饮食、服饰、语言	7	7.0	7.0	55.0
	饮食禁忌	1	1.0	1.0	56.0
	饮食清真、淳朴	1	1.0	1.0	57.0
	饮食清真、性格开朗	1	1.0	1.0	58.0
	饮食、语言、服饰不同	1	1.0	1.0	59.0
	有语言，没文字	2	2.0	2.0	61.0

续表

		频率	百分比	有效百分比	累积百分比
有效	有语言没文字，有自己的服饰	1	1.0	1.0	62.0
	有语言没文字以及饮食不同	1	1.0	1.0	63.0
	有语言没文字	2	2.0	2.0	65.0
	有语言无文字	1	1.0	1.0	66.0
	有语言无文字，具有淳朴、善良、憨厚的民族特性，形成了古朴素雅的民风	1	1.0	1.0	67.0
	有自己的服饰、语言	1	1.0	1.0	68.0
	与人为善	1	1.0	1.0	69.0
	语言	4	4.0	4.0	73.0
	语言、服饰不同	1	1.0	1.0	74.0
	语言、手抓	1	1.0	1.0	75.0
	语言、风俗、饮食不同	1	1.0	1.0	76.0
	语言，手抓	1	1.0	1.0	77.0
	语言、饮食	1	1.0	1.0	78.0
	语言、饮食、节日习俗不同	1	1.0	1.0	79.0
	语言、饮食不同	2	2.0	2.0	81.0
	语言不同	1	1.0	1.0	82.0
	语言服饰	5	5.0	5.0	87.0
	语言、服饰、饮食	7	7.0	7.0	94.0
	语言、生活方式	4	4.0	4.0	98.0
	语言与饮食不同	1	1.0	1.0	99.0
	直爽、饮食和回族差不多	1	1.0	1.0	100.0
	合计	100	100.0	100.0	

本次调查对象除 14 人没说文化特点和 9 人认为没有外，大都认为本民族文化特点是语言服饰饮食等生活习惯有自己民族的特色，宗教信仰为伊斯兰教。至于东乡人，都说其具有性格豪爽、勤劳好客、淳朴善良的民族性格。

（四）宗教信仰（见表 6—69、6—70）

表 6—69　　　　　　　　　　　　信仰的宗教

		频率	百分比	有效百分比	累积百分比
有效	伊斯兰教	100	100.0	100.0	100.0

本次调查的东乡族都信仰伊斯兰教。

表 6—70　　　　　　　　　　　　民间信仰

		频率	百分比	有效百分比	累积百分比
有效	无	69	69.0	100.0	100.0
缺失	无填答	31	31.0		
	合计	100	100.0		

本次调查对象中，认为没有民间信仰的 69 人，占总数的 69%；31% 的人对民间信仰这个事象表示不理解。

第 七 章

保安族实地调研

一 样本状况

（一）年龄

表 7—1　　　　　　　　　　　年龄分布

		频率	百分比	有效百分比	累积百分比
有效	18 岁以下	15	5.9	5.9	5.9
	19—40 岁	89	34.8	34.8	40.6
	41—65 岁	89	34.8	34.8	75.4
	65 岁以上	63	24.6	24.6	100.0
	合计	256	100.0	100.0	

（二）性别（见表 7—2）

表 7—2　　　　　　　　　　　性别

		频率	百分比	有效百分比	累积百分比
有效	男	159	62.1	62.1	62.1
	女	97	37.9	37.9	100.0
	合计	256	100.0	100.0	

保安族地区调查人数为 256 人，其中男性 159 人，占调查总人数的
62.1%；女性 97 人，占 37.9%。从年龄分布来看，18 岁以下的（青少

年）15 人，占全部调查人数的 5.9%；19—40 岁的（青年）89 人，占
34.8%；41—65 岁的（中年）89 人，占 34.8%；65 岁以上的（老年）
63 人，占 24.6%。

（三）职业（见表 7—3）

表 7—3　　　　　　　　　　　　职业

		频率	百分比	有效百分比	累积百分比
有效	农民	219	85.5	85.5	85.5
	工人	1	0.4	0.4	85.9
	教师	3	1.2	1.2	87.1
	手工艺人	1	0.4	0.4	87.5
	干部	3	1.2	1.2	88.7
	学生	23	9.0	9.0	97.7
	司机	2	0.8	0.8	98.4
	律师	1	0.4	0.4	98.8
	商人	3	1.2	1.2	100.0
	合计	256	100.0	100.0	

保安族地区大部分调查对象为农民，共有 219 人，占全部调查对象的
85.5%；其次为教师、干部（政府、事业单位工作人员及村干部）和商
人，各有 3 人，各占 1.2%；还有司机 2 人，占 0.8%；工人、手工艺人
和律师各 1 人，各占 0.4%；另外，学生 23 人，占 9%。

二　居住格局

（一）村庄（见表 7—4）

表 7—4　　　　　　　　　　目前居住的村庄

		频率	百分比	有效百分比	累积百分比
有效	梅坡	88	34.4	34.4	34.4
	大墩	78	30.5	30.5	64.8
	甘河滩	90	35.2	35.2	100.0
	合计	256	100.0	100.0	

此次调查的对象目前全部住在"保安三庄",其中,甘河滩90人,占35.2%;梅坡78人,占34.4%;大墩78人,占30.5%。

(二)村庄史(见表7—5)

表7—5　　　　　　　　　　是否知道村庄史

		频率	百分比	有效百分比	累积百分比
有效	知道	164	64.1	64.1	64.1
	不知道	92	35.9	35.9	100.0
	合计	256	100.0	100.0	

此次调查中,有164人(其中甘河滩46人,梅坡61人,大墩57人)表示知道村庄史,占64.1%;92人(甘河滩44人,梅坡27人,大墩21人)不知道村庄史,占35.9%。

村庄史记述

个案1:×××,男,57岁,干部,现居住在甘河滩村。"保安三庄"已经有近200年的历史,保安族原先在青海省黄南州同仁地区与藏族一起居住,后来因为一系列宗教和民族问题发生争端,保安族被迫迁移到现在居住的地方。

个案2:×××,男,85岁,农民,梅坡人。保安族原来居住于青海同仁地区,后来因为和藏族发生矛盾,被藏族赶到循化,后来又迁到这里。这里原来什么也没有,迁到这里的保安人不断繁衍生息,发展成了现在的村子,保安三庄有160多年的历史了。

个案3:×××,男,67岁,农民,梅坡人。保安人是从青海同仁迁过来的。梅坡人原来住在保安城里,甘河滩和大墩的人来自郭麻日和尕撒日。

（三）身份的认定（见表7—6至表7—8）

表7—6 是否是原住民

		频率	百分比	有效百分比	累积百分比
有效	是	252	98.4	98.4	98.4
	否	4	1.6	1.6	100.0
	合计	256	100.0	100.0	

表7—7 从哪里迁来

		大墩	积石山县	青海民和	合计
是否是原住民	是	252	0	0	252
	否	0	1	1	4
	合计	252	1	1	256

表7—8 何时迁来

		1960年	1968年	2005年	2006年	合计
是否是原住民	是	252	0	0	0	252
	否	0	1	1	1	4
	合计	252	1	1	1	256

三个村子的调查对象中有252人是原住民，占所有调查对象的98.4%；有4人是移民，占1.6%。这4个移民分别是在1960年、1968年、2005年和2006年迁入的，分别来自大墩村、积石山县城和青海民和，其中1960年和1968年从青海民和迁来的两人是入赘至此，而2005年和2006年的两个移民则是出嫁到这里的姑娘（其中一人是从大墩嫁到甘河滩的，算不上是移民）。

三 民族认同与族际交往

（一）族源记忆与民族认同（见表7—9至表7—12）

表7—9   族源

		频率	百分比	有效百分比	累积百分比
有效	蒙古族	28	10.9	10.9	10.9
	藏族	15	5.9	5.9	16.8
	回族	17	6.6	6.6	23.4
	保安族	133	52.0	52.0	75.4
	不清楚	51	19.9	19.9	95.3
	中亚少数民族	5	2.0	2.0	97.3
	维吾尔族	1	0.4	0.4	97.7
	汉族	4	1.6	1.6	99.2
	阿拉伯人	2	0.8	0.8	100.0
	合计	256	100.0	100.0	

关于保安族的族源，保安族人有着不同的认知和推断，调查对象中，有133人认为保安族的族源就是保安人，占所有调查对象的52%；其次有28人认为保安族的族源是蒙古族，占调查人数的10.9%；有15人认为保安族来源于藏族，占调查人数的5.9%；有17人认为保安族来源于回族，占调查人数的6.6%；还有5人认为保安族来源于中亚少数民族，占调查人数的2%，有4人认为保安族来源于汉族，占调查人数的1.6%；2人认为保安族的族源是阿拉伯人，1人认为是维吾尔族，分别占0.8%和0.4%；还有51人对自己的族源表示"不清楚"，占调查人数的19.9%。

表7—10 族源依据

		频率	百分比	有效百分比	累积百分比
有效	口头流传	168	65.6	65.6	65.6
	书本学习	12	4.7	4.7	70.3
	不清楚	72	28.1	28.1	98.4
	个人推断	4	1.6	1.6	100.0
	合计	256	100.0	100.0	

关于族源的依据，有168人表示根据老人以及父辈的口头流传，占调查人数的65.6%；12人表示是根据书本学习，占调查人数的4.7%；有4人表示根据个人推断，占调查人数的1.6%；有72人表示不清楚，占调查人数的28.1%。

表7—11 哪里或哪族人

		频率	百分比	有效百分比	累积百分比
有效	蒙古族	2	0.8	0.8	0.8
	保安族	253	98.8	98.8	99.6
	撒拉族	1	0.4	0.4	100.0
	合计	256	100.0	100.0	

在民族认同上，有253人认同自己是保安族或保安人，占调查人数的98.8%；有两人认同自己是蒙古族，占0.8%；1人认同自己是撒拉族，占0.4%。

表7—12 民族依据

		频率	百分比	有效百分比	累积百分比
有效	血缘	141	55.1	55.1	55.1
	语言	54	21.1	21.1	76.2
	生活习惯	1	0.4	0.4	76.6
	宗教信仰	32	12.5	12.5	89.1
	血缘和语言	14	5.5	5.5	94.5
	居住地	2	0.8	0.8	95.3

续表

		频率	百分比	有效百分比	累积百分比
有效	身份证	1	0.4	0.4	95.7
	不知道	11	4.3	4.3	100.0
	合计	256	100.0	100.0	

关于民族认同的依据，141 人认为是血缘，占调查人数的 55.1%；54 人认为是根据语言，占 21.1%；认为血缘和语言兼顾的有 14 人，占 5.5%；认为是宗教信仰的有 32 人，占 12.5%；认为是根据居住地的有 2 人，占 0.8%；认为根据生活习惯和身份证的各有 1 人，各占 0.4%；还有 11 人表示不知道，占 11%。

（二）族际交往（见表 7—13 至表 7—48）

表 7—13 　　　　　　　　与藏族的交往频率

		频率	百分比	有效百分比	累积百分比
有效	经常	63	24.6	24.6	24.6
	偶尔	52	20.3	20.3	44.9
	从不交往	141	55.1	55.1	100.0
	合计	256	100.0	100.0	

表 7—14 　　　　　　　　与藏族的关系

		频率	百分比	有效百分比	累积百分比
有效	好处	72	28.1	62.6	62.6
	一般	43	16.8	37.4	100.0
	合计	115	44.9	100.0	
缺失	系统	141	55.1		
合计		256	100.0		

表7—15				是否得到过藏族的帮助		
		频率	百分比	有效百分比	累积百分比
有效	是	91	35.5	79.1	79.1
	否	24	9.4	20.9	100.0
	合计	115	44.9	100.0	
缺失	系统	141	55.1		
合计		256	100.0		

有 63 人表示经常与藏族交往，占调查人数的 24.6% ；有 52 人表示偶尔与藏族交往，占调查人数的 20.3% ；有 141 人表示从不和藏族交往，占调查人数的 55.1% 。在与藏族交往过的人中，有 72 人表示与藏族关系好处，43 人表示与藏族关系一般；有 91 人表示得到过藏族的帮助，24 人表示没有得到过藏族的帮助。

表7—16				与蒙古族的交往频率		
		频率	百分比	有效百分比	累积百分比
有效	经常	25	9.8	9.8	9.8
	偶尔	12	4.7	4.7	14.5
	从不交往	219	85.5	85.5	100.0
	合计	256	100.0	100.0	

表7—17				与蒙古族的关系		
		频率	百分比	有效百分比	累积百分比
有效	好处	26	10.2	70.3	70.3
	一般	11	4.3	29.7	100.0
	合计	37	14.5	100.0	
缺失	系统	219	85.5		
合计		256	100.0		

表 7—18 是否得到过蒙古族的帮助

		频率	百分比	有效百分比	累积百分比
有效	是	32	12.5	86.5	86.5
	否	5	2.0	13.5	100.0
	合计	37	14.5	100.0	
缺失	系统	219	85.5		
合计		256	100.0		

与蒙古族经常交往的有 25 人，占调查总人数的 9.8%；偶尔交往的有 12 人，占调查总人数的 4.7%；从不交往的有 219 人，占调查总人数的 85.5%。在与蒙古族交往过的 37 人中，认为与蒙古族好处的有 26 人，认为一般的有 11 人；得到过蒙古族帮助的有 32 人，未得到过帮助的有 5 人。

表 7—19 与回族的交往频率

		频率	百分比	有效百分比	累积百分比
有效	经常	235	91.8	91.8	91.8
	偶尔	21	8.2	8.2	100.0
	合计	256	100.0	100.0	

表 7—20 与回族的关系

		频率	百分比	有效百分比	累积百分比
有效	好处	241	94.1	94.1	94.1
	一般	15	5.9	5.9	100.0
	合计	256	100.0	100.0	

表 7—21 是否得到过回族的帮助

		频率	百分比	有效百分比	累积百分比
有效	是	249	97.3	97.3	97.3
	否	7	2.7	2.7	100.0
	合计	256	100.0	100.0	

有 235 人表示经常与回族交往，占调查人数的 91.8%；有 21 人表示偶尔与回族交往，占调查人数的 8.2%。有 241 人认为与回族好相处，占调查人数的 94.1%；有 15 人认为与回族关系一般，占调查人数的 5.9%。有 249 人表示得到过回族的帮助，占调查人数的 97.3%；有 7 人表示没有得到过回族的帮助，占调查人数的 2.7%。

表 7—22　　　　　　　　　与东乡族的交往频率

		频率	百分比	有效百分比	累积百分比
有效	经常	212	82.8	82.8	82.8
	偶尔	31	12.1	12.1	94.9
	从不交往	13	5.1	5.1	100.0
	合计	256	100.0	100.0	

表 7—23　　　　　　　　　与东乡族的关系

		频率	百分比	有效百分比	累积百分比
有效	好处	224	87.5	92.2	92.2
	一般	19	7.4	7.8	100.0
	合计	243	94.9	100.0	
缺失	系统	13	5.1		
合计		256	100.0		

表 7—24　　　　　　　　　是否得到过东乡族的帮助

		频率	百分比	有效百分比	累积百分比
有效	是	231	90.2	95.1	95.1
	否	12	4.7	4.9	100.0
	合计	243	94.9	100.0	
缺失	系统	13	5.1		
合计		256	100.0		

有 212 人表示经常与东乡族交往，占调查人数的 82.8%；有 31 人表示偶尔与东乡族交往，占调查人数的 12.1%；有 13 人表示从不与东乡族

交往，占调查人数的 5.1% 。在与东乡族交往过的 243 人中，有 224 人表示与东乡族好相处，有 19 人表示与东乡族关系一般；有 231 人得到过东乡族的帮助，有 12 人没有得到过东乡族的帮助。

表 7—25　　　　　　　　　与保安族同族的交往频率

		频率	百分比	有效百分比	累积百分比
有效	经常	256	100.0	100.0	100.0

表 7—26　　　　　　　　　与保安族同族的关系

		频率	百分比	有效百分比	累积百分比
有效	好处	256	100.0	100.0	100.0

表 7—27　　　　　　　　是否得到过保安族同族的帮助

		频率	百分比	有效百分比	累积百分比
有效	是	256	100.0	100.0	100.0

被调查的 256 人全部表示经常与保安族同族交往，与保安族同族关系好处，得到过保安族同族的帮助。

表 7—28　　　　　　　　　与裕固族的交往频率

		频率	百分比	有效百分比	累积百分比
	偶尔	1	0.4	0.4	0.4
有效	从不交往	255	99.6	99.6	100.0
	合计	256	100.0	100.0	

表 7—29　　　　　　　　　与裕固族关系

		频率	百分比	有效百分比	累积百分比
有效	一般	1	0.4	100.0	100.0
缺失	系统	255	99.6		
	合计	256	100.0		

表 7—30 是否得到过裕固族的帮助

		频率	百分比	有效百分比	累积百分比
有效	是	1	0.4	100.0	100.0
缺失	系统	255	99.6		
	合计	256	100.0		

有 1 人表示偶尔与裕固族交往，与裕固族关系一般，得到过裕固族的帮助。

表 7—31 与汉族的交往频率

		频率	百分比	有效百分比	累积百分比
	经常	212	82.8	82.8	82.8
有效	偶尔	39	15.2	15.2	98.0
	从不交往	5	2.0	2.0	100.0
	合计	256	100.0	100.0	

表 7—32 与汉族的关系

		频率	百分比	有效百分比	累积百分比
	好处	221	86.3	88.0	88.0
有效	一般	30	11.7	12.0	100.0
	合计	251	98.0	100.0	
缺失	系统	5	2.0		
	合计	256	100.0		

表 7—33 是否得到过汉族的帮助

		频率	百分比	有效百分比	累积百分比
	是	239	93.4	95.2	95.2
有效	否	12	4.7	4.8	100.0
	合计	251	98.0	100.0	
缺失	系统	5	2.0		
	合计	256	100.0		

有 212 人经常和汉族交往，占调查总人数的 82.8%；有 39 人偶尔与汉族交往，占调查总人数的 15.2%；有 5 人从不和汉族交往，占调查总人数的 2%。在与汉族交往过的 251 人中，有 221 人认为与汉族关系好处，有 30 人认为与汉族关系一般；有 239 人得到过汉族的帮助，有 12 人没有得到过汉族的帮助。

表 7—34　　　　　　　　　　与土族的交往频率

		频率	百分比	有效百分比	累积百分比
有效	经常	4	1.6	1.6	1.6
	偶尔	10	3.9	3.9	5.5
	从不交往	242	94.5	94.5	100.0
	合计	256	100.0	100.0	

表 7—35　　　　　　　　　　　与土族的关系

		频率	百分比	有效百分比	累积百分比
有效	好处	10	3.9	71.4	71.4
	一般	3	1.2	21.4	92.9
	不好处	1	0.4	7.1	100.0
	合计	14	5.5	100.0	
缺失	系统	242	94.5		
合计		256	100.0		

表 7—36　　　　　　　　　　是否得到过土族的帮助

		频率	百分比	有效百分比	累积百分比
有效	是	8	3.1	57.1	57.1
	否	6	2.3	42.9	100.0
	合计	14	5.5	100.0	
缺失	系统	242	94.5		
合计		256	100.0		

有 4 人经常和土族交往，占调查总人数的 1.6%；有 10 人偶尔和土族交往，占调查总人数的 3.9%；有 242 人从不和土族交往，占调查总人

数的 94.5%。在与土族交往过的 14 人中，有 10 人认为和土族关系好处，有 3 人认为与土族关系一般，有 1 人认为与土族关系不好处；有 8 人得到过土族的帮助，有 6 人没有得到过土族的帮助。

表 7—37　　　　　　　　　　与撒拉族的交往频率

		频率	百分比	有效百分比	累积百分比
有效	经常	208	81.3	81.3	81.3
	偶尔	30	11.7	11.7	93.0
	从不交往	18	7.0	7.0	100.0
	合计	256	100.0	100.0	

表 7—38　　　　　　　　　　与撒拉族的关系

		频率	百分比	有效百分比	累积百分比
有效	好处	230	89.8	96.6	96.6
	一般	8	3.1	3.4	100.0
	合计	238	93.0	100.0	
缺失	系统	18	7.0		
合计		256	100.0		

表 7—39　　　　　　　　　是否得到过撒拉族的帮助

		频率	百分比	有效百分比	累积百分比
有效	是	216	84.4	90.8	90.8
	否	22	8.6	9.2	100.0
	合计	238	93.0	100.0	
缺失	系统	18	7.0		
合计		256	100.0		

有 208 人表示经常与撒拉族交往，占调查人数的 81.3%；有 30 人表示偶尔与撒拉族交往，占调查人数的 11.7%；有 18 人表示从不与撒拉族交往，占调查人数的 7%。与撒拉族交往过的 238 人中，有 230 人认为和撒拉族关系好处，8 人认为和撒拉族关系一般；216 人得到过撒拉族的帮助，22 人没有得到过撒拉族的帮助。

由以上数据可知，与保安族交往的其他民族按交往频率由高到低依次是回族、东乡族、汉族、撒拉族、藏族、蒙古族、土族和裕固族。

表7—40 是否可以和藏族结婚

有效		频率	百分比	有效百分比	累积百分比
	是	14	5.5	5.5	5.5
	否	242	94.5	94.5	100.0
	合计	256	100.0	100.0	

调查对象中，认为可以和藏族结婚的有14人，占调查人数的5.5%；认为不能和藏族结婚的有242人，占调查人数的94.5%。

表7—41 是否可以和蒙古族结婚

有效		频率	百分比	有效百分比	累积百分比
	是	5	2.0	2.0	2.0
	否	251	98.0	98.0	100.0
	合计	256	100.0	100.0	

调查对象中，认为可以和蒙古族结婚的有5人，占调查人数的2%；认为不能和藏族结婚的有251人，占调查人数的98%。

表7—42 是否可以和回族结婚

有效		频率	百分比	有效百分比	累积百分比
	是	235	91.8	91.8	91.8
	否	21	8.2	8.2	100.0
	合计	256	100.0	100.0	

调查对象中，认为可以和回族结婚的有235人，占调查人数的91.8%；认为不能和回族结婚的有21人，占调查人数的8.2%。

表7—43   是否可以和东乡族结婚

		频率	百分比	有效百分比	累积百分比
	是	234	91.4	91.4	91.4
有效	否	22	8.6	8.6	100.0
	合计	256	100.0	100.0	

认为可以和东乡族结婚的有234人，占调查人数的91.4%；认为不能和东乡族结婚的有22人，占调查人数的8.6%。

表7—44   是否可以和保安族同族结婚

		频率	百分比	有效百分比	累积百分比
有效	是	256	100.0	100.0	100.0

全部调查对象都认为可以和保安族同族结婚。

表7—45   是否可以和裕固族结婚

		频率	百分比	有效百分比	累积百分比
	是	1	0.4	0.4	0.4
有效	否	255	99.6	99.6	100.0
	合计	256	100.0	100.0	

认为可以和裕固族结婚的有1人，占调查人数的0.4%；认为不能和裕固族结婚的有242人，占调查人数的99.6%。

表7—46   是否可以和汉族结婚

		频率	百分比	有效百分比	累积百分比
	是	75	29.3	29.3	29.3
有效	否	181	70.7	70.7	100.0
	合计	256	100.0	100.0	

认为可以和汉族结婚的有75人，占调查人数的29.3%；认为不能和

汉族结婚的有 181 人，占调查人数的 70.7%。

表 7—47　　　　　　　是否可以和撒拉族结婚

		频率	百分比	有效百分比	累积百分比
有效	是	147	57.4	57.4	57.4
	否	109	42.6	42.6	100.0
	合计	256	100.0	100.0	

认为可以和撒拉族结婚的有 147 人，占调查人数的 57.4%；认为不能和撒拉族结婚的有 109 人，占调查人数的 42.6%。

表 7—48　　　　　　　是否可以和土族结婚

		频率	百分比	有效百分比	累积百分比
有效	是	1	0.4	0.4	0.4
	否	255	99.6	99.6	100.0
	合计	256	100.0	100.0	

认为可以和土族结婚的有 1 人，占调查人数的 0.4%；认为不能和土族结婚的有 255 人，占调查人数的 99.6%。

由此可知，除了本民族以外，保安族认为能够通婚的其他民族按其认可率从高到低依次是回族、撒拉族、东乡族、汉族、藏族、蒙古族、裕固族和土族。

四　生产方式与生活方式

（一）生产方式与变化（见表 7—49 至表 7—54）

表 7—49　　　　　　　生产方式

		频率	百分比	有效百分比	累积百分比
有效	农业	243	94.9	94.9	94.9
	手工业	3	1.2	1.2	96.1

续表

		频率	百分比	有效百分比	累积百分比
有效	商业	1	0.4	0.4	96.5
	服务业	1	0.4	0.4	96.9
	工作	8	3.1	3.1	100.0
	合计	256	100.0	100.0	

在 256 个调查对象中有 243 人从事农业生产，占调查人数的 94.9%；有 8 人在政府或行政事业单位工作，占调查人数的 3.1%；有 3 人从事手工业生产（制作保安腰刀），占调查人数的 1.2%；从事商业和服务业的各有 1 人，各占调查人数的 0.4%。由此可见，被调查的保安族绝大多数还是从事农业生产。

表 7—50　　　　　　　　变化

		频率	百分比	有效百分比	累积百分比
有效	无	115	44.9	44.9	44.9
	打工	125	48.8	48.8	93.8
	经商	13	5.1	5.1	98.8
	上班	3	1.2	1.2	100.0
	合计	256	100.0	100.0	

从生产方式的变化情况看，有 115 人表示没有变化，占调查人数的 44.9%；生产方式转向打工的有 125 人，占调查人数的 48.8%；由从事农业生产转向经商的有 13 人，占调查人数的 5.1%；从农业生产转向务工的有 3 人，占调查人数的 1.2%。

表 7—51　　　　　　　进城务工的经历

		频率	百分比	有效百分比	累积百分比
有效	有	101	39.5	39.5	39.5
	无	155	60.5	60.5	100.0
	合计	256	100.0	100.0	

101 人有进城务工的经历，占调查人数的 39.5%；155 人没有进城务工的经历，占调查人数的 60.5%。

表 7—52　　　　　　　　　　务工时间

		频率	百分比	有效百分比	累积百分比
有效	不清楚确切时间	174	68.0	68.0	68.0
	2004 年	1	0.4	0.4	68.4
	2007 年	1	0.4	0.4	68.8
	2000 年	1	0.4	0.4	69.1
	2000 年起	1	0.4	0.4	69.5
	2003 年	2	0.8	0.8	70.3
	2004 年	2	0.8	0.8	71.1
	2005 年	1	0.4	0.4	71.5
	2007 年	1	0.4	0.4	71.9
	2008 年	2	0.8	0.8	72.7
	1980 年起	1	0.4	0.4	73.0
	1998 年	1	0.4	0.4	73.4
	1998 年开始	1	0.4	0.4	73.8
	农闲时	67	26.2	26.2	100.0
	合计	256	100.0	100.0	

从务工时间来看，大多数进城务工发生在 1998 年以后，而且现在有 26.2% 的人农闲时间一直在外打工。

表 7—53　　　　　　　　　　务工地点

		频率	百分比	有效百分比	累积百分比
有效	无务工经历	156	60.9	60.9	60.9
	广州	1	0.4	0.4	61.3
	拉萨	1	0.4	0.4	61.7
	临夏	3	1.2	1.2	62.9
	青海	5	2.0	2.0	64.8
	青海黄南州	1	0.4	0.4	65.2

		频率	百分比	有效百分比	累积百分比
	青海、四川	1	0.4	0.4	65.6
	全国各地	1	0.4	0.4	66.0
	新疆	2	0.8	0.8	66.8
	北京	1	0.4	0.4	67.2
	村电厂	1	0.4	0.4	67.6
	大河家镇	1	0.4	0.4	68.0
	甘肃	1	0.4	0.4	68.4
	各地	1	0.4	0.4	68.8
	广州	2	0.8	0.8	69.5
	河南	1	0.4	0.4	69.9
	湖北三峡	1	0.4	0.4	70.3
	积石山县	6	2.3	2.3	72.7
	江苏	1	0.4	0.4	73.0
	江苏常州	1	0.4	0.4	73.4
	拉萨、新疆	1	0.4	0.4	73.8
有效	兰州	1	0.4	0.4	74.2
	临夏	5	2.0	2.0	76.2
	临夏市	1	0.4	0.4	76.6
	内蒙古	2	0.8	0.8	77.3
	内蒙古、广州	1	0.4	0.4	77.7
	宁夏	1	0.4	0.4	78.1
	青海	9	3.5	3.5	81.6
	青海果洛玉树	1	0.4	0.4	82.0
	青海河南县	1	0.4	0.4	82.4
	青海黄南州	2	0.8	0.8	83.2
	青海黄南州	1	0.4	0.4	83.6
	青海积石山	1	0.4	0.4	84.0
	青海、内蒙古、西藏	1	0.4	0.4	84.4
	青海、四川	1	0.4	0.4	84.8
	青海同仁	3	1.2	1.2	85.9
	青海同仁、河南	1	0.4	0.4	86.3

		频率	百分比	有效百分比	累积百分比
有效	青海西藏	6	2.3	2.3	88.7
	青海西宁	6	2.3	2.3	91.0
	青海新疆	1	0.4	0.4	91.4
	青海、新疆、四川	1	0.4	0.4	91.8
	全国各地	4	1.6	1.6	93.4
	上海	1	0.4	0.4	93.8
	四川、新疆、西藏	1	0.4	0.4	94.1
	外地	1	0.4	0.4	94.5
	西北各省	4	1.6	1.6	96.1
	西藏	2	0.8	0.8	96.9
	新疆	3	1.2	1.2	98.0
	新疆黄南县上	1	0.4	0.4	98.4
	新疆内蒙古	1	0.4	0.4	98.8
	新疆青海	1	0.4	0.4	99.2
	新疆西藏	1	0.4	0.4	99.6
	在外跑车	1	0.4	0.4	100.0
	合计	256	100.0	100.0	

从务工地点来看，保安族务工人员的足迹几乎遍布全国各地，但是大部分还是集中在西北地区，最集中的是青海、临夏、兰州，其次是新疆、西藏、四川，其他地方有内蒙古、广州、江苏、北京、上海、河南、湖北、宁夏等。

表7—54 工种

		频率	百分比	有效百分比	累积百分比
有效	临时工	164	64.1	64.1	64.1
	搬运工	2	0.8	0.8	64.8
	餐饮服务	1	0.4	0.4	65.2
	服务业	1	0.4	0.4	65.6
	建筑工	36	14.1	14.1	79.7

续表

		频率	百分比	有效百分比	累积百分比
有效	食品加工	1	0.4	0.4	80.1
	司机	1	0.4	0.4	80.5
	淘金工	1	0.4	0.4	80.9
	维修工	1	0.4	0.4	81.3
	腰刀制作	1	0.4	0.4	81.6
	杂工	47	18.4	18.4	100.0
	合计	256	100.0	100.0	

保安族外出务工人员的工种较为单一，主要为建筑工人和勤杂工，占外出务工人员的80%以上，其次为搬运工、服务员、食品制作工、维修工、司机、淘金工、腰刀制作工等，总体来说，以体力劳动为主。

（二）家庭结构（见表7—55）

表7—55　　　　　　　　　家庭结构

		频率	百分比	有效百分比	累积百分比
有效	核心家庭	52	20.3	20.3	20.3
	主干家庭	154	60.2	60.2	80.5
	联合家庭	45	17.6	17.6	98.0
	单亲家庭	1	0.4	0.4	98.4
	空巢家庭	4	1.6	1.6	100.0
	合计	256	100.0	100.0	

核心家庭为52户，占调查家庭总数的20.3%；主干家庭为154户，占调查家庭总数的60.2%；联合家庭为45户，占调查家庭总数的17.6%；单亲家庭为1户，占调查家庭总数的0.4%；空巢家庭为4户，占调查家庭总数的1.6%。

由此可见，保安族家庭结构以主干家庭为主，其次是核心家庭和联合家庭。

（三）收入与支出（见表 7—56 至表 7—59）

表 7—56　　　　　　　　　　收入种类

		频率	百分比	有效百分比	累积百分比
有效	农业收入	80	31.3	31.3	31.3
	手工业收入	3	1.2	1.2	32.4
	服务业收入	2	0.8	0.8	33.2
	工资	5	2.0	2.0	35.2
	农业收入和打工工资	152	59.4	59.4	94.5
	商业收入	14	5.5	5.5	100.0
	合计	256	100.0	100.0	

关于收入的种类，属于农业收入的有 80 人，占调查人数的 31.3%；属于农业收入和打工工资的有 152 人，占调查人数的 59.4%；属于商业收入的有 14 人，占 5.5%；属于工资收入的有 5 人，占 2%；属于手工业收入的有 3 人，占 1.2%；属于服务业收入的有 2 人，占 0.8%。

表 7—57　　　　　　　　　　收入来源

		频率	百分比	有效百分比	累积百分比
有效	农产品	109	42.6	42.6	42.6
	手工艺品	3	1.2	1.2	43.8
	国家	10	3.9	3.9	47.7
	个人营业收入	17	6.6	6.6	54.3
	农产品和打工工资	117	45.7	45.7	100.0
	合计	256	100.0	100.0	

关于收入来源，117 人的收入来源于农产品和打工工资，占调查总人数的 45.7%；109 人的收入来源于农产品，占调查人数的 42.6%；17 人的收入来源于个人营业收入，占调查人数的 6.6%；有 10 人的收入来源于国家，占调查人数的 3.9%；有 3 人的收入来源于手工艺品，占调查人数的 1.2%。

表7—58　　　　　　　　　　　　　消费状况

		频率	百分比	有效百分比	累积百分比
有效	日常生活	163	63.7	63.7	63.7
	子女上学	2	0.8	0.8	64.5
	日常生活和子女上学	91	35.5	35.5	100.0
	合计	256	100.0	100.0	

调查对象的消费种类比较单一，仅限于日常生活消费和教育消费。有163人表示消费主要用于日常生活，占调查人数的63.7%；有91人表示消费主要用于日常生活和子女上学，占35.5%；有2人表示消费主要用于子女上学，占调查人数的0.8%。

表7—59　　　　　　　　　　　　消费数额分布

		频率	百分比	有效百分比	累积百分比
有效	3000元/年及以下	15	5.9	6.0	6.0
	3001—5000元/年	48	18.8	19.2	25.2
	5001—10000元/年	135	52.7	54.0	79.2
	10001—15000元/年	31	12.1	12.4	91.6
	15001—20000元/年	12	4.7	4.8	96.4
	20001—25000元/年	1	0.4	0.4	96.8
	25001—30000元/年	3	1.2	1.2	98.0
	30000元/年以上	5	2.0	2.0	100.0
	合计	250	97.7	100.0	
缺失	系统	6	2.3		
	合计	256	100.0		

关于消费数额，在3000元/年以下的有15人，占调查人数的5.9%；在3001—5000元/年的有48人，占调查人数的18.8%；在5001—10000元/年的有135人，占调查人数的52.7%；在10001—15000元/年的有31人，占调查人数的12.1%；在15001—20000元/年的有12人，占调查人数的4.7%；在20001—25000元/年的有1人，占调查人数的0.4%；在

25001—30000 元/年的有 3 人，占调查人数的 1.2%；在 30000 元/年以上的有 5 人，占调查人数的 2%，有 6 人没有透露年消费数额，占调查人数的 2.3%。

（四）使用电器情况（见表 7—60 至表 7—65）

表 7—60 是否有手机

		频率	百分比	有效百分比	累积百分比
有效	是	162	63.3	63.3	63.3
	否	94	36.7	36.7	100.0
	合计	256	100.0	100.0	

有手机的有 162 人，占调查人数的 63.3%；没有手机的有 94 人，占调查人数的 36.7%。

表 7—61 是否有摩托车

		频率	百分比	有效百分比	累积百分比
有效	是	85	33.2	33.2	33.2
	否	171	66.8	66.8	100.0
	合计	256	100.0	100.0	

有摩托车的 85 人，占调查人数的 33.2%；没有摩托车的有 171 人，占调查人数的 66.8%。

表 7—62 是否有电视机

		频率	百分比	有效百分比	累积百分比
有效	是	255	99.6	99.6	99.6
	否	1	0.4	0.4	100.0
	合计	256	100.0	100.0	

有电视机的有 255 人，占调查人数的 99.6%；没有电视机的有 1 人，占调查人数的 0.4%。

表 7—63 是否有农用车

		频率	百分比	有效百分比	累积百分比
有效	是	6	2.3	2.3	2.3
	否	250	97.7	97.7	100.0
	合计	256	100.0	100.0	

有农用车的有 6 人，占调查人数的 2.3%；没有农用车的有 250 人，占调查人数的 97.7%。

表 7—64 是否有汽车

		频率	百分比	有效百分比	累积百分比
有效	是	11	4.3	4.3	4.3
	否	245	95.7	95.7	100.0
	合计	256	100.0	100.0	

有汽车的有 11 人，占调查人数的 4.3%；没有汽车的有 245 人，占调查人数的 95.7%。

表 7—65 是否有电脑

		频率	百分比	有效百分比	累积百分比
有效	是	1	0.4	0.4	0.4
	否	255	99.6	99.6	100.0
	合计	256	100.0	100.0	

有电脑的有 1 人，占调查人数的 0.4%；没有电脑的有 255 人，占调查人数的 99.6%。

由此可见，在保安族地区普及程度最高的现代工具为电视机，其次为手机、摩托车、汽车、农用车和电脑。

五　文化与宗教

(一) 语言的使用情况 (见表 7—66)

表 7—66　　　　　　　　　　　使用的语言

		频率	百分比	有效百分比	累积百分比
有效	保安语	5	2.0	2.0	2.0
	汉语	91	35.5	35.5	37.5
	保安语和汉语	159	62.1	62.1	99.6
	保安语、汉语和藏语	1	0.4	0.4	100.0
	合计	256	100.0	100.0	

从使用的语言来看，有 5 人只使用保安语 (其中梅坡 2 人，大墩 3 人)，占总调查人数的 2%；有 91 人使用汉语 (其中甘河滩 3 人，大墩 2 人，梅坡 86 人)，占 35.5%；有 159 人使用保安语和汉语两种语言 (其中甘河滩 87 人，大墩 72 人)，占 62.1%；有 1 人 (甘河滩人) 使用保安语、汉语和藏语三种语言，占 0.4%。在"保安三庄"中，梅坡人绝大多数使用汉语，只有两位老人会保安语，甘河滩和大墩人基本上都会保安语和汉语。

(二) 受教育程度与受教育地点 (见表 7—67、表 7—68)

表 7—67　　　　　　　　　　　受教育地点

		频率	百分比	有效百分比	累积百分比
有效	未受过学校教育	119	46.5	46.5	46.5
	北京	1	0.4	0.4	46.9
	村小学	75	29.3	29.3	76.2
	大河家镇	34	13.3	13.3	89.5
	积石山县	9	3.5	3.5	93.0
	兰州	6	2.3	2.3	95.3
	临夏	8	3.1	3.1	98.4

		频率	百分比	有效百分比	累积百分比
有效	青海	4	1.6	1.6	100.0
	合计	256	100.0	100.0	

关于被调查人的受教育地点，有 75 人在村小学，占调查人数的 29.3%；有 34 人在大河家镇，占调查人数的 13.3%；在积石山县的有 9 人，占调查人数的 3.5%；在临夏市的有 8 人，占调查人数的 3.1%；在青海的有 4 人，占调查人数的 1.6%；在北京的有 1 人，占调查人数的 0.4%。另外有 119 人未受过学校教育，占调查人数的 46.5%。

表 7—68　　　　　　　　受教育程度

		频率	百分比	有效百分比	累积百分比
有效	文盲	120	46.9	46.9	46.9
	小学	74	28.9	28.9	75.8
	初中	30	11.7	11.7	87.5
	高中	20	7.8	7.8	95.3
	中专	2	0.8	0.8	96.1
	大学	6	2.3	2.3	98.4
	研究生及以上	4	1.6	1.6	100.0
	合计	256	100.0	100.0	

关于被调查者的文化程度，文盲有 120 人，占调查人数的 46.9%；小学文化程度的有 74 人，占调查人数的 28.9%；初中文化程度的有 30 人，占调查人数的 11.7%；高中文化程度的有 20 人，占调查人数的 7.8%；中专文化程度的有 2 人，占调查人数的 0.8%；大学文化程度的有 6 人，占调查人数的 2.3%；研究生及以上文化程度的有 4 人，占调查人数的 1.6%。

（三）民族文化特点的认同（见表7—69）

表7—69 本族文化特点

		频率	百分比	有效百分比	累积百分比
有效		94	36.7	36.7	36.7
	和回族文化一样	1	0.4	0.4	37.1
	和回族一样	5	2.0	2.0	39.1
	和其他伊斯兰民族一样	1	0.4	0.4	39.5
	生活习惯	1	0.4	0.4	39.8
	生活习惯不同	1	0.4	0.4	40.2
	无特点，和回族一样	1	0.4	0.4	40.6
	宗教信仰	1	0.4	0.4	41.0
	保安腰刀	2	0.8	0.8	41.8
	保安腰刀、语言	1	0.4	0.4	42.2
	保安语	1	0.4	0.4	42.6
	保安语是特色	1	0.4	0.4	43.0
	服饰汉化、习俗汉化、节日伊斯兰化	1	0.4	0.4	43.4
	服饰语言和蒙古族相似	1	0.4	0.4	43.8
	和汉族的习俗差不多	1	0.4	0.4	44.1
	和汉族一样	1	0.4	0.4	44.5
	和回族差不多	6	2.3	2.3	46.9
	和回族一样	8	3.1	3.1	50.0
	和其他民族一样	1	0.4	0.4	50.4
	基本上没区别	1	0.4	0.4	50.8
	基本无特点	1	0.4	0.4	51.2
	没特点，和回族差不多	1	0.4	0.4	51.6
	人口少，文化被同化	1	0.4	0.4	52.0

续表

		频率	百分比	有效百分比	累积百分比
有效	生活习惯	2	0.8	0.8	52.7
	生活习惯、腰刀	1	0.4	0.4	53.1
	生活习惯、信仰不同	1	0.4	0.4	53.5
	生活习惯、腰刀	1	0.4	0.4	53.9
	特色腰刀	1	0.4	0.4	54.3
	文化被回族同化	1	0.4	0.4	54.7
	无特点，和回族一样	1	0.4	0.4	55.1
	信仰不同	1	0.4	0.4	55.5
	信仰一样	1	0.4	0.4	55.9
	信仰伊斯兰教	2	0.8	0.8	56.6
	腰刀	1	0.4	0.4	57.0
	腰刀、语言、花儿	1	0.4	0.4	57.4
	一直保持老教	1	0.4	0.4	57.8
	伊斯兰的特色	1	0.4	0.4	58.2
	伊斯兰教	5	2.0	2.0	60.2
	伊斯兰教文化	1	0.4	0.4	60.5
	伊斯兰文化	5	2.0	2.0	62.5
	饮食禁忌	2	0.8	0.8	63.3
	语言	80	31.3	31.3	94.5
	语言、保安腰刀	1	0.4	0.4	94.9
	语言、风俗习惯	1	0.4	0.4	95.3
	语言、服饰、腰刀	1	0.4	0.4	95.7
	语言、生活习惯不同	1	0.4	0.4	96.1
	语言、腰刀	8	3.1	3.1	99.2
	语言和蒙古语相似	1	0.4	0.4	99.6
	宗教信仰	1	0.4	0.4	100.0
	合计	256	100.0	100.0	

关于保安族的民族文化特点，63.3%的保安族调查对象给出了回答，语言和保安腰刀是最被频繁提起的保安族文化特点，其次是生活及饮食习

惯和宗教文化。值得注意的是，有调查对象提到了保安族民族文化被回族
文化和汉族文化同化的现象。还有近三分之一的保安族对于保安族文化特
点没有明确的认识。

（四）宗教信仰（见表7—70、表7—71）

表7—70 宗教信仰

		频率	百分比	有效百分比	累积百分比
有效	伊斯兰教	256	100.0	100.0	100.0

表7—71 民间信仰

		频率	百分比	有效百分比	累积百分比
有效	无	256	100.0	100.0	100.0

调查结果显示所有调查对象都信仰伊斯兰教，而且再无其他民间
信仰。

第 八 章

裕固族实地调研

一　样本的状况

（一）年龄（见表 8—1）

表 8—1　　　　　　　　　　　年龄分布

有效		频率	百分比	有效百分比	累积百分比
	80 岁及 80 岁以上	17	6.3	6.3	6.3
	61—80 岁	40	14.9	14.9	21.3
	41—60 岁	118	44.0	44.0	65.3
	21—40 岁	84	31.3	31.3	96.6
	20 岁及以下	9	3.4	3.4	100.0
	合计	268	100.0	100.0	

　　80 岁及 80 岁以上的受访者 17 人，占调查总体的 6.3%，61—80 岁的受访者 40 人，占调查总体的 14.9%，41—60 岁的受访者 118 人，占调查总体的 44.0%，21—40 岁的受访者 84 人，占调查总体的 31.3%，20 岁及以下的受访者 9 人，占调查总体的 3.4%。

（二）性别（见表8—2）

表8—2　　　　　　　　　　　　　　　　性别比例

		频率	百分比	有效百分比	累积百分比
有效	男	148	55.2	55.2	55.2
	女	120	44.8	44.8	100.0
	合计	268	100.0	100.0	

此次肃南调查的样本总数为268个，男性样本148个，占调查总体55.2%，女性样本120个，占调查总体的44.8%。

（三）职业（见表8—3）

表8—3　　　　　　　　　　　　　　　　职业分布

		频率	百分比	有效百分比	累积百分比
有效	牧民	216	80.6	80.6	80.6
	工人	23	8.6	8.6	89.2
	教师	1	0.4	0.4	89.6
	手工艺人	2	0.7	0.7	90.3
	个体户	15	5.6	5.6	95.9
	学生	11	4.1	4.1	100.0
	合计	268	100.0	100.0	

牧民样本数是216人，占调查总体的80.6%；工人样本数是23人，占调查总体的8.6%；教师样本数1人，占调查总体的0.4%；手工艺人样本数2人，占调查总体的0.7%；个体户样本数15人，占调查总体的5.6%；学生样本数11人，占调查总体的4.1%。

二 居住格局

（一）村庄（见表8—4）

表8—4 目前居住的村庄

		频率	百分比	有效百分比	累积百分比
有效	大河乡红湾村	20	7.5	7.5	7.5
	大河乡大滩村	42	15.7	15.7	23.1
	康乐乡塞定村	26	9.7	9.7	32.8
	康乐乡杨哥村	14	5.2	5.2	38.1
	康乐乡康丰村	13	4.9	4.9	42.9
	青龙乡上游村	4	1.5	1.5	44.4
	老虎沟	7	2.6	2.6	47.0
	东柳沟	17	6.3	6.3	53.4
	雪泉乡大岔村	31	11.6	11.6	64.9
	巴音村	25	9.3	9.3	74.3
	松木滩	4	1.5	1.5	75.7
	皇城	9	3.4	3.4	79.1
	红石窝	22	8.2	8.2	87.3
	大草滩	6	2.2	2.2	89.6
	县上	28	10.4	10.4	100.0
	合计	268	100.0	100.0	

本次调查的受访者中的 240 人分别分布在 14 个村子，还有 28 人分布在肃南县城。

（二）村庄史（见表 8—5）

表 8—5 是否知道村庄史

		频率	百分比	有效百分比	累积百分比
有效	知道	40	14.9	14.9	14.9
	不知道	228	85.1	85.1	100.0
	合计	268	100.0	100.0	

被调查的 268 人中，知道本村村庄史的人仅 40 人，占调查总数的 14.9%，不知道本村村史的人 228 人，占调查总数的 85.1%。

村庄史记述

个案 1（红石窝）：民国二十五年红军到康隆寺，离红石窝不远，马步芳被打垮，连着打了几场，打到了马场，红石窝打败了。后来我们就定居在这里了。

个案 2（杨哥家）：1959 年大搬家，搬到皇城，最后剩下 12 户人家，现在 70 多户。国民党时期是杨哥部落，1949 年变成杨哥乡，1965 年在搬家之后变成三合总场，改革开放以后变成杨哥村。

个案 3：东部裕固是从蒙古族中分离出来的一部分，因叛乱而逃离到此，以前这里是一片草场，杨哥村就是其中一个裕固族聚集区。在此期间，东部裕固族用一种武器（在牛角里塞满火药），将哈萨克族打败了。此后，西拉尧敖尔就是东部裕固族，哈拉尧敖尔是西部裕固族。

个案 4：（老虎沟）：老虎沟名字的由来是因为这里以前经常有老虎出没，所以叫老虎沟，也有人说是因为这个山头长的很像老虎，所以叫老虎沟，我们从康熙那时候就开始住在这里了。

（三）村民身份（见表 8—6、表 8—7）

表 8—6　　　　　　　　　　是否原住民

		频率	百分比	有效百分比	累积百分比
有效	是	213	79.5	79.5	79.5
	否	55	20.5	20.5	100.0
	合计	268	100.0	100.0	

表 8—7　　　　　　　　　　从哪里迁来

计数

		是否是原住民		合计
		是	否	
从哪里迁来	不清楚	213	3	216
	巴音村	0	1	1
	宝瓶河牧	0	1	1
	大草滩	0	1	1
	大岔	0	2	2
	大河	0	7	7
	大河东岭	0	1	1
	大河西岭	0	1	1
	大滩村	0	1	1
	东岭	0	1	1
	东柳	0	1	1
	红石窝	0	2	2
	红湾	0	1	1
	皇城	0	5	5
	皇城镇	0	4	4
	康丰	0	1	1
	康丰村	0	1	1
	康乐赛定	0	1	1
	老虎沟	0	2	2

续表

计数

从哪里迁来		是否是原住民		合计
		是	否	
	塞定	0	1	1
	赛定村	0	1	1
	上游	0	1	1
	寺达隆	0	1	1
	西岭	0	1	1
	雪泉乡	0	1	1
	杨哥	0	4	4
	杨哥村	0	7	7
	张掖	0	1	1
合计		213	55	268

79.5%的访谈对象为当地的原住民，20.5%的访谈对象为移民。

在访问的访谈对象中，只有1人是从张掖市移民到当地村落的，剩下54名移民均属肃南县各个村落群众。

三　民族认同与族际交往

（一）族源记忆与民族认同（见表8—8至表8—10）

表8—8　　　　　　　　族源

		频率	百分比	有效百分比	累积百分比
有效	蒙古族	34	12.7	12.7	12.7
	裕固族	39	14.6	14.6	27.2
	不清楚	153	57.1	57.1	84.3
	匈牙利人	42	15.7	15.7	100.0
	合计	268	100.0	100.0	

占被调查总数的12.7%的样本认为裕固族族源为蒙古族，占被调查

总数的 14.6% 的样本认为裕固族族源就是裕固族，占被调查总数的 57.1% 的样本表示不清楚裕固族族源，占被调查总数的 15.7% 的样本认为裕固族族源为匈牙利人。

族源记述

个案 1：语言和蒙古语相似，西部裕固从新疆迁过来，东部裕固从蒙古迁过来。在战乱中经过结合，形成新的民族"尧熬尔"。

个案 2：西部裕固族衣服上身有一个马甲，帽子是尖的，东部裕固族衣服上身搭着两条头目。杨哥家原来是杨哥乡政府，是杨哥村，也叫作九个大阪或达隆。达隆是藏语，意思就是老虎沟，就是一个部落，根本就没有杨哥家。杨哥家和部落没有什么关系，本来就是康乐乡建在杨哥村，后来写书的人写错了，写出了一个杨哥家。实际上，杨哥家并不是一个部落。

个案 3：东部裕固以前并不是住在这里的，这里以前住着的是红帽子的人（应该是哈萨克族），后来东部裕固来这里和他们打仗，他们被打败了，东部裕固就居住在这里了，东部裕固族的语言和白银乡蒙古族和东乡族语言都差不多，我们的服饰和西部裕固不一样，现在的服饰只有过节日的时候穿戴，吃饭的习俗和藏族差不多。

个案 4：从新疆而来，其实并没有西至哈至这个地方，东部裕固是从蒙古的西部过来，西部来自新疆北面和西面。到此以后赶走了匈奴人（原住民），而留了下来，后又被藏民征服，信仰藏传佛教。

个案 5：裕固族分为西部裕固族和东部裕固族，东部裕固族的语言属于阿尔泰语系蒙古语族，西部裕固族的语言属于阿尔泰语系突厥语族。但我们都信仰藏传佛教的黄教。族源是匈奴，突厥，回鹘。考古出来我们是契丹人的后代，当时的契丹人是游牧民族，游牧就走着停着，停到这里就没有走。公元 13—15 世纪由古代回鹘人的一支以黄头回鹘为主体，融合蒙、藏等民族而成。史书称为黄头回鹘、撒里畏兀尔、黄番等，自称为尧熬尔。

个案 6：老人说我们是从西至哈至来的，可能和蒙古族有关，因为我们的安格里民歌，四季如夏的美丽家园和蒙古族有联系，是蒙古族的后代，从原生态民歌来看，歌词里骆驼很多，马很多。

个案 7：我们从西至哈至来，西至哈至就是欧洲的匈牙利，我们从那里迁移过来，我们的族源是匈牙利人，匈牙利的民歌还有血型什么的都和我们一样。

个案 8：我们从西至哈至来，西至哈至是新疆。所以裕固族语言和哈萨克斯坦、维吾尔族语言都很像。

表 8—9　　　　　　　　　　　　　哪里或哪族人

计数

		民族依据				合计
		血缘	语言	生活习惯	宗教信仰	
哪里或哪族人	裕固族	92	15	160	1	268
合计		92	15	160	1	268

表 8—10　　　　　　　　　　　　　民族依据

		频率	百分比	有效百分比	累积百分比
有效	血缘	92	34.3	34.3	34.3
	语言	15	5.6	5.6	39.9
	生活习惯	160	59.7	59.7	99.6
	宗教信仰	1	0.4	0.4	100.0
	合计	268	100.0	100.0	

在调查的 268 个样本中，所有样本均认同自己是裕固族，认同率达到 100%。其中依据血缘认同自己是裕固族的人数是 92 人，占调查总数的 34.3%；依据语言认同自己是裕固族的人数是 15 人，占调查总数的 5.6%；依据生活习惯认同自己是裕固族的人数是 160 人，占调查总数的 59.7%；依据宗教信仰认同自己是裕固族的人数是 1 人，占调查总数的 0.4%。

（二）族际交往（见表8—11至表8—18）

表8—11 与藏族交往人数

	案例					
	有效的		缺失		合计	
	N	百分比	N	百分比	N	百分比
与藏族的关系	189	70.5	79	29.5	268	100.0

表8—12 与藏族的交往频率

计数

		与藏族的关系		合计
		好处	一般	
与藏族的交往频率	经常	141	4	145
	偶尔	23	21	44
合计		164	25	189

在调查者中，缺失值79个代表的是从不与藏族交往的个案数，占被访者总数的29.5%。与藏族经常交往145人中，141人认为藏族好处，4人认为关系一般。与藏族偶尔交往的44人中，23人认为与藏族好处，21人认为一般。

表8—13 与蒙古族交往人数

	案例					
	有效的		缺失		合计	
	N	百分比	N	百分比	N	百分比
与蒙古族的关系	196	73.1	72	26.9	268	100.0

表8—14   与蒙古族的交往频率

计数

		与蒙古族关系		合计
		好处	一般	
与蒙古族的交往频率	经常	129	2	131
	偶尔	36	29	65
合计		165	31	196

被访者中，72 的缺失值代表从不与蒙古族相处，占调查总体的 26.9%。在与蒙古族经常交往的 131 人中，129 人认为蒙古族好处，2 人认为一般。在偶尔与蒙古交往的 65 人中，36 人认为蒙古族好处，29 人认为一般。

表8—15   与回族的交往人数

	案例					
	有效的		缺失		合计	
	N	百分比	N	百分比	N	百分比
与回族的关系	162	60.4	106	39.6	268	100.0

表8—16·   与回族的交往频率

计数

		与回族关系			合计
		好处	一般	不好处	
与回族的交往频率	经常	58	3	1	62
	偶尔	33	63	3	99
	从不交往	1	0	0	1
合计		92	66	4	162

在与回族交往的调查中有 106 个缺失值，代表与回族从不交往，占被访者的 39.6%。与回族经常交往的 62 人中，认为回族好处的 58 人，认为一般的 3 人，认为不好处的 1 人。偶尔与回族交往的 99 人，33 人认为

回族好处，63 人认为一般，3 人认为不好处。在从不与交往的 1 人中，这 1 人认为回族好处。

表 8—17　　　　　　　　　与汉族的交往人数

	案例					
	有效的		缺失		合计	
	N	百分比	N	百分比	N	百分比
与汉族的关系	267	99.6	1	0.4	268	100.0

表 8—18　　　　　　　　　与汉族的交往频率

计数

		与汉族关系	合计
		好处	
与汉族的交往频率	经常	265	265
	偶尔	2	2
合计		267	267

　　在调查的 268 个个案中，缺失值为 1，代表从不与汉族交往。在经常与汉族交往的 265 人中，均认为汉族好处，在与汉族偶尔接触的 2 人中，也认为汉族好处。

（三）民族交往（见表 8—19）

表 8—19　　　　　　　　　认为可以族际通婚者

		频率	百分比	有效百分比	累积百分比
有效	裕固族	4	1.5	1.5	1.5
	藏、蒙、裕固、汉	262	97.8	97.8	99.3
	裕固族、汉族	2	0.7	0.7	100.0
	合计	268	100.0	100.0	

在被调查者中，认为裕固族不能与其他民族通婚，只能和裕固族结婚的有4人，占被调查总数的1.5%，认为可以和藏族、蒙古族、裕固族、汉族通婚的262人，占被调查总数的97.8%，认为只能和裕固族汉族结婚的2人，占被调查总数的0.7%。

四　生产方式与生活方式

（一）生产方式（见表8—20）

表8—20　　　　　　　　　　生产方式

		频率	百分比	有效百分比	累积百分比
有效	牧业	236	88.1	88.1	88.1
	商业	10	3.7	3.7	91.8
	服务业	15	5.6	5.6	97.4
	牧业、商业	7	2.6	2.6	100.0
	合计	268	100.0	100.0	

在调查的样本中，236人从事牧业生产，占调查总数的88.1%；10人从事商业，占调查总数的3.7%；15人从事服务业，占调查总数的5.6%；既有牧业又有商业的人数为7人，占调查总数的2.6%。

生产方式的变化，85.1%的人生产方式无变化依旧从事畜牧业；5.3%的人生产方式转变为打工，领工资；9.6%的人生产方式从牧业转向商业，但也不是完全放弃牧业，而是从事商业，家里的牧场雇人放牧。

（二）家庭结构（见表8—21）

表8—21　　　　　　　　　　家庭结构

		频率	百分比	有效百分比	累积百分比
有效	核心家庭	156	58.2	58.2	58.2
	主干家庭	53	19.8	19.8	78.0
	联合家庭	51	19.0	19.0	97.0
	单亲家庭	4	1.5	1.5	98.5

续表

		频率	百分比	有效百分比	累积百分比
有效	隔代家庭	2	0.7	0.7	99.3
	空巢家庭	2	0.7	0.7	100.0
	合计	268	100.0	100.0	

在调查的 268 个个案中，核心家庭 156 个，占被调查总数的 58.2%；主干家庭 53 个，占被调查总数的 19.8%；联合家庭 51 个，占被调查总数的 19.0%；单亲家庭 4 个，占被调查总数的 1.5%；隔代家庭 2 个，占被调查总数的 0.7%；空巢家庭 2 个，占被调查总数的 0.7%。

（三）消费状况（见表 8—22、表 8—23）

表 8—22　　　　　　　　年消费数额

		频率	百分比	有效百分比	累积百分比
有效	10000 元及以下	64	23.9	23.9	23.9
	10001—20000 元	96	35.8	35.8	59.7
	20001—30000 元	68	25.4	25.4	85.1
	30001—40000 元	22	8.2	8.2	93.3
	40001—50000 元	9	3.4	3.4	96.6
	50000 元以上	9	3.4	3.4	100.0
	合计	268	100.0	100.0	

表 8—23　　　　　　　　消费状况

		频率	百分比	有效百分比	累积百分比
有效	日常生活	218	81.3	81.3	81.3
	子女教育	50	18.7	18.7	100.0
	合计	268	100.0	100.0	

年消费在 10000 元及以下的样本数为 64 个，占调查总数的 23.9%；年消费在 10001—20000 元的样本数为 96 个，占调查总数的 35.8%；年消费在 20001—30000 元的样本数为 68 个，占调查总数的 25.4%；年消费在

30001—40000 元的样本数为 22 个，占调查总数的 8.2%；年消费在 40001—50000 元的样本数为 9 个，占调查总数的 3.4%；年消费在 50000 元以上的样本教为 9 个，占调查总数的 3.4%。

占调查总体 81.3% 的样本消费集中在日常生活上，占调查总体 18.7% 的样本消费集中在子女教育上。

（四）使用电器情况（见表 8—24）

表 8—24 使用的现代工具

		频率	百分比	有效百分比	累积百分比
有效	手机、摩托车、电视机	267	99.6	99.6	99.6
	手机、电视机	1	0.4	0.4	100.0
	合计	268	100.0	100.0	

在使用的现代工具中，有手机、摩托车、电视机的是 267 个个案，占被调查总体的 99.6%；有手机、电视机，没有摩托车的仅有 1 个个案，占被调查总体的 0.4%。

五 文化与宗教

（一）语言的使用情况（见表 8—25）

表 8—25 语言的使用情况

		频率	百分比	有效百分比	累积百分比
有效	汉语	3	1.1	1.1	1.1
	裕固语、汉语	265	98.9	98.9	100.0
	合计	268	100.0	100.0	

在 268 个样本中，占 98.9% 的样本即 265 人都使用两种语言——裕固语和汉语；占 1.1% 的样本即 3 人不会说裕固语，只会讲汉语。

（二）受教育程度（见表8—26）

表8—26 　　　　　　　　　　　　受教育程度

		频率	百分比	有效百分比	累积百分比
	文盲	112	41.8	41.8	41.8
	小学	84	31.3	31.3	73.1
	初中	51	19.0	19.0	92.2
有效	高中	14	5.2	5.2	97.4
	大学	6	2.2	2.2	99.6
	研究生及以上	1	0.4	0.4	100.0
	合计	268	100.0	100.0	

在调查总体中，112个样本的教育程度是文盲，占总体的41.8%；84个样本的教育程度是小学，占总体的31.3%；51个样本的教育程度是初中，占总体的19.0%；14个样本的教育程度是高中，占总体的5.2%；6个样本的教育程度是大学，占总体的2.2%；1个样本的教育程度是研究生，占总体的0.4%。

（三）民族文化特点的认同（见表8—27）

表8—27 　　　　　　　　　　　　本族文化特点

		频率	百分比	有效百分比	累积百分比
	不清楚	144	53.7	53.7	53.7
	爱喝酒	1	0.4	0.4	54.1
	诚实	1	0.4	0.4	54.5
	诚实忠厚	1	0.4	0.4	54.9
有效	风俗习惯	1	0.4	0.4	55.2
	服饰	5	1.9	1.9	57.1
	服饰、节日习俗	1	0.4	0.4	57.5
	服饰不一样，饮食和藏族一样	1	0.4	0.4	57.8

		频率	百分比	有效百分比	累积百分比
有效	服饰和其他民族不一样	1	0.4	0.4	58.2
	服饰和语言有自己的特色	1	0.4	0.4	58.6
	服饰很有特色	1	0.4	0.4	59.0
	服饰、文字	1	0.4	0.4	59.3
	服饰、饮食和藏族差不多	1	0.4	0.4	59.7
	服饰、饮食习惯	2	0.7	0.7	60.4
	服饰有自己的特色	1	0.4	0.4	60.8
	服饰、语言	4	1.5	1.5	62.3
	服饰、语言不一样	1	0.4	0.4	62.7
	服饰、语言、婚俗	1	0.4	0.4	63.1
	服饰、语言、习俗很有特色	1	0.4	0.4	63.4
	和回族不一样	1	0.4	0.4	63.8
	和回族饮食习惯不一样	1	0.4	0.4	64.2
	没有文字	1	0.4	0.4	64.6
	民族服饰和礼仪	1	0.4	0.4	64.9
	民族歌曲	1	0.4	0.4	65.3
	民族体育运动	1	0.4	0.4	65.7
	能歌善舞	1	0.4	0.4	66.0
	能歌善舞，热情好客	1	0.4	0.4	66.4
	热情好客	4	1.5	1.5	67.9
	热情好客，能歌善舞	1	0.4	0.4	68.3
	热情好客，语言服饰	1	0.4	0.4	68.7
	热情好客，忠厚老实	1	0.4	0.4	69.0

续表

	频率	百分比	有效百分比	累积百分比
人民热情朴实	1	0.4	0.4	69.4
为人诚信，实诚	1	0.4	0.4	69.8
下一代基本都不说本民族语言	1	0.4	0.4	70.1
信仰、服饰、生产方式和其他民族不同	1	0.4	0.4	70.5
信仰、语言、服饰	1	0.4	0.4	70.9
性格诚实	2	0.7	0.7	71.6
性格老实，东部裕固服饰和藏族相似，西部和蒙古族相似	1	0.4	0.4	72.0
性格热情豪放	1	0.4	0.4	72.4
饮食	10	3.7	3.7	76.1
饮食服饰	5	1.9	1.9	78.0
饮食服装和其他民族不一样	1	0.4	0.4	78.4
饮食和服饰	1	0.4	0.4	78.7
饮食上马驴狗肉不吃	1	0.4	0.4	79.1
饮食特色：喜欢吃肉、大碗喝酒	1	0.4	0.4	79.5
饮食语言	1	0.4	0.4	79.9
有语言，没文字	2	0.7	0.7	80.6
有语言没文字	5	1.9	1.9	82.5
有语言无文字	1	0.4	0.4	82.8
有语言无文字，服饰饮食	1	0.4	0.4	83.2
有自己独特的语言和服饰	1	0.4	0.4	83.6
语言	8	3.0	3.0	86.6

注：最左侧一列为"有效"。

		频率	百分比	有效百分比	累积百分比
有效	语言、饮食、服饰	1	0.4	0.4	86.9
	语言、饮食爱喝茶	1	0.4	0.4	87.3
	语言、风俗习惯	1	0.4	0.4	87.7
	语言、服饰	8	3.0	3.0	90.7
	语言、服饰不一样	1	0.4	0.4	91.0
	语言、服饰、文字	1	0.4	0.4	91.4
	语言、服饰、饮食	3	1.1	1.1	92.5
	语言、服装	2	0.7	0.7	93.3
	语言、服装不同	1	0.4	0.4	93.7
	语言和白银蒙古族、东乡族差不多	1	0.4	0.4	94.0
	语言和饮食与其他民族不同	1	0.4	0.4	94.4
	语言、婚俗习惯	1	0.4	0.4	94.8
	语言、习俗	1	0.4	0.4	95.1
	语言、饮食	1	0.4	0.4	95.5
	语言、饮食和其他民族不同	1	0.4	0.4	95.9
	语言、饮食习惯	2	0.7	0.7	96.6
	语言、饮食、衣服	1	0.4	0.4	97.0
	语言与蒙古族相似，服装与藏族相似	1	0.4	0.4	97.4
	语言、风俗习惯、婚俗	1	0.4	0.4	97.8
	裕固族有自己的语言	1	0.4	0.4	98.1
	忠厚、实在	1	0.4	0.4	98.5
	自己的语言	1	0.4	0.4	98.9
	宗教文化	3	1.1	1.1	100.0
	合计	268	100.0	100.0	

（四）宗教信仰（见表8—28、表8—29）

表8—28 宗教信仰

		频率	百分比	有效百分比	累积百分比
有效	藏传佛教	268	100.0	100.0	100.0

表8—29 民间信仰

		频率	百分比
缺失	系统	268	100.0

被调查的268位裕固族样本均信仰藏传佛教，信仰率达到100%，民间信仰缺失268位，说明被调查的268位样本中无一人有民间信仰。

第 九 章

土族实地调研

一　样本的情况

（一）年龄（见表 9—1）

表 9—1　　　　　　　　　　　　年龄分布

年龄组	少年组 （1992—2002 年）	青年组 （1969—1991 年）	中年组 （1944—1968 年）	老年组 （1943 年以前）	总计
人数	26	212	156	54	448
百分比	5.8	47.3	34.8	12	100

从上表可以看出，本次调查的土族村民主要是青年人和中年人，分别占总体的 47.3% 和 34.8%。其次是老年人，有 54 人。最少的是少年组，只有 26 人。

（二）性别（见表表 9—2）

表 9—2　　　　　　　　　　　　性别

		频率	百分比	有效百分比	累积百分比
有效	男	269	60.0	60.0	60.0
	女	179	40.0	40.0	100.0
	合计	448	100.0	100.0	

从上表可以看出，本次调查对象的性别构成情况是：男性共有269人，占总人数的60%，女性共有179人，占总人数的40%。

（三）职业（见表9—3）

表9—3　　　　　　　　　　　　　　职业

		频率	百分比	有效百分比	累积百分比
有效	农民	261	58.3	58.3	58.3
	建筑工人	5	1.1	1.1	59.4
	教师	12	2.7	2.7	62.1
	手工艺人	71	15.8	15.8	77.9
	僧人	15	3.3	3.3	81.3
	个体户	7	1.6	1.6	82.8
	学生	61	13.6	13.6	96.4
	医生	13	2.9	2.9	99.3
	干部	3	0.7	0.7	100.0
	合计	448	100.0	100.0	

本次调查中，农民是主体，共261人，占到总体58.3%的比例。这主要是因为我们调查的同仁土族五村和互助小庄村都是农业区，种植业是村民们的主导产业。但我们从上表数据也可以看出，土族人的职业趋于多样化。最明显的是从事手工制作的手工艺人较多，共有71人，占总体的15.8%。土族有着极为丰富的艺术底蕴，唐卡、雕塑、堆绣等无所不能，尤其是唐卡。2006年，包括吾屯唐卡艺术在内的青海同仁县"热贡艺术"被列入第一批国家级非物质文化遗产名录。"唐卡"是藏语译音，意为卷轴画，是以藏文化历史和佛教经典所述为基本题材绘制而成的独具特色的古老的绘画艺术形式之一。信仰藏传佛教的土族人在传承古老艺术的同时将其发扬光大，现已成为铜仁地区土族人重要的创收方式，并逐渐形成了"家家有画室、人人是画家"的民族民间美术创作盛况。这在我们的调查过程中就有深刻的体会。而在互助小庄村，村民们也大力挖掘丰厚的民俗文化底蕴，办起了民俗文化村，大搞民俗文化旅游业。

二 居住格局

（一）村庄（见表9—4）

表9—4　　　　　　　　　目前居住的村庄

		频率	百分比	有效百分比	累积百分比
有效	年都乎	90	20.1	20.1	20.1
	郭麻日	66	14.7	14.7	34.8
	尕撒日	75	16.7	16.7	51.6
	保安下庄	69	15.4	15.4	67.0
	吴屯	94	21.0	21.0	87.9
	互助小庄	54	12.1	12.1	100.0
	合计	448	100.0	100.0	

本次调查采用的非概率抽样中的偶遇抽样法，并借助问卷调查了448个土族村民。其中，年都乎村有90人，占总体的20.1%；郭麻日村66人，占14.7%的比例；尕撒日调查了75人，占16.7%的比例；保安下庄69人，占15.4%；吴屯94人，占到总体21%的比例，以上是同仁土族五村的情况。后来为了找到一个参照体，笔者又调查了54个互助小庄村的土族人，占总体12.1%的比例。

（二）村庄史（见表9—5）

表9—5　　　　　　　　　是否知道村庄史

		频率	百分比	有效百分比	累积百分比
有效	知道	89	19.9	19.9	19.9
	不知道	359	80.1	80.1	100.0
	合计	448	100.0	100.0	

在笔者调查的448人中，知道村庄史的人并不多，只有89人，只占总体19.9%的比例。

村庄史记述

尕撒日村：该村一个 82 岁的老人说："尕撒日和郭麻日村以前是一个村子。传说有一个蒙古老人，他有三个儿子，其中一个儿子建了这个村，郭麻日在藏语里就是'红门'的意思。"另一种说法就是元朝时候，蒙古军打到此，有些军人留下建了这个村。

郭麻日村：郭麻日和尕撒日历史上是一个村，是一个蒙古族将军建的，这个将军死后就葬于此村。还有一种说法是这个将军的九个妻子中的一个留在了这个村发展而来。另据一个 45 岁的医生说：该村就是元朝时蒙古军打到此，抓了一些藏族女人形成了土族，并在此世世代代繁衍下去。但该村似乎也有回族的马家窑文化遗迹。

吴屯：一位吴屯下寺 45 岁的僧人说："西藏的雅岢赞布（不太清楚）这个皇帝派兵打到此，打了好多年，因为西藏发生了暴乱没能回去就留在了这里，建了这个村。"另一位村里的干部却认为吴屯人是四川人的后代，因为吴屯方言中有四川话的成分。

年都乎村：600 多年前的元朝时期，成吉思汗派一将军带兵打到此，后来留在了这里就变成了这个村，村子里的围墙就是当年军营留下来的遗迹。

互助小庄村：互助小庄村的来历也存在着两种说法，一种是蒙古军建造说，认为是元朝时蒙古军打到此的屯军之处。另一种说法是陕西汉族说，说这里以前是大草原，（好像是元朝初期）山西太原姓王和姓祈两家人来到了这里，后来成吉思汗的蒙古兵打到此，一部分人留在此与王、祈两家长期融合而成了现在的土族，村子规模也慢慢扩大。

三　民族认同与族际交往

（一）族源记忆与民族认同（见表 9—6 至表 9—8）

表 9—6　　　　　　　　　　　　　族源

		频率	百分比	有效百分比	累积百分比
有效	蒙古族	138	30.8	30.8	30.8
	藏族	83	18.5	18.5	49.3
	土族	11	2.5	2.5	51.8

续表

		频率	百分比	有效百分比	累积百分比
有效	不知道	213	47.5	47.5	99.3
	汉族	1	0.2	0.2	99.6
	吐谷浑	2	0.4	0.4	100.0
	合计	448	100.0	100.0	

关于土族的族源，学术界有吐谷浑说、阴山白鞑靼说、蒙古人与霍尔人融合说、沙陀突厥说、多源混合说等各种说法，至今尚无定论[①]。这是来自学术界的声音，本次调查了解了一般民众的族源认同情况。调查结果如上表，除了有213人对土族的族源一无所知外就是持蒙古族说最多，共有138人，占总体的30.8%。而其依据是根据年都乎的一位手工艺人口述：成吉思汗的一个部下带兵打仗来到这里，后来就慢慢地形成了这个村子，村子里的围墙就是当年留下来的军营，现在土族语言和蒙古族的很多语言是一样的，所以他们的族源可能是蒙古族。另据郭麻日一名18岁的学生口述，他曾听老人们说过，当年成吉思汗部下的一个妻子被留在这里，慢慢地才形成一个村子，并且那个将军的墓也留在这里，这样慢慢地才形成土族。一个45岁的医生说土族就是藏族和藏文中的"蒙古族"，土族现在的语言中有80%就是蒙语，因为是元朝时蒙古军带来的，但因为没有"文书"之类的文人过来，所以导致蒙古文字的丢失。

关于土族族源的另一种说法就是藏族说，本次调查中支持藏族说的有83人，占总体18.5%的比例，根据保安下庄的一位法师口述，关于保安下庄的来源是藏族三兄弟过来的，老大就住在了保安下庄，其他的居住在另外两个村子，所以保安下庄的根子就是藏族的。而据吴屯的一位老人叙述，他认为土族的族源是藏族，父亲是西藏的藏族，妈妈则是汉族，妈妈用汉语和儿女交流，爸爸用藏语和儿女交流，所以碗、筷子什么的都用汉语，而画唐卡的颜料、颜色之类的都用藏语。在吴屯语中，藏语和汉语都有。

本次调查中，还有11人认为土族就是土族，无所谓什么族源，它的

---

① 资料来源于 http：//www.hudong.com/wiki/% E9% 83% AD% E9% BA% BB% E6% 97% A5% E6% 9D% 91。

族源就是土族。还有两人认为土族的族源是吐谷浑，这两人说这是他们从书本上了解到的。其中一个小庄村 43 岁的农民拿出一本《中国土族》杂志，依据文章《土族先民鲜卑族的历史足迹》的论点，说：土族先民鲜卑族的一支河西鲜卑秃发乌孤在廉川堡（今民和史纳）建立了吐谷浑王国，由此土族就在漫长的历史中形成。

在互助小庄村还有一种汉族族源说，其具体情况据该村一位过去的老村长讲述为：这个村子里的人大多姓王和姓祈，从我们的家谱来看，我们应该是从山西迁过来的汉族人，而且我们的家谱和山西那边的家谱都能联系起来。

表 9—7　　　　　　　　　　　　族源依据

		频率	百分比	有效百分比	累积百分比
有效	口头流传	193	43.1	43.1	43.1
	书本学习	31	6.9	6.9	50.0
	不知道	224	50.0	50.0	100.0
	合计	448	100.0	100.0	

村民们的族源依据除了有 50% 的人不清楚以外，主要都是依据口头流传下来的，也有少数上过学的人接触了书本上关于土族族源的文章。

表 9—8　　　　　　　　　　　　哪里人或哪族人

		频率	百分比	有效百分比	累积百分比
有效	土族	434	96.9	96.9	96.9
	藏族	14	3.1	3.1	100.0
	合计	448	100.0	100.0	

由于土族人对自己族源认同的复杂性，导致他们对自己的民族业存在认同上的差异。在笔者调查的 448 人中，认同自己是土族的有 434 人，占总体的绝大多数。其依据是土族有自己的语言，很早以前还有自己的文字（后来丢失），有自己的节日、服饰等特点。还有人说，土族并不是新中国民族识别的结果，土族人以前就自称"土人"，汉、回等兄弟民族也称

他们为"土人"、"土民"、"土护家"等；这种认同得到了世世代代的传承。在笔者的调查过程中，年轻的一代都比较认同自己的民族，其依据很大一部分就是户籍中的土族标识。土族中认同藏族的也有，在笔者调查的村民中，就有14人认同藏族，一位僧人就说"土语中既有汉话也有拉萨话，还有安多话。我们本来就是藏族，民族识别却把我们写成了土族，我们很不认同"。

（二）族际交往（见表9—9至表9—14）

本次调查了解了土族与其他民族的交往情况，包括藏族、蒙古族、回族、东乡族、保安族、裕固族、汉族、撒拉族，调查结果显示，土族跟藏族和汉族交往最多，其具体情况如下：

表9—9   与藏族的交往频率

		频率	百分比	有效百分比	累积百分比
有效	经常	395	88.2	88.2	88.2
	偶尔	21	4.7	4.7	92.9
	从不交往	32	7.1	7.1	100.0
	合计	448	100.0	100.0	

经常与藏族接触的土族人有395人，占88.2%；偶尔接触的有21人，占4.7%；也有32人跟藏族从不交往。

表9—10   与藏族的关系

		频率	百分比	有效百分比	累积百分比
有效	好处	400	89.3	89.3	89.3
	一般	16	3.6	3.6	92.9
	不好处	32	7.1	7.1	100.0
	合计	448	100.0	100.0	

土族人认为藏族好处的有400人，占89.3%；认为一般的有16人，占3.6%；也有32人认为不好处。

表9—11　　　　　　　　　　　　　与汉族的交往频率

		频率	百分比	有效百分比	累积百分比
有效	经常	368	82.1	82.1	82.1
	偶尔	49	10.9	10.9	93.1
	从不交往	31	6.9	6.9	100.0
	合计	448	100.0	100.0	

　　土族其次是与汉族交往得多，在调查的448人中，经常与汉族交往的有368人，占82.1%的比例；偶尔交往的有49人，占10.9%；也有31人从不跟汉族交往。

表9—12　　　　　　　　　　　　　与汉族的关系

		频率	百分比	有效百分比	累积百分比
有效	好处	388	86.6	86.6	86.6
	一般	29	6.5	6.5	93.1
	不好处	31	6.9	6.9	100.0
	合计	448	100.0	100.0	

　　土族人认为与汉族好处的有388人，占86.6%的比例，认为一般的有29人，认为不好处的31人。

表9—13　　　　　　　　　　　　　与回族的交往频率

		频率	百分比	有效百分比	累积百分比
有效	经常	34	7.6	7.6	7.6
	偶尔	66	14.7	14.7	22.3
	从不交往	348	77.7	77.7	100.0
	合计	448	100.0	100.0	

　　青海回族分布也比较广泛，但由于宗教的原因，土族与回族、保安族

等信仰伊斯兰教的民族的交往不多。在笔者调查的 448 人中，经常与回族接触的人只有 34 人，只占总体的 7.6%，还有 66 人只是偶尔与回族接触，其他的 348 人则从不与回族交往，占总体 77.7% 的比例。

表 9—14　　　　　　　　族际通婚情况

	藏	藏、汉	藏、保安	藏、保安、汉	藏、汉、蒙	藏、蒙	藏、蒙、保安、汉	藏、汉、回	藏、汉、回、蒙	藏、回、保安	藏、回、东乡、保安、裕固、汉	藏、回、裕固、汉	藏、蒙、东乡、保安、裕固、汉	藏、蒙、回、汉	藏、蒙、回、东乡、保安、裕固、汉	汉	回、保安、汉	回、汉
人数	69	292	2	8	23	1	5	10	5	1	1	1	2	1	3	21	1	2
百分比	15.4	65.1	0.4	1.7	5.1	0.2	1.1	2.2	1.1	0.2	0.2	0.2	0.4	0.2	0.8	4.6	0.2	0.4
总计	448																	

表 9—14 反映了土族与其他民族的族际通婚情况，认为可以和土族通婚最多的是藏族和汉族，有 292 人，占 65.1%。其次就是藏族，有 69 人，占总体 15.4% 的比例。总之，由于宗教信仰的不同，土族很少与信仰伊斯兰教的回族、东乡族、保安族通婚。但村民告诉笔者，土族人配偶的首选都是土族人，尤其是同村的土族人。

四　生产方式与生活方式

（一）生产方式

农业是土族最主要的生产方式，但由于政府转产政策的大力支持，同仁"五屯"和互助小庄村村民的生产方式业发生了很大的变化。同仁"五屯"从传统农业转向以生产唐卡和堆绣等手工业为主以农业为辅的生产方式。在小庄村民依托村里民俗旅游业的发达和土族独特的民俗风情纷纷办起了家庭式农家乐。当然土族也有外出务工人员。在笔者调查的448个土族中，有104人有过进城务工的经历，只占总体23.2%的比例。而其中也只有10人去过青海省务工，其工种主要从事建筑方面的职业。

由于此次调查的土族地区生产方式的极大转变，土族人的收入种类和来源业呈现了多样化的趋势。在笔者调查的村民中，仅仅以农业为其唯一收入方式的家庭只有62户，占总体13.8%的比例。其他村民或画唐卡、或开商店、搞旅游业、或直接出去打工（见表9—15）。还有些家庭有教师、政府公务员、医生等工资一族的存在。

表9—15　　　　　　　　　　　进城务工的经历

		频率	百分比	有效百分比	累积百分比
有效	有	104	23.2	23.2	23.2
	无	344	76.8	76.8	100.0
	合计	448	100.0	100.0	

（二）家庭结构（见表9—16）

表9—16　　　　　　　　　　　家庭结构

		频率	百分比	有效百分比	累积百分比
有效	核心家庭	97	21.7	21.7	21.7
	主干家庭	205	45.8	45.8	67.4
	联合家庭	129	28.8	28.8	96.2
	空巢家庭	9	2.0	2.0	98.2
	隔代家庭	2	0.4	0.4	98.7
	单身家庭	6	1.3	1.3	100.0
	合计	448	100.0	100.0	

根据家庭社会学中依据家庭规模对家庭结构的通常划分方法，笔者调查了土族人家庭，其具体情况如表9—16所示，在笔者调查的土族地区，

最多的就是主干家庭，有 205 户，占 45.8%，其次是联合家庭型的大家庭有 129 户，占 28.8% 的比例。因此核心家庭这样的小家庭在土族人中比较少，只占 21.7% 的比例。当然在土族地区也有空巢家庭、隔代家庭、单身家庭这样的变异家庭存在。

（三）消费

土族人的消费种类比较统一，日常生活开支、子女教育开支、农业生产投入以及手工业和旅游业的成本投入和寺院供奉、医药等，这是土族家庭的一般消费。由于土族很多家庭拥有汽车等高级消费品存在，以及由于生活水平的改善，对住房条件也进行了改善，这些都导致一些家庭年消费额奇高。在调查的 448 户人家中，年消费额最高的是 80000 元，且有 6 户之多。最低的只有 3000 元，这说明在这些村庄收入差距很大。表 9—17 是此次调查的村民的 2008 年具体消费数额。其中有 1.79% 的缺失值，这是因为这些被调查者是寺院里的僧人，他们的消费无法计算，所以就将其作空缺处理。其他比重最大的是年消费额处于 10001—20000 元这个层次的村民，占总体 43.97% 的比例。然后是年消费额在 5001—10000 元的占总体的 29.02%；年消费额在 20001—30000 元的占 10.04%；年消费在 30001—80000 元的占 8.04%；年消费在 5000 元及以下的占总体 7.14% 的比例。

表 9—17　　　　　　　　家庭年消费情况

	年消费额	百分比	累积百分比
	30001—80000	8.04	8.04
	20001—30000	10.04	18.08
有效值	10001—20000	43.97	62.05
	5001—10000	29.02	91.07
	5000 元及以下	7.14	98.21
缺失值		1.79	100.0
合计		100.0	

（四）电器的使用情况

笔者此次调查的土族地区经济比较发达，家庭里使用的现代工具比较齐全。在笔者调查的 448 户家庭中，只有电视机一样家用电器的家庭有 17 户，只占总体 3.8% 的比例。还有 11 户家庭里只拥有电视和电话。而大多数家庭都拥有电视机、电话、手机、摩托车以及冰箱等家用电器，可以说家电很齐全。但土族生活水平确实很高，电脑、汽车等现代高档产品也开始入户。如在调查的 448 户家庭中，有 12 户家庭有电脑，还有 35 户家庭已经使用汽车，占调查总体的 7.8%（见表 9—18）。

表 9—18   电器及现代产品使用情况

	户数	百分比	累积百分比
电视机	17	3.8	3.8
电视机、电话	11	2.5	6.3
电脑	12	2.7	9
汽车	35	7.8	16.8
电视机、电话、手机、摩托车、冰箱等	373	83.2	100.0
合计	448	100.0	

五 文化与宗教

（一）语言的使用情况（见表 9—19）

表 9—19   使用的语言

		频率	百分比	有效百分比	累积百分比
有效	藏语	3	0.7	0.7	0.7
	土语	38	8.5	8.5	9.2
	汉语	6	1.3	1.3	10.5
	藏、土、汉	186	41.5	41.5	52.0
	土、汉	60	13.4	13.4	65.4
	藏、土	69	15.4	15.4	80.8
	方言	84	18.8	18.8	99.6
	藏、汉	2	0.4	0.4	100.0
	合计	448	100.0	100.0	

上表反映了土族人的语言情况，因为土族人聚居的青海省处于藏文化和汉文化交融地带，导致土族人的语言也复杂化。在调查的448人中，有186人同时使用藏、土、汉三种语言。当地村民告诉我们，他们在家跟家人交流用土语，跟藏族打交道就用藏语，跟其他族打交道就用汉语。但在调查中也发现只会藏语或汉语，不会说土语的人。还有一种更特殊的情况，在吾屯调查时，村民自称他们的语言就是一种吾屯方言，他们说既不跟土语相同也不同于藏语、蒙语，里边还夹杂着很多汉语成分。

（二）受教育程度（见表9—20）

表9—20　　　　　　　　　　　受教育程度

		频率	百分比	有效百分比	累积百分比
有效	文盲	147	32.8	32.8	32.8
	小学	99	22.1	22.1	54.9
	初中	122	27.2	27.2	82.1
	高中或中专以上学历	54	12.1	12.1	94.2
	大学或大专以上学历	26	5.8	5.8	100.0
	合计	448	100.0	100.0	

上表反映了同仁地区"五屯"土族和互助小庄村土族的受教育情况。其中文盲最多，有147人，占32.8%的比例，其次就是具有初中水平的人，共有122人，占总体27.2%的比例。上过高中或中专的人有54人，占12.1%，具有大学或大专以上学历的人只有26人，占总数的5.8%。

（三）土族文化特点的认同

土族语言、服饰、节日、饮食禁忌等方面比较特殊。土族有自己的语言土语；土族女子的七彩袖；土族婚礼上的安昭舞以及六月会、於菟和梆梆会等；土族在饮食方面不吃圆蹄动物，如不吃狗肉马肉，村民认为狗脏，而马驮过唐僧。

宗教艺术氛围浓厚。土族的唐卡、堆绣、铁雕、银雕、石刻等随处可见，其内容跟藏传佛教密切相关。

土族没有什么特色，其与藏族汉族差不多，尤其是与藏族相似，认为与藏族在男性服饰、生活习惯、宗教信仰等一样。也有村民认为土族与蒙古族一样，因为语言有 80% 相似。

土族文化存在着极大的变迁，因为受到外来文化影响较大，如丧葬习俗，从传统的土葬发展到现在的火葬。

（四）宗教信仰

宗教信仰方面，土族全民信仰藏传佛教，同仁"五屯"和互助小庄村也不例外。其宗教氛围之浓重让初到此地的调查者们无不大吃一惊，这里村村都有至少一座佛教寺庙。规模较大的有年都乎寺、郭麻日寺和吴屯下寺，其中尤以吴屯下寺规模最大最宏伟。宗教渗透人们生活的各个方面，对人们的思想、习俗日程生活、经济情况等都产生了重大的影响。尽管如此，藏传佛教业和其他宗教一样都面临世俗化的威胁，在笔者调查的土族中，有两人认为自己没有宗教信仰，这两人都是年轻有文化的人。当然年龄较大的人比较虔诚，在吴屯下寺的时候，笔者就撞见一位 82 岁的老奶奶，她说她每天都要到寺里去转轮跪拜，风雨无阻。

在民间信仰方面，同仁"五屯"和互助小庄村则呈现了极大的不同。在笔者调查的 54 个小庄村土族人中，只有一个 57 岁的人认为有"苯布子"的存在，其他的人都不知道或不认为他们有民间信仰。同仁"五屯"地区的土族民间信仰则比较丰富。在表 9—21 中，有 227 个缺失值，在资料处理分析的时候，笔者将那些没有任何民间信仰的处理成了缺失值，因为互助小庄村除了一人之外都认为没有民间信仰，所以表 9—21 的数据基本反映的是同仁"五屯"地区土族的民间信仰情况。其中有 179 人认为他们只有二郎神崇拜，其实在郭麻日村和保安下庄都有一个二郎庙。还有 26 人认为土族既有二郎神崇拜也有苯布子，11 人认为有二郎神崇拜和其他民间信仰，如关公、门神、土地爷、百花神、灶爷。由此，调查的 227 个认为有民间信仰的土族人中认为土族存在着二郎神的一共有 216 人，占 97.8% 的比例。

表9—21 民间信仰

		频率	百分比	有效百分比	累积百分比
有效	二郎神	179	40.0	81.0	81.0
	苯布子	2	0.4	0.9	81.9
	二郎神和苯布子	26	5.8	11.8	93.7
	其他	3	0.7	1.4	95.0
	二郎神和其他	11	2.5	5.0	100.0
	合计	221	49.3	100.0	
缺失	系统	227	50.7		
合计		448	100.0		

第 十 章

达斡尔族实地调研

一 样本状况

（一）年龄（见表 10—1）

表 10—1　　　　　　　　　年龄分布

		频率	百分比	有效百分比	累积百分比
	18—40 岁	63	63.0	63.0	63.0
有效	41—65 岁	37	37.0	37.0	100.0
	合计	100	100.0	100.0	

本次调查对象年龄在 18—40 岁（青年）为 63 人，占全部调查对象的 63%。41—65 岁（中年）为 37 人，占全部调查人数的 37%。

（二）性别（见表 10—2）

表 10—2　　　　　　　　　性别

		频率	百分比	有效百分比	累积百分比
	男	54	54.0	54.0	54.0
有效	女	46	46.0	46.0	100.0
	合计	100	100.0	100.0	

本次调查对象男女比例分别为：男性 54 人，占全部比例的 54%；女

性为 46 人，占全部比例的 46%。

（三）职业（见表 10—3）

表 10—3 职业

		频率	百分比	有效百分比	累积百分比
有效	牧民	56	56.0	56.0	56.0
	农民	2	2.0	2.0	58.0
	个体户	7	7.0	7.0	65.0
	公务员	5	5.0	5.0	70.0
	司机	3	3.0	3.0	73.0
	事业单位工作人员	5	5.0	5.0	78.0
	医生	1	1.0	1.0	79.0
	质检员	1	1.0	1.0	80.0
	教师	3	3.0	3.0	83.0
	会计	1	1.0	1.0	84.0
	学生	5	5.0	5.0	89.0
	退休人员	2	2.0	2.0	91.0
	打工	3	3.0	3.0	94.0
	无业	6	6.0	6.0	100.0
	合计	100	100.0	100.0	

本次调查中，牧民为主体，共 56 人，占到总体 56% 的比例。从表 10—3 数据也可以看出，达斡尔族人的职业趋于多样化：农民有 2 人，占全部比例的 2%。个体户为 7 人，占全部比例的 7%。公务员为 5 人，占全部比例的 5%。有 3 人为司机，占全部比例的 3%。事业单位工作人员 5 人，占全部比例的 5%。医生、质检员、会计各为 1 人，各占全部比例的 1%。教师为 3 人，占比例的 3%。学生为 5 人，占比例的 5%。退休人员 2 人，为比例的 2%。专门在外打工人员为 3 人，占全部比例的 3%。其中有 6 人无业，占全部比例的 6%。

二 居住格局

（一）村庄（见表 10—4）

表 10—4   **目前居住的村庄**

		频率	百分比	有效百分比	累积百分比
有效	巴彦布拉尔	25	25.0	25.0	25.0
	巴彦朝格	9	9.0	9.0	34.0
	巴彦诺尔	2	2.0	2.0	36.0
	巴彦托海镇	13	13.0	13.0	49.0
	巴彦温都儿	11	11.0	11.0	60.0
	巴彦温都尔	6	6.0	6.0	66.0
	纳文嘎查	16	16.0	16.0	82.0
	诺尔嘎查	2	2.0	2.0	84.0
	伊兰嘎查	12	12.0	12.0	96.0
	依兰嘎查	4	4.0	4.0	100.0
	合计	100	100.0	100.0	

表 10—4 反映的是本次调查对象目前居住村庄的情况，目前居住在巴彦布拉尔的人数为 25 人，占全部调查人数的比例为 25%。居住在巴彦朝格的人为 9 人，占全部比例的 9%。居住在巴彦诺尔的人为 2 人，占全部比例的 2%。居住在巴彦托海镇的人为 13 人，占全部比例的 13%。巴彦温都儿、巴彦温都尔实为一个村子，在此村庄居住的人数为 17 人，占全部比例的 17%。分别居住在纳文嘎查、诺尔嘎查、伊兰嘎查（依兰嘎查）人数为 16 人、2 人、16 人，占全部比例的 16%、2%、16%。

（二）村庄史（见表10—5）

表10—5　　　　　　　　　　是否知道村庄史

		频率	百分比	有效百分比	累积百分比
有效	知道	22	22.0	22.0	22.0
	不知道	78	78.0	78.0	100.0
	合计	100	100.0	100.0	

村庄史记述

在笔者调查的100人中，知道村庄史的人并不多，只有22人，只占总体22%的比例。关于这几个村子的个案整理如下：

纳文嘎查

个案1：据纳文嘎查的一位普通妇女讲，纳文嘎查属于巴彦卡拉乡，早期是由迁入呼伦贝尔的大族人聚居形成的部落，主要生活着莫阔氏达斡尔人，1947土地改革后，政策主导下实行放牧自由，"纳文"是达语，即富足的意思。

个案2：据纳文嘎查的一位40多岁的老师讲述，纳文嘎查是清朝"移民戍边"之后形成的村落，纳文嘎查的达斡尔都是来自纳文江流域，清朝之后，大批因战争原因没法回家的达斡尔人都留了下来，为了纪念自己的家乡，将生活的村落取名叫纳文。

个案3：纳文嘎查的一位60多岁的老牧民讲：他从小就生活在纳文嘎查，据老人们讲，纳文嘎查是由内迁的达斡尔聚居形成的，解放前整个巴乡叫作巴彦塔拉，本身是平地的意思。解放以后政府根据各部落的地理位置，分成了六个嘎查，纳文嘎查就是其中的一个。

巴彦朝格嘎查

巴彦朝格嘎查的一位普通牧民讲述的关于该村的来源：据传说，清朝要求征兵入伍抗击沙俄，在战争结束后，部分达斡尔人发现辉河口是个吉祥的地方，雄鹰在蓝天上飞翔，马在草原上奔跑，鹰和马是达族的翁古热（神灵），因此，人们受到神的召唤，达族留了下来，慢慢地形成了今天的巴彦朝格嘎查。

巴彦温都尔嘎查

据该村的一位牧民讲，巴彦温都尔是解放后形成的嘎查。解放前也叫这个名字，1947 年土地改革后变成了大队，1984 年，巴彦塔拉公社成了乡，大队就成了嘎查。

巴彦托海镇

据该地的一位退休工人讲，人们说巴彦托海镇是天鹅的故乡，有传说是神的故土，在清朝的时候是个边镇，整个鄂尔多斯旗包括巴彦托海镇都叫作索伦旗，也就是军队驻扎的地方。

依兰嘎查

据该嘎查的一位牧民所讲，巴彦塔拉是在清朝的时候移民形成的，解放后牧场改革，放牧自由，那时候叫巴彦塔拉公社，在 20 世纪 70 年代改为民族乡，巴彦塔拉在达语种里意思是指美丽的草原。

（三）村民身份（见表 10—6、表 10—7）

表 10—6　　　　　　　　　　从哪里迁来

		频率	百分比	有效百分比	累积百分比
有效		59	59.0	59.0	59.0
	阿荣旗	1	1.0	1.0	60.0
	呼伦贝尔	1	1.0	1.0	61.0
	吉林	1	1.0	1.0	62.0
	莫尔达瓦	1	1.0	1.0	63.0
	莫力达瓦	6	6.0	6.0	69.0
	莫旗	5	5.0	5.0	74.0
	齐齐哈尔	25	25.0	25.0	99.0
	新疆	1	1.0	1.0	100.0
	合计	100	100.0	100.0	

表 10—7　　　　　　　　　　是否原住民

		频率	百分比	有效百分比	累积百分比
有效	是	59	59.0	59.0	59.0
	否	41	41.0	41.0	100.0
	合计	100	100.0	100.0	

在本次调查的 100 人中，有 41 人为移民，占全部调查人数比例的 41%。从迁入时间上来看在 50 年代迁入的有 5 人，60 年代迁入的有 4 人，70 年代迁入的有 12 人，80 年代迁入的有 8 人，90 年代以后迁入的有 12 人。从迁移的地点看，从阿荣旗迁入巴彦卡拉乡的有 1 人，呼伦贝尔迁入的有 1 人，从吉林迁入的有 1 人，从新疆迁入的有 1 人，从莫力达瓦达斡尔族自治旗迁入巴彦卡拉乡的 12 人，从齐齐哈尔迁入的 25 人。

三 民族认同与族际交往

（一）族源记忆与民族认同（见表 10—8 至表 10—11）

表 10—8 族源

		频率	百分比	有效百分比	累积百分比
有效	蒙古族	7	7.0	7.0	7.0
	达斡尔	5	5.0	5.0	12.0
	英雄传说	2	2.0	2.0	14.0
	萨吉尔迪汗	3	3.0	3.0	17.0
	契丹	44	44.0	44.0	61.0
	部落发展而来	7	7.0	7.0	68.0
	胡人、契丹、蒙古	8	8.0	8.0	76.0
	八旗子弟	4	4.0	4.0	80.0
	鲜卑	3	3.0	3.0	83.0
	西拉木伦	4	4.0	4.0	87.0
	不清楚	13	13.0	13.0	100.0
	合计	100	100.0	100.0	

在调查的 100 份问卷中，明确认同契丹说的有 44 人，占全部调查人数比例的 44%。关于达斡尔族族源情况整理如下：

契丹说

个案 1：据纳文嘎查的一位牧民讲，据说达斡尔起源于大兴安岭南坡的洮儿河，并形成了村落。定居下来靠打猎、种地生活，清朝时期，随着各"扎兰"（由各个民族组成的军队）来到呼伦贝尔，开始了游牧民族生活，部分人留在了鄂温克，剩下的在莫旗、阿荣旗等地，留在鄂温克的达斡尔逐渐发展到现在。

个案 2：据巴彦不拉尔的一位 60 岁的老牧民讲，传说达族人是契丹人的后人，原来是契丹的一支部队，由于战争失败撤退到黑龙江的北岸，然后就生活下来了，后来因战争爆发、自然灾害，使他们不得不迁移到黑龙江中游，主要靠世代打鱼为生，清朝时期，沙俄入侵，使达斡尔的一部分到了内蒙古的呼伦贝尔。

个案 3：伊兰嘎查的一位老人讲的关于达斡尔来源的传说：在四五百年前，生活在黑龙江流域的达斡尔，也就是早期的契丹人，我们的始祖叫奇首可汗，达斡尔的一个英雄祖先叫萨吉迪可汗被清政府封为头领，他的子孙成了现在的达斡尔族人。

英雄传说

个案 1：依兰嘎查的一位达族居民讲，据大族人祖先是一个叫萨基的英雄，他生了八个儿子，各统治一方，后来发展起来，到了辽代的时候被叫作契丹，族人曾分布在兴安岭，后来，受清政府的指挥抵抗沙俄，全族人来到草原，战争结束后一部分回到兴安岭，一部分留在这里生活到了现在。

个案 2：据纳文嘎查一位 45 岁的老师讲，一个名叫萨吉尔迪汗的达斡尔首领，带领部众修了一条著名的"乌尔阔"（边防线），他从远方来到了水草丰富，适合居住的大兴安岭、嫩江流域，并定居下来形成了今天的达斡尔。

个案 3：据巴彦朝格嘎查的一位牧民讲，从前，有一位叫萨吉尔迪汗的英雄，带领兵马与四邻之间发生多次的战争。一年夏天，他来到黑龙江，一看江水又宽又深，无法渡过，就等冬天江水封住再过，历经磨难，终于渡过了黑龙江，随后又越过诺敏河、阿荣河，到达了水草丰美的伊敏河，现在的达斡尔人都是他的子孙。

在调查的问卷中我们得知萨吉尔迪汗是契丹人的首领，所以可以讲英雄传说和契丹说是同一种说法。

八旗子弟说

个案 1：巴彦托海镇的 61 岁的老人讲：有很多老人说，达斡尔是从东北迁到呼伦贝尔的，但是东北的生活，现在没有几个人能记得，所以很多说法都是不可靠的，说道族源只能从清朝算起，清朝的时候，为战争的需要，达斡尔留在了呼伦贝尔并生活下来，且编进八旗，也就是旗人。

个案 2：伊兰嘎查的一位牧民讲，达斡尔曾经是清朝的镶黄旗的人，拥有很高的地位，移民成边来到呼伦贝尔，曾经参加雅克萨之战。

来自西拉木伦说

个案 1：据纳文嘎查的一位 37 岁的牧民讲，传说有一位男子骑着一匹白马从西拉木伦河出发，一个女子骑着青牛从上河来，两人相遇并相爱，结为夫妻，他们一共生了八个儿子，后来，他们的八个儿子成为八个部落的首领，他们的子孙就是今天的达斡尔人。

个案 2：据巴彦托海镇的一位 61 岁的牧民讲最早的达斡尔生活在西拉木伦（蒙古国某处），后来为了躲避战乱和自然灾害，迁到了黑龙江流域的上游，由于迁移的时候条件很恶劣，大部分人病亡，最后，留在了这里。

自由部落说

个案：据巴彦托海镇的一位老师讲，达斡尔起源于黑龙江，原来是自由的部落，金国的时候，被契丹收复，辽之后，迁到黑龙江以北，明朝的时候迁回原地。清朝的时候，一部分被征到呼伦贝尔抗击沙俄，后来这部分人就留下来了。

据巴彦朝格的 30 岁的牧民讲，达斡尔起源于黑龙江流域，有自由的部落，各部落偶然有战争，金国的时候，被契丹人收复，与之融合在一起，关于这个说法有关于萨吉尔迪汗的传说为证。辽朝灭亡后，被迫迁到黑龙江以北，明朝时迁回，明朝时移民成边来到呼伦贝尔，他的家人据说就是生活在清朝之后的达斡尔人。

蒙古说

个案：据纳文嘎查的一位个体户讲：他们这一族人据说是蒙古白鞑靼的后人。几百年前，鞑靼部人生活在贝尔湖一带，鞑靼的酋长与铁木真打战，失败后归顺了蒙古并在呼伦湖、贝尔湖一带驻扎了下来，逐渐演变成为今天的达斡尔族人。

胡人、契丹、蒙古人后代说

纳文嘎查的一位 28 岁的女牧民讲，解放前，达斡尔名叫达胡儿，据老人讲达斡尔祖先是战国时代的东胡人，是契丹、鲜卑的共同后人。几百年前，曾经有一支军队来到军队黑龙江流域定居下来，元朝后使用古蒙文作文字，后来文字逐渐失传，所以她认为达斡尔人是胡人、契丹、蒙古的共同后代。

胡人说

个案1：据巴彦布拉儿的26岁的牧民讲，传说在古代北方有几个较大的部落，为了共同的利益联合起来组成一个大的胡人部落，后契丹人强大起来，收服胡人，形成民族融合，在清朝初期，其中一部分人迁移到呼伦贝尔。

个案2：据巴彦温都尔的一位个体户讲，达族的祖先是东胡人，生活在现在的大兴安岭地区，以打猎为生，后来成为契丹人，清朝的时候由黑龙江迁移到了现在的居住地。

表10—9　　　　　　　　　　　族源依据

		频率	百分比	有效百分比	累积百分比
有效	口头流传	62	62.0	62.0	62.0
	书本学习	14	14.0	14.0	76.0
	个人推断	1	1.0	1.0	77.0
	电视媒体	7	7.0	7.0	84.0
	不清楚	16	16.0	16.0	100.0
	合计	100	100.0	100.0	

达斡尔族人的族源依据除了有16%的人不清楚以外，62%的人都认为主要都是依据口头流传下来的。也有14%人接触了书本上关于达斡尔族族源的文章。另外还有7人通过电视媒体得知，占7%。还有1人是个人推断的。

表10—10　　　　　　　　　　　哪里人或哪族人

		频率	百分比	有效百分比	累积百分比
有效	达族人	100	100.0	100.0	100.0

本次调查的人数100人，均为达斡尔族人。

表 10—11 民族依据

		频率	百分比	有效百分比	累积百分比
有效	血缘	71	71.0	71.0	71.0
	语言	9	9.0	9.0	80.0
	生活习惯	9	9.0	9.0	89.0
	居住地	1	1.0	1.0	90.0
	身份证	10	10.0	10.0	100.0
	合计	100	100.0	100.0	

在本次调查的 100 人中，根据血缘认同自己的民族的人有 71 人，占全部调查人数比例的 71%。把语言作为民族依据的有 9 人，占全部比例的 9%。将身份证作为民族依据的有 10 人，占比例的 10%。另外还有 9% 的将生活习惯作为依据，1 人将居住地作为民族依据。在调查中绝大部分的达族人，认为达族人是一个团结的民族，勇敢、热情，喜欢帮助别人，并且能征善战，会做各种工作，同时能歌善舞，是个十分优秀的民族，有相当强烈的民族自豪感。还有一部分的达族人认为现在的达族人和汉族差不多了，近几年的情况稍微好转。

（二）族际交往（见表 10—12 至表 10—34）

本次调查的达斡尔族与其他民族的交往情况，包括汉族、蒙古族、赫哲族、鄂伦春族、满族、鄂温克族，其调查结果显示，达斡尔族跟蒙古族和汉族交往最多，其具体情况如下：

表 10—12 与汉族的交往频率

		频率	百分比	有效百分比	累积百分比
有效	经常	64	64.0	64.0	64.0
	偶尔	32	32.0	32.0	96.0
	从不交往	4	4.0	4.0	100.0
	合计	100	100.0	100.0	

表 10—13　　　　　　　　　　与汉族的关系

		频率	百分比	有效百分比	累积百分比
有效	好处	61	61.0	61.0	61.0
	一般	35	35.0	35.0	96.0
	不好处	4	4.0	4.0	100.0
	合计	100	100.0	100.0	

表 10—14　　　　　　　　　是否得到过汉族的帮助

		频率	百分比	有效百分比	累积百分比
有效	是	68	68.0	68.0	68.0
	否	32	32.0	32.0	100.0
	合计	100	100.0	100.0	

达斡尔族与汉族交往得多，在调查的 100 人中，经常与汉族交往的有 64 人，占 64% 的比例，偶尔交往的有 32 人，占 32%，也有 4 人从不跟汉族交往。达斡尔族人认为与汉族好处的有 61 人，占 61% 的比例，认为一般的有 35 人，认为不好处的 4 人。得到过汉族帮助的有 68 人，占总体比例的 68%。

表 10—15　　　　　　　　　与蒙古族的交往频率

		频率	百分比	有效百分比	累积百分比
有效	经常	59	59.0	59.0	59.0
	偶尔	41	41.0	41.0	100.0
	合计	100	100.0	100.0	

表 10—16　　　　　　　　　　与蒙古族的关系

		频率	百分比	有效百分比	累积百分比
有效	好处	59	59.0	59.0	59.0
	一般	40	40.0	40.0	99.0
	不好处	1	1.0	1.0	100.0
	合计	100	100.0	100.0	

表 10—17　　　　　　　是否得到过蒙古族的帮助

		频率	百分比	有效百分比	累积百分比
有效	是	71	71.0	71.0	71.0
	否	29	29.0	29.0	100.0
	合计	100	100.0	100.0	

经常与蒙古族接触的达斡尔族人有 59 人，占 59%，偶尔接触的有 41 人，占 41%。达斡尔族人认为蒙古族好处的有 59 人，占 59%，认为一般的有 40 人，占 40%，也有 1 人认为与蒙古族不好处。在这些人中，得到过蒙古族帮助的有 79 人，占总体比例的 79%。

表 10—18　　　　　　　与满族的交往频率

		频率	百分比	有效百分比	累积百分比
有效	经常	11	11.0	11.0	11.0
	偶尔	55	55.0	55.0	66.0
	从不交往	34	34.0	34.0	100.0
	合计	100	100.0	100.0	

表 10—19　　　　　　　与满族的关系

		频率	百分比	有效百分比	累积百分比
有效	好处	13	13.0	13.0	13.0
	一般	53	53.0	53.0	66.0
	不好处	34	34.0	34.0	100.0
	合计	100	100.0	100.0	

表 10—20　　　　　　　是否得到过满族的帮助

		频率	百分比	有效百分比	累积百分比
有效	是	25	25.0	25.0	25.0
	否	75	75.0	75.0	100.0
	合计	100	100.0	100.0	

　　与满族交往频率位于第三，在调查的 100 人中，经常与满族交往的有 11 人，偶尔接触的有 55 人，占总体比例的 55%，其余人与满族从不接触。认为满族好相处的有 13 人，认为一般的有 53 人，占比例的 53%。有 25 人得到过满族的帮助，占全部比例的 25%。

　　在达斡尔族的日常生活中，还与赫哲族、鄂温克族、鄂伦春族有较少的接触。具体情况如下：

表 10—21　　　　　　　　　　与鄂温克族的交往频率

		频率	百分比	有效百分比	累积百分比
有效	经常	3	3.0	3.0	3.0
	偶尔	13	13.0	13.0	16.0
	从不交往	84	84.0	84.0	100.0
	合计	100	100.0	100.0	

表 10—22　　　　　　　　　　与鄂温克族的关系

		频率	百分比	有效百分比	累积百分比
有效	好处	4	4.0	4.0	4.0
	一般	11	11.0	11.0	15.0
	不好处	85	85.0	85.0	100.0
	合计	100	100.0	100.0	

表 10—23　　　　　　　　　是否得到过鄂温克族的帮助

		频率	百分比	有效百分比	累积百分比
有效	是	6	6.0	6.0	6.0
	否	94	94.0	94.0	100.0
	合计	100	100.0	100.0	

　　在调查的 100 人中，与鄂温克族经常接触的只有 3 人，偶尔接触的有 13 人，其余人从不接触。认为好相处的有 4 人，关系一般的 11 人，有 85 人认为不好相处。并且得到过鄂温克族帮助的只有 6 人，只占全部比例的 6%。

表 10—24 与鄂伦春族的交往频率

		频率	百分比	有效百分比	累积百分比
有效	偶尔	9	9.0	9.0	9.0
	从不交往	91	91.0	91.0	100.0
	合计	100	100.0	100.0	

表 10—25 与鄂伦春族的关系

		频率	百分比	有效百分比	累积百分比
有效	好处	1	1.0	1.0	1.0
	一般	7	7.0	7.0	8.0
	不好处	92	92.0	92.0	100.0
	合计	100	100.0	100.0	

表 10—26 是否得到过鄂伦春族的帮助

		频率	百分比	有效百分比	累积百分比
有效	是	4	4.0	4.0	4.0
	否	96	96.0	96.0	100.0
	合计	100	100.0	100.0	

在调查的 100 人中，与鄂伦春族没有经常接触、偶尔接触的有 9 人，其余人从不接触。在接触的 9 人中，认为好相处的有 1 人，认为关系一般的 7 人，还有 1 人认为不好相处。并且得到过鄂伦春族帮助的只有 4 人，只占全部比例的 4%。

表 10—27 与赫哲族的交往频率

		频率	百分比	有效百分比	累积百分比
有效	偶尔	3	3.0	3.0	3.0
	从不交往	97	97.0	97.0	100.0
	合计	100	100.0	100.0	

表 10—28		与赫哲族的关系			
		频率	百分比	有效百分比	累积百分比
有效	一般	3	3.0	3.0	3.0
	不好处	97	97.0	97.0	100.0
	合计	100	100.0	100.0	

表 10—29		是否得到过赫哲族的帮助			
		频率	百分比	有效百分比	累积百分比
有效	否	100	100.0	100.0	100.0

在调查的 100 人中，与赫哲族接触是最少的，偶尔接触的有 3 人，其余人从不接触。在接触的 3 人中，认为关系一般的 3 人。全部没有得到过赫哲族的帮助。

表 10—30		是否可以和蒙古族结婚			
		频率	百分比	有效百分比	累积百分比
有效	是	88	88.0	88.0	88.0
	否	12	12.0	12.0	100.0
	合计	100	100.0	100.0	

表 10—31		是否可以和满族结婚			
		频率	百分比	有效百分比	累积百分比
有效	是	58	58.0	58.0	58.0
	否	42	42.0	42.0	100.0
	合计	100	100.0	100.0	

表 10—32		是否可以和汉族结婚			
		频率	百分比	有效百分比	累积百分比
有效	是	88	88.0	88.0	88.0
	否	12	12.0	12.0	100.0
	合计	100	100.0	100.0	

表 10—33　　　　　　　　　是否可以和鄂温克族结婚

		频率	百分比	有效百分比	累积百分比
有效	是	52	52.0	52.0	52.0
	否	48	48.0	48.0	100.0
	合计	100	100.0	100.0	

表 10—34　　　　　　　　　是否可以和回族结婚

		频率	百分比	有效百分比	累积百分比
有效	是	15	15.0	15.0	15.0
	否	85	85.0	85.0	100.0
	合计	100	100.0	100.0	

以上几个表反映了达斡尔族与其他民族的族际通婚情况，在调查的100人中，认为可以和蒙古族结婚的有88人，占全部比例的88%；认为可以和满族通婚的，占58%；认为可以与汉族结婚的，有88人，占总体88%的比例；有52人认为可以和鄂温克族结婚，占总体比例的52%；还有15人认为可以和回族结婚，占总体比例的15%。不过有的达斡尔族人认为达族最好和达族人结婚。

四　生产方式与生活方式

（一）生产方式（见表 10—35 至表 10—37）

表 10—35　　　　　　　　　生产方式

		频率	百分比	有效百分比	累积百分比
有效	畜牧业	70	70.0	70.0	70.0
	农业	5	5.0	5.0	75.0
	商业	2	2.0	2.0	77.0
	服务业	6	6.0	6.0	83.0
	工作	17	17.0	17.0	100.0
	合计	100	100.0	100.0	

表 10—36　　　　　　　　　　　　　　　变化

		频率	百分比	有效百分比	累积百分比
有效	无	87	87.0	87.0	87.0
	打工	8	8.0	8.0	95.0
	农牧转商	5	5.0	5.0	100.0
	合计	100	100.0	100.0	

从该次调查中的 100 份问卷中可以看到，牧业为达斡尔族的主要生产方式，有 70 人从事牧业，占 70%；有 5 人从事农业，占总体比例的 5%；有正式工作的 17 人，占总体比例的 17%；另外有 5 人从事服务业，占总体比例的 5%；还有 2 人从事商业活动。在调查的 100 人中，一直从事传统生产方式的有 87 人，占全部比例的 87%；有 8 人外出打工，占总体比例的 8%，还有 5 人生产方式产生变化，由农牧转商。

表 10—37　　　　　　　　　　　　进城务工的经历

		频率	百分比	有效百分比	累积百分比
有效	有	29	29.0	29.0	29.0
	无	71	71.0	71.0	100.0
	合计	100	100.0	100.0	

在调查的 100 人中，有 29 个人有外出务工的经历，占总体的 29%；大部分集中在 2000 年以后才外出务工的，占总体比例的 25%；还有 4 人在 20 世纪 80—90 年代在外打工。打工地点主要集中在东北三省和内蒙古，还有部分在北京、天津等地。主要职业集中分布在服务业，占总体的 13%。

（二）家庭结构（见表 10—38）

表 10—38　　　　　　　　　家庭结构

		频率	百分比	有效百分比	累积百分比
有效	核心家庭	72	72.0	72.0	72.0
	主干家庭	11	11.0	11.0	83.0
	联合家庭	8	8.0	8.0	91.0
	单亲家庭	1	1.0	1.0	92.0
	空巢家庭	2	2.0	2.0	94.0
	单身家庭	6	6.0	6.0	100.0
	合计	100	100.0	100.0	

根据调查的达斡尔族人家庭结果，其具体情况如表 10—38，最多的就是核心家庭，有 72 户，占 72%；其次是主干家庭的大家庭有 11 户，占 11% 的比例。联合家庭这样的大家庭在达斡尔族中比较少，只占 8% 的比例。当然在达斡尔族地区也有空巢家庭、单亲家庭、单身家庭这样的变异家庭存在，分别占总体比例的 2%、1%、6%。

（三）收入与支出（见表 10—39 至表 10—42）

表 10—39　　　　　　　　　收入种类

		频率	百分比	有效百分比	累积百分比
有效	畜牧业收入	64	64.0	64.0	64.0
	服务业收入	4	4.0	4.0	68.0
	工资	20	20.0	20.0	88.0
	畜牧业收入和工资	2	2.0	2.0	90.0
	商业收入	1	1.0	1.0	91.0
	畜牧业收入和商业收入	4	4.0	4.0	95.0
	农产品收入	5	5.0	5.0	100.0
	合计	100	100.0	100.0	

表 10—40　　　　　　　　　　　　收入来源

		频率	百分比	有效百分比	累积百分比
有效	农产品	7	7.0	7.0	7.0
	畜产品	63	63.0	63.0	70.0
	国家	18	18.0	18.0	88.0
	个人营业收入	8	8.0	8.0	96.0
	企业	2	2.0	2.0	98.0
	企业和畜产品	1	1.0	1.0	99.0
	国家和畜产品	1	1.0	1.0	100.0
	合计	100	100.0	100.0	

在达斡尔族的日常收入状况中，牧业收入占主导地位，在调查的100人中，主要收入来源依靠畜产品大概占总体比例的63%；还有18人依靠国家工资，占总体比例的18%；还有8人通过个人营业收入，占总体比例的8%；其他的收入来源主要是依靠企业和畜产品或者国家和畜产品，分别有1人，各占比例的1%。

表 10—41　　　　　　　　　　　　消费状况

		频率	百分比	有效百分比	累积百分比
有效	日常生活	75	75.0	75.0	75.0
	日常生活和畜牧业生产	11	11.0	11.0	86.0
	日常生活、畜牧生产和子女上学	3	3.0	3.0	89.0
	日常生活和子女上学	11	11.0	11.0	100.0
	合计	100	100.0	100.0	

表 10—42   年消费数额

		频率	百分比	有效百分比	累积百分比
有效	3000 元及以下	1	1.0	1.0	1.0
	3001—5000 元	3	3.0	3.0	4.0
	5001—10000 元	27	27.0	27.0	31.0
	10001—15000 元	20	20.0	20.0	51.0
	15001—20000 元	21	21.0	21.0	72.0
	20001—25000 元	12	12.0	12.0	84.0
	25001—30000 元	5	5.0	5.0	89.0
	30000 元以上	11	11.0	11.0	100.0
	合计	100	100.0	100.0	

达斡尔族人的消费种类比较统一，日常生活开支、子女教育开支、牧业生产投入是达族家庭的一般消费。在调查的 100 人中，有 75 人家庭的主要消费用于日常生活，还有子女上学的有 14 户，占总体比例的 14%，畜牧业生产消费占总体比例的 14%。调查的 100 户人家中，年消费在 30000 元以上的，有 11 户之多，占总体比例的 11%。最低消费在 3000 元及以下的只有 1 户，大部分家庭的消费集中在 5001—10000 元、10001—15000 元、15001—20000 元这几个阶段，分别占总体比例的 27%、20%、21%，还有部分家庭收入在 20001—30000 元，占总体比例的 17%。

（四）电器的使用情况（见表 10—43 至表 10—47）

表 10—43   是否有手机

		频率	百分比	有效百分比	累积百分比
有效	是	96	96.0	96.0	96.0
	否	4	4.0	4.0	100.0
	合计	100	100.0	100.0	

表 10—44　　　　　　　　　　　　　　是否有摩托车

		频率	百分比	有效百分比	累积百分比
有效	是	27	27.0	27.0	27.0
	否	73	73.0	73.0	100.0
	合计	100	100.0	100.0	

表 10—45　　　　　　　　　　　　　　是否有电视机

		频率	百分比	有效百分比	累积百分比
有效	是	71	71.0	71.0	71.0
	否	29	29.0	29.0	100.0
	合计	100	100.0	100.0	

表 10—46　　　　　　　　　　　　　　是否有汽车

		频率	百分比	有效百分比	累积百分比
有效	是	12	12.0	12.0	12.0
	否	88	88.0	88.0	100.0
	合计	100	100.0	100.0	

表 10—47　　　　　　　　　　　　　　是否有电脑

		频率	百分比	有效百分比	累积百分比
有效	是	1	1.0	1.0	1.0
	否	99	99.0	99.0	100.0
	合计	100	100.0	100.0	

在调查的 100 份问卷中，使用手机的有 96 人，占总体比例的 96%；有电视机的 71 人，占全部比例的 71%；有摩托车和汽车的分别为 27 人和 12 人；仅有 1 人有电脑。

五 文化与教育

（一）语言的使用情况 （见表 10—48）

表 10—48 使用的语言

		频率	百分比	有效百分比	累积百分比
有效	达语	49	49.0	49.0	49.0
	汉语	31	31.0	31.0	80.0
	达语和汉语	20	20.0	20.0	100.0
	合计	100	100.0	100.0	

表 10—48 反映了达斡尔族的语言使用情况，其中只使用达语的人有 49 人，占全部比例的 49%；使用汉语的人有 31 人，占全部比例的 31%；而同时使用达语和汉语的人有 20 人，占总体比例的 20%。

（二）受教育程度与使用情况 （见表 10—49、表 10—50）

表 10—49 受教育程度

		频率	百分比	有效百分比	累积百分比
有效	文盲	16	16.0	16.0	16.0
	小学	13	13.0	13.0	29.0
	初中	20	20.0	20.0	49.0
	高中	23	23.0	23.0	72.0
	中专	8	8.0	8.0	80.0
	大学	20	20.0	20.0	100.0
	合计	100	100.0	100.0	

表 10—50　　　　　　　　　　　　　　使用情况

		频率	百分比	有效百分比	累积百分比
有效	读书看报	39	39.0	39.0	39.0
	与别人交流	30	30.0	30.0	69.0
	看电视	2	2.0	2.0	71.0
	工作	14	14.0	14.0	85.0
	基本不用	15	15.0	15.0	100.0
	合计	100	100.0	100.0	

表 10—49、表 10—50 反映了内蒙古达斡尔地区的受教育情况。其中受过高中教育的人最多，有 23 人，占 23% 的比例；其次就是具有初中和大学水平的人，各有 20 人，各占总体 20% 的比例；上过小学的人有 13 人，占 13%；文盲 16 人，占总体比例的 16%。其使用情况基本用于读书看报和与别人交流，分别占总体比例的 39%、30%。

（三）民族文化特点的认同

（1）认为本民族的语言有特色。（2）认为本民族的长相有特点。（3）认为本民族的饮食习惯比较有特点。（4）认为本民族人民能歌善舞。

（四）宗教信仰（见表 10—51、表 10—52）

表 10—51　　　　　　　　　　　　　　宗教信仰

		频率	百分比	有效百分比	累积百分比
有效	佛教	21	21.0	21.0	21.0
	基督教	1	1.0	1.0	22.0
	无	78	78.0	78.0	100.0
	合计	100	100.0	100.0	

表 10—52 　　　　　　　　　　　民间信仰

		频率	百分比	有效百分比	累积百分比
有效	萨满	16	16.0	16.0	16.0
	无	84	84.0	84.0	100.0
	合计	100	100.0	100.0	

在本次调查的 100 人中，有 21 人信仰佛教，占全部比例的 21%，还有 1 人信仰基督教。达斡尔族信仰萨满教，在调查的 100 人中，有 16 人明确自己信仰萨满教的"翁古热"。

小结

通过将在甘肃省东乡族自治县，积石山保安族、东乡族、撒拉族自治县，肃南裕固族自治县，青海省黄南藏族自治州同仁县"五屯"、互助土族自治县，内蒙古自治区莫力达瓦达斡尔族自治旗、阿荣旗、新巴尔虎旗，开展实地研究中收集到的 1172 份个案资料，从样本状况、居住格局、民族认同与族际关系、生产方式与生活方式、文化与宗教五个方面进行分析，可以总结出以下几点：

（1）这些地区的人们当中，存在着不同的民族族源话语和文化的记忆，每个地区内部皆存在着较大的亚文化差异，但是在民族认同上、对家乡与国家的认同上、对宗教的认同上，有着明确的归属感和清晰的认同。也就是说，文化的多样性，并未影响其清晰的族群边界。宗教文化的共享以及通婚等是这些地区人口在文化上持续交融的比较直接的途径。民族关系、族际交往呈现和睦发展态势。

（2）社会需求与经济需求仍然是这些地区的社会文化变迁的重要影响因素。我们注意到经济需求是促成民族关系拓展、本民族人口迁移等方面发生变化的关键因素。现代化的冲击对该地区生活方式的变化、人口的流动带来了一定的影响。与历史上情况比较而言，人口流动主要以本族人的向外流动为主要方向，如由于经济需求外出打工，由于社会需求外出受教育等。

（3）对民族文化特点上的认同，主要体现在物质生活、宗教、语言三个方面。语言上呈现了较明显的次生现象。汉语的普及、与周边民族语言上的"互化"等，促成民族间进一步深层交流的可能性。

（4）我们的研究对象——蒙古语族各民族，虽然每个民族人口较少，但其呈现的文化，却是文化层次鲜明、丰富复杂并具多样性。因而，以上结论只能推论至调查总体的实际情况，由此也仅仅是反映了研究总体的某些特征，我们不能由此一概而论。

结　语

通过对以上蒙古语族各民族的文化变迁的文献研究的梳理与实地研究，我们可以做出以下几个方面的总结：

一　族际互动与文化交融,孕育了蒙古语族各民族本体文化形态

从孕育形成蒙古语族各民族本体文化形态的过程来看，我们首先不可忽视负载本体文化因子的这些民族的先民，在适应自然生态环境而进行的文化原创过程。从文化区位空间来看，蒙古语族民族的本体文化孕育、形成的区域是历史上民族间频繁互动，文化间持续交融的历史民族地区。保安族、东乡族、土族、裕固族的形成、繁衍生息之地甘青地区是历史上中原通往西域的必由之路，又是丝绸之路和草原之路的咽喉要道，同时还是中国北方和西部若干民族走廊与文化传播带的重要交汇点与焦点区。历史上这里先后发生过羌戎族群的四方迁徙扩散、汉民族的渗透经营使华夏边缘不断西移，以及来自北方和西域的突厥系民族和吐蕃、吐谷浑、党项、沙陀人、粟特人、回鹘人、蒙古民族等留下了历史的足迹等具有重大意义的民族历史进程。这里属于农牧区过渡地带，历史上演绎了农牧民族间的此消彼长的过程，将农牧分界线向西、北方推进。这些民族的人口移动，实质上将其负载的文化传播并根植在了这片土地上，为孕育形成新生民族积淀了丰厚的族源成分和文化因素。达斡尔族发源、生存的东北、内蒙古地区是历史上一些重要的游牧民族的起源地和主要活动地，同时也是农牧民族文化密集交流互动的重要区域之一。在这样的特定文化区位空间里，

频繁的民族融合与文化交融造就了蒙古语族各民族的先民。这些先民为了适应生息发展的生态环境进行了文化的创造。元代以前，甘青地区有汉族和藏族生存，形成了"汉藏文化的边缘"与"农牧文化的边缘"。东乡族、保安族、土族、裕固族的先民居住在农牧文化的边缘地带或者是农、牧两个社会过渡地带，这里是农牧产品交换与文化沟通的纽带地区，因而他们逐渐孕育创造了兼事农、牧经济两种经济，与周边民族具有互补共生关系的生计方式与经济文化类型。达斡尔族则在黑龙江北岸时，创造了与农耕、养畜、狩猎、捕鱼等多种经营方式适应的经济文化类型。因而，我们在蒙古语族各民族本体文化形态中可以窥见农牧兼营、商业活跃、互补共生的经济文化特点。

从促成孕育蒙古语族各民族本体文化形态生成空间的民族互动与文化交融的外来影响因素来看，众所周知，13世纪初蒙古族的兴起与西征南下，对甘宁青地区的多民族的互动与文化交融产生了重大影响。蒙、元时期推行移民政策，陆续将大量的汉人、蒙古人、回鹘人、西域人迁入甘宁青地区，促进了中原与甘宁青地区诸民族及西域民族的经济文化交流，同时也将多民族的族体成分与文化因子注入了迁入地，为孕育形成新的民族贮备了族源成分。元代采取"既行汉法，又存国俗"的因地制宜的统治政策，实行行省制度，促进了这一地区的汉化进程，进一步拉动了华夏边缘的西进。随着蒙古军的三次大规模西征，中亚、西亚甚至欧洲一带的阿拉伯人、波斯人和中亚各民族的一些人口被编为"西域亲军"随同蒙古军东来，相当多的西域回回人①落籍甘宁青地区注入了伊斯兰文化的成分。除了以上各族外还有畏兀儿人移居甘宁青地区臣服蒙古后，构成了当地居民的主要成分之一。各族移民的移入、杂居、交往与通婚，加快了这一地区各民族间的融合进度。民族融合的过程实质上是文化交融的过程，文化的交融积淀了新生民族的本体文化形态养成的多元文化因子。在元代，"回回"民族、保安族、东乡族、土族、裕固族、撒拉族等民族的本体文化形态正处在潜在的孕育过程中。到了明代，由于相同的政治境遇及信仰，元代的色目人通过与其他民族的融合，出现了"回回"民族。其他新生民族也以各具特色的民族集团出现在了甘青地区。这些民族以

---

① "回回"一词，最早见于宋代文献中。到元代，其含义主要是指信奉伊斯兰教的中亚突厥人、波斯人和阿拉伯人。

"东乡土人"、"东乡蒙古"、"蒙古回"、"鞑子回"、"保安回"、"蒙古尔"、"蒙古尔孔"、"察汗蒙古尔"等自称或他称，在一定程度上反映了这种民族融合与文化交融的过程。

在东北地区，额尔古纳河是孕育达斡尔族和蒙古族先世的发源地，达斡尔语与蒙古语是具有共同历史来源的亲属语言。蒙古族先世走出额尔古纳河流域向西发展，进入辽阔的北方草原地带，其森林狩猎生产方式转变为游牧生产方式，社会结构、生产方式、文化特征也随之发生了相应的变化，在语言方面，经历了突厥化的过程。而达斡尔族先世则沿额尔古纳河溯流向东发展，进入黑龙江流域，与满—通古斯语族系统的民族有了密切的交往，产生了文化上的交融。

因而，在蒙古语族各民族本体文化形态中呈现了鲜明的族际文化共享与多样性的文化特点。如，蒙古语族各民族在语言、宗教等方面具有共同性，同时又各具特色。

二 主体文化的凝聚力与边缘文化的向心力
"两种文化力"的合力，推动了蒙古语族各民族文化上的再创造与文化变迁

文化再创造的过程实际上也是一种文化变迁的过程。甘青地区及东北地区作为一个历史民族区域，历史上有许多民族在这一地区往返迁徙、分化聚合、互动重构；蒙古语族各民族也由于迁徙等原因拓展了民族关系。中原以汉文化为主体的儒家文化由这些地区渗透"边疆地带"，少数民族的文化由此"内地化"，两种社会文化之间形成了复杂的互动关系，尤其是在主体文化的凝聚力与边缘文化的向心力两种文化力的相互作用下，汉文化与少数民族文化之间形成了兼容性与相融性有机统一的格局，呈现多元一体的发展趋势。在这个"边疆地带"始终贯穿着一种主体文化的凝聚力与边缘文化的向心力"两种文化力"的合力，促使着生息于此的蒙古语族各民族，通过外部融合与内部整合而发生了较大的文化变迁。主要体现在以下三个方面：

（一）经济与商业贸易文化的变迁

元明清时期的"因俗而治"政策与大规模的移民垦殖，给这一地区

农、牧经济区域的变化带来了很大的影响。明代内地汉族人入居甘宁青地区以后，从事大规模的屯田，将许多荒地开垦成了农田，农业生产规模进一步扩大，并将内地先进的农业生产技术引入这一地区，对当地民族人口的分布和生产结构产生了重大影响。农耕文化为代表的汉文化向周边地区不断地进行辐射和扩展。如，元末明初，在湟水流域主要从事畜牧业的土族，到了明末，"土人所居，悉依山旁险，屯聚相保"①，生计方式逐渐演变为以农业为主了。明代处于汉藏交界地带的"西番诸卫"以牧业为主的各少数民族（包括东乡族、保安族、裕固族等），大多处于在向农业为主的经济类型转化的过程中，农业在整个经济中所占的比例越来越多。如，居住在肃州东黄泥堡一带的撒里畏兀儿和蒙古人与汉族杂居，以农业代替了传统的畜牧业。

再如，从 13 世纪到 17 世纪这一阶段，达斡尔族在南迁后与蒙古族、满族之间相互扩散。满族、蒙古族和达斡尔族同属于北方民族，自清朝以后，这三个民族就共同生活在祖国北方统一的版图之内，在族源关系、生产与生活方式、宗教信仰、服饰文化、语言文字等方面有着千丝万缕的关系。经济文化的相互交流与影响，加强了族际间的交流。"尤其是达斡尔族和满族统治者在政治上建立了隶属关系之后，满族文化以其在人口、政治地位、文化传统等多方面的绝对优势强有力地渗透到达斡尔族物质生活和精神生活的方方面面。另外，达斡尔族与满族之间的广泛接触和密切的文化交往，因此从清中期以后，达斡尔族的文化开始吸收满族文化，出现了达满文化融合的局面。"② 达斡尔族在汉民族的影响下，其农业也有了很高的水平，他们学会了以种地、农业成为主导的经济形态，兼作养畜、打猎、捕鱼的副业。

茶马贸易是在甘青地区吐蕃等少数民族与中原王朝之间经济交流的重要形式之一，是在唐宋时期茶马贸易的基础上发展起来的。除了官办的茶马交易之外，民间贸易也比较盛行。同时，也是西北各民族与中原汉族之间进行文化交流的渠道。例如，清朝后期，同仁保安地方随着保安站、堡等行政建制的加强与扩大，成为一条通往西宁和内地的交通要道，贸易往

---

① （清）梁份：《秦边纪略》卷 1《西宁卫》。
② 孙东方：《文化变迁与双语教育演变——中国东北地区达斡尔族民族教育田野个案研究》，中央民族大学出版社 2010 年版。

来不断增强，逐渐形成一个商业贸易区。"番"、"回"商贾达到百余家，其中就有一部分保安族商人，保安族商业贸易得到了一些发展。

由此，随着经济与生产方式的变化，带来了生活方式与生活文化上的变迁。

（二）宗教文化的变迁

在西北，元代已经形成了儒教、藏传佛教和伊斯兰教三教鼎立并存的多元宗教格局。宗教在一定程度上成为这里族际关系的纽带，促进和加强了族际间一体化意识的形成和发展，逐渐形成了藏传佛教文化圈和伊斯兰教文化圈。

1. 藏传佛教在蒙古语族民族蒙古族、土族、裕固族中的传播与发展特点

有以下几个特点：

（1）民族精英对藏传佛教的传播、发展起到了推动作用。如，藏传佛教在土族地区的传播过程中，土族土司李南哥奏请明廷，重建了西宁大佛寺，后在西宁建藏经寺，对藏传佛教在土族民众中流传起到了重要的作用。

（2）藏传佛教与这些民族的本体宗教文化相结合。如，裕固族的先民最早信仰萨满教，以后又信奉摩尼教、汉地佛教。明代中后期，撒里畏兀儿人东迁至河西走廊的肃州、甘州南山地区后，适逢藏传佛教格鲁派兴起和向外传播，由于他们本身早已信仰佛教，又与笃信藏传佛教的藏族、蒙古、土族毗邻，因此，很快接受了藏传佛教，对他们的生活产生了深刻影响。但是萨满教仍具有一定的影响。将萨满教萨满称为"也赫哲"，当地汉语称为"祀公子"、"师奔子"等，主持祭祀仪式和行使治病驱邪活动。

（3）藏传佛教兼容并蓄与其他宗教并存。如，土族地区佛中有道，道佛合壁的现象非常普遍。受汉族影响较大的民和土族地区，每个村庙中都存在着道教诸神与佛教诸神同处一堂的景象。

2. 伊斯兰教在蒙古语族民族东乡族、保安族中的传播与发展特点

有以下几个特点：

（1）伊斯兰教为了适应在中国的生存与发展，加快了民族化的过程，兴起经堂教育和"以儒诠经"。

（2）伊斯兰教内部出现了教派分化、门宦林立，形成了门宦制度。门宦制度的确立，标志着穆斯林社会的组织化进程的加快，成为其主导性宗教组织。如，保安族迁居到今甘肃积石山县后，在保安族聚居区形成了崖头门宦和高赵家门宦。门宦的形成是保安人下意识地表达自己群体的文化特点所追求的东西。作为这样一个具有特殊文化和历史背景的群体，保安人在对社会现象、宗教教义和仪礼上有自己的理解和处理方式，形成自己的仪规。从某种意义上来说，这是保安族这个独特群体在社会适应中的一种自我表达。

（3）民族的迁徙与民族关系的拓展，促进了蒙古语族民族的文化上的再创新。如，达斡尔族迁到新疆之后，与哈萨克、维吾尔族等民族关系的相互拓展。宗教信仰以"万物有灵论"为基础的萨满教被伊斯兰教弱化，习俗方面尤其是饮食、服饰、婚丧嫁娶上更是与当地的民族融合为一体。可以说西迁后的达斡尔族是"中原文化、印度文化、波斯文化和阿拉伯文化在这里荟萃，来自印度的佛教、来自阿拉伯的伊斯兰教和来自罗马的基督教在此交汇碰撞，草原游牧文化和农耕文化相互辐射、互相影响，形成一种动态开放的人文环境"。[①]

（三）语言文化的变迁

当我们深入到蒙古语族各民族内部之后就会发现，每个民族中有着不同的语言区，这个语言区并非是一种语言的不同方言之区别，而是各种不同的独立语言，在语言文化上呈现出多样性特点，在使用蒙古语、汉语上呈现了文化共享特点。

例如，土族语分互助、民和、同仁三大方言区，青海互助、大通、乐都和甘肃天祝等地的土语属互助方言，青海民和及甘肃积石山等地的土语属民和方言，青海同仁县的"五屯"（四寨子）土语属同仁方言。甘肃卓尼土族，俗称"勺哇土族"，因历史的原因，加之长期被藏文化圈所包围和隔绝，已经完全使用属汉藏语系藏缅语族藏语支的一种方言，与当地藏语接近；除使用藏语外，还使用汉语。其他地区的土族也兼通汉语和藏语。同仁"五屯"是三大方言区中最具典型性和独特性的方言区。五屯地处安多藏区的核心地带，不可避免地受到安多地区藏文化的深刻影响，

---

① 贺萍：《新疆多元民族文化特征论》，《中国边疆史地研究》2005 年第 3 期。

藏语中的借词很多。当地土族村民通用藏文，土族村民间的交流用语是本族语，对外则一致使用藏语或汉语。我们在调研中发现，这种在语言的使用上处于双语或三语兼用的现象，使得民族或族属身份认同发生歧变或转变。引发这种民族身份混乱、混淆的情况，与这种多语言混同使用或语言兼用现象有着密切的关系。多语言的混用使得五屯地区划分为两个体系：一支以年都乎、郭麻日、尕撒日为代表的土族语，属于阿尔泰语系蒙古语族河湟语群的土族语。他们内部彼此通婚较多，语言上也是相同或相近，能彼此有效交流、沟通，反映在群体认同意识上，这些村庄土族民众彼此互相认同，有着很强的凝聚力和认同感。另一支是以吴屯为代表的吴屯语。吴屯语是一种夹杂汉语、藏语和土语的混合语。由于吴屯与其他四个村子语言上不能彼此交流，体现在文化背景上差异较大，导致群体分化的趋向。

再如，达斡尔族由于清代以来驻守东北与西北边疆，语言受到驻地各民族的影响形成了四种方言区：布特哈、齐齐哈尔、海拉尔和塔城方言。达斡尔族在达斡尔语词汇中，除了有大量与蒙古语同源词汇以外，还有相当数量的满—通古斯语借词。从清中期到清末，满语满文的普及，使达斡尔族中出现了兼通满语满文的双语群体，达满双语现象出现并不断扩展；清末以来，随着汉语汉文社会功能的逐渐渗透，更多的达斡尔人学习和使用汉语汉文，在受汉文化的熏陶下成长为达汉双语人。达斡尔族迁到新疆之后，与哈萨克、维吾尔族等交往，借用了一定的哈萨克语与维吾尔语词汇。

综上所述，正如族群边界理论认为，族群的本质是维护自己的边界。族群边界是囊括多项含义的集合体概念，它的深度则体现在这些广度之下的种种人类群体的基本特征之中，其中最主要的就是文化的边界。文化边界虽然是人类后天的产物，但是一旦形成，却显示出它强烈的惯性和排他性。族群之间的区别和差异，很大程度上体现在文化边界的不同上，同时，族群边界的维护和保持在很大程度上也是一种文化边界的维护和保持。文化的复杂性决定了族群边界的复杂性。

三　蒙古语族各民族文化变迁对
构建和谐社会引发的启迪

党的十六大提出了建设和谐社会的目标，十六届六中全会专门就关于构建社会主义和谐社会若干重大问题做了决定。并在十七大报告中强调了构建社会主义和谐社会的目标原则，提出了"经济、政治、社会、文化"四方面建设协调展开的发展理念，即经济建设、政治建设、文化建设、社会建设四位一体的目标原则。十八大报告进一步强化了社会和谐的重要意义。十八大报告中强调："必须坚持促进社会和谐"、提出了"社会和谐是中国特色社会主义的本质属性"，并强调了生态建设。按照十八大的报告的要求，我国在总体上要逐步实现科学发展、和谐发展、和平发展，并且应该从各个方面加以努力，全面促进社会和谐。

构建社会主义和谐社会是个长远而艰巨的任务。经济建设、政治建设、社会建设、环境建设是其"硬动力"；文化建设是其"软动力"。"文化"要素是社会系统中"担负维护成员之间关系模式功能"的要素。其内容是，以怎样的"组织方式"为共同生活确立"正确的"社会价值观。社会主义核心价值体系是建设和谐文化的根本，在整个文化建设中居于统摄和支配地位，建设和谐文化是构建社会主义和谐社会的重要任务。因此，开展文化建设必须坚持价值主导战略，以社会主义核心价值体系为主导引领文化的发展。

对于中国人来讲，民族与文化具有特别重要的关联，中国人的民族观念偏向于文化概念，民族也是一种文化过程。[①] 文化变迁是一种民族间进行的文化上的"互化"过程。虽然民族在本质上是文化的，但是在民族之间的关系上却是超越了文化，在社会生活中呈现出同构共生的关联。民族在客观的文化边界的基础上，产生了主观的民族边界关系。事实上，文化是一个有序的意义之网和象征体系，社会的互动是依据文化而发生。文化是形成民族凝聚力和向心力的融合剂，是民族认同和民族凝聚的基础，对民族、国家的认同感和归属感以及价值取向、伦理道德和行为特征的形成有很深的影响。蒙古语族各民族的文化变迁的过程及其文化特征，即体

---

① 周星：《民族学新论》，陕西人民出版社 1992 年版。

现了这一规律。通过对蒙古语族各民族文化变迁的探究，我们可以概括出对构建和谐社会的一些启迪。

（一）在构建和谐社会过程中，应关注民族地区的民族间族际共生关系

本书主要从经济、文化、民族关系三个方面，陈述民族间的族际共生关系。

1. 经济上的共生关系

众所周知，长期生息和繁衍在多样性的富于局部特点的地理环境和生态条件下的中国各民族，自然而然地在他们适应环境和生态的过程中，创造了富于各具特色的生计方式和文化形态。以不同的地理环境和生态条件为背景的各种不同的文化和生计，乃是中国各民族保持各自民族特性的重要基础。边疆各民族与内地的依存关系，也主要表现在边疆与内地的商品交换和商品需求上。经济上的互补性、族际关系的频繁互动以及共享的社会经济生活的一体化趋向，反映了不同族群对不同地理生态环境的文化适应，同时也是各民族在地缘关系基础上一系列族际互动的结果。①

从蒙古语族各民族的情形来看，它们生息于农、牧两种经济社会的分界地或交融地带。历史上农、牧之间经常互通有无，彼此依赖。就拿西北地区的农、牧贸易来说，历史上被称为"茶马互市"，那些善于商业经营的民族在其间进行商品交易与物资交流，充当了互补的交流、相互依赖的纽带作用。同时，蒙古语族各民族呈现了多元经营的经济特点。在现实生活中我们常看到一个民族与另一个民族间存在着一种"约定俗成"的依存关系。如土族群众一般都不经商，民和三川地区土族聚居的官亭镇，街上多为汉族、回族经商，只有二三户土族人经营布匹、杂货。此外，有个别土族小贩，把本地出产的酥油、核桃、毛毡、花椒等运到甘肃永靖、兰州出卖后，买回瓷器、旧衣等，转卖给本地区的土族人。② 又如，在东北地区与汉、满、蒙古等民族具有经济文化上的广泛交流的达斡尔族，其大轮车制造业是相当闻名的。达斡尔人的大轮车本为自用，但后来用于交换的大轮车及其附属物（车轮等）已远远超出了自用，他们常以此交换蒙古牧民的马匹和汉族农民的粮食。所以说大轮车制造已是达斡尔人的一种

---

① 马戎、周星主编：《中华民族凝聚力形成与发展研究》，北京大学出版社 1999 年版。
② 郭璟：《土族》，民族出版社 1990 年版。

准商业化行为。①

如同上述情形，中国各民族间存在着经济上的"互惠互利"的共生关系。从蒙古语族各民族的社会文化变迁的历史过程与现实情景中，我们注意到经济需求是促成民族关系拓展、本民族人口迁移和社会制度、文化形态等方面发生剧烈变化的关键因素。各民族间经济上的共生关系，已成为各民族间的依存关系。因而，在构建和谐社会过程中，制定社会经济发展政策时，关注体现各民族间经济上共生关系，引导这种共生关系在构建和谐社会中良性运行，推动其为民族地区的社会经济又快又好地发展，起到推动作用是十分必要的。

2. 文化上的共生关系

中国幅员广阔，民族众多，不同地区与民族的文化各有自己的独特性。因此构建和谐社会建设面临着非常复杂的文化现象。我们应从理论上关注文化存在的动态形态和静态形态，对今日的民族地区的文化"静态"分布格局，应从"动态"的历史进程出发来认识和理解。从蒙古语族各民族衍生的区域空间上来看，它们是孕育于数千年来形成的中国从东北到西南始终存在着的一个边地半圆形文化传播带上，是历史上形成的历史民族区或历史地理民族区，其间镶嵌着诸多民族走廊。历史民族区或历史地理民族区，是指分布在这一地区的各民族或民族集团，在长期的相互交往、冲突与影响中，彼此相互依存而共生，文化上相互借鉴与渗透，从而形成了建立在多样性基础上的若干相似性。这是带有一定的历史连续性和密切的文化互动关系的区位空间。沟通不同的历史民族区之间联系的则是基于自然地理和实际历史进程所形成的若干大小不等的民族走廊。所谓民族走廊，是指历史上形成的多民族交往特别频繁的通道或狭长地带。

蒙古语族各民族的语言、宗教、生活习俗等方面体现出的结构上的同构性、形式上的相似性、交流上的畅通性、内容上的和谐性表明，今日的民族文化共生的关系是历史上的民族文化关系的延续，也是今后构建和谐文化关系的基础。同时，我们的调查资料显示，民族文化间的相似性和开放性，很大程度上影响着两个民族间关系的和谐程度。它可以促成民族之间的进一步的深入理解，甚至促成民族个体成员间的密切交往、通婚等。因此，我们在构建和谐社会过程中，不可忽视历史地理民族区、民族走廊

---

① 陈烨：《达斡尔族经济变迁略论》，《内蒙古社会科学》1999 年第 2 期。

以及生息于此的那些具有枢纽、桥梁作用的民族及其建立在多样性基础上的若干相似性的文化共生关系；不能不审视民族间实际存在的复杂多变的文化共生关系。

3. 民族关系上呈现的族际共生关系

民族关系上呈现的族际共生关系，主要体现在民族之间的历史关系特征和现实共处特征上。

（1）历史关系特征指民族关系中的历史因素对现实生活的影响。

民族对族源上的共同记忆或对某一历史事件的集体记忆等，都会潜在地影响在民族关系上，呈现族际共生关系。

社会学家巴斯提出族群边界理论，他认为，族群是一种社会组织形式，其关键要素是自我归属和由他人归类的特征；族群研究的焦点应该是定义群体的"边界"，而非其文化"内涵"；一个族群虽然也有相应的地理边界，但更重要的是"社会边界"；族群边界的作用并不在于隔绝人们的交往互动，而在于组织、沟通、结构和规范人们之间的互动，而这些作用和功能也大致上就是他所说的族群边界生成的原因。① 杜赞奇在他的《从民族国家拯救历史：民族主义话语与中国现代史研究》中，探讨了文化变动而引起的族群边界是怎样变动的以及为何这样变动的。他认为：从社会学的角度看，群体可以看作不是界限明确的团体，而是有着各种各样不同的、变动的边界，限定着其生活的各个不同层面。这些界限可以是刚性的，也可以是柔性的，一个群体的一种或多种文化实践，诸如礼仪、语言、方言、音乐、宗法或烹调习惯等，如果他们代表着一个群体但又不阻止这一群体与其他群体分享或自觉不自觉地采纳其他群体的实践，那么，他们都可能看作柔性的界限。相互之间具有柔性界限的群体有时对差异已全然不觉，以至于不把对共同界限的破坏当作一种威胁，甚至最终完全融为一个群体。② 综上所述，各民族在对"他族"成员的认识与区分"我族"的概念时形成明显的族群边界，然而族群的边界以其柔性，使一个群体的一种或多种历史的、现实的文化实践而产生民族间的互动关系，往往受此影响使民族关系发生变化。

---

① 弗里德里克·巴斯：《族群与边界》，高崇译，《广西民族学院学报》1991 年第 1 期。

② ［美］杜赞奇：《从民族国家拯救历史：民族主义话语与中国现代史研究》，王宪明译，社会科学文献出版社 2003 年版。

各民族中存在的历史记忆的陈述，实际上展现的是几个民族形成过程中"我族"与"你族"之间存在刚性界限与柔性界限的事实。实际上反映了历史因素对现实民族关系的影响状况。譬如，来自保安族聚居区的一位67岁农民是这样叙述民族历史过程的：听老人们说，我们保安人的根子是蒙古人，祖先充军到同仁县，到现在已经有17或者18代人了，后来随了伊斯兰教，我们成了回族。那里是藏族人管事，我们人少，被欺负着住不下去，就出来了。先在循化住了几年，最后被马全钦爷爷安置在大河家。我们的村子原来叫尕沙日，甘河滩叫妥加，梅坡人住在保安城里。小时候青海的藏族与我们有亲戚，还走动。还有人说：保安这个名字是从地名来的。有说保安族是色目人，又说保安族是蒙古人。说是蒙古人，因为保安族是从成吉思汗时代过来的，从蒙古过来的，可能是开路先锋，保安话就是一种蒙古话。说是色目人，是因为祖先从伊朗来到蒙古做生意，被成吉思汗俘虏了，保安族历来是铁匠，给蒙古人开路的多是色目人的能工巧匠。这些都是爷爷们议论下来的。[①]　正如上述情景，保安族的历史记忆中呈现了保安族与蒙古族、回族、藏族和色目人等民族之间存在的区分"你族"与"我族"的刚性边界与文化共生实践的柔性边界。我们在保安族地区的调研中，亲历了这种历史的记忆与社会事实对现实生活的影响。

（2）现实两族共处特征指在居住格局、通婚等方面的表现。

我们可以从居住格局与通婚方面，讨论两族共处特征。民族的地理分布格局，有可能成为民族关系和谐共处的体现。因共同的或相邻的分布地区而加快民族间的交往频次和深度，有可能出现通婚的现象。如，土族中存在的民族间通婚现象：丰台沟上庄有52户人家。前三辈子曾有民族之间通婚的情况，土族主要和汉族、藏族通婚。如进海的媳妇是一队魏家的汉族女子；本村汉族叶家，前几年也娶了下庄土族姜家的女子，这一家后代的民族身份就填报了土族。下庄进珍的母亲是松多的藏民；成贵的媳妇是阿西吉的汉民；一队老虎保的媳妇也是街上的汉民。（丰台沟上庄祁生海，76岁，土族）[②]

但是，有时民族的地理分布格局，也会成为民族问题的潜在影响因素

---

① 菅志翔：《民族历史建构与现实社会因素》，《青海民族研究》2007年第2期。

② 祁进玉：《群体身份与多元认同——基于三个土族社区的人类学对比研究》，社会科学文献出版社2008年版。

或显在表现形式。因为经济需求与社会需求往往是引发社会文化的重大变迁的重要原因。社会文化的变迁有时会伴随着冲突以及一些不和谐的因素而产生和延续。如，草场的纠纷、水源的纠纷等。因而，对民族地区的边界与边缘接壤地带的社会文化发展，应该给予高度的重视，避免引发民族关系问题、地域冲突问题等不和谐因素。

（二）在构建和谐社会过程中，应关注民族地区的民族间文化共享的问题

族际文化共享是指两个、多个乃至多数民族共同拥有一种文化现象。主要体现在以下几个方面：

1. 族源及文化渊源方面

蒙古语族各民族的族源方面的文献研究与实地研究，生动地表明了各民族内部与外部皆存在着不同的族源历史记忆与文化表象，认同不尽相同，但也有共同拥有的文化记忆。以西北地区来讲，因为在长期的历史发展过程中，甘宁青地区积淀古代许多民族的族源成分和文化因素，经历了一次又一次的文化变迁，为元代以后在这里形成多民族分布格局奠定了丰厚的民族及文化基础。[①] 如，蒙古语族各民族东乡族、保安族、裕固族、土族、达斡尔族中皆存在着与蒙古族相关的族源成分和文化因素的记忆；与汉族有关的族源成分和文化因素的记忆；保安族、东乡族中存在着与中亚穆斯林、回回人有关的族源成分和文化因素的记忆等。这种族源本身的复杂性，表明文化的复杂性决定了族群边界的复杂性，也深刻地反映着民族族源方面呈现着族际文化共享的可能性。

族群边界记忆理论认为，一个族群可以用共同的仪式来加强群体间的集体记忆，或者建立一定的代表本族群的标志来强化这种集体记忆，或者由祖辈通过口传的形式把共有的集体记忆传递给下一代。那么，我们要注意的是这种记忆就一定是"真实"的吗？许多事实说明族群边界是随着族群建构的需要才显现的。也往往是因族群精英的策划而变化的。抑或被某个时代的史学家对族群发展的一个建构，这种建构体现在不同的学者身上会有一定的差异，甚至族群内部成员也会对本族群形成"结构性失忆"。比如，在土族中流传广泛的一些有关族群迁徙的传说，就在某种程

---

① 秦永章：《甘宁青地区多民族格局形成史研究》，民族出版社 2005 年版。

度上反映了族群融合和族群文化涵化的历史脉络。其中一个例子就是对于土族的族源，这一族群内部的成员就有不同的变文，祁进玉在研究土族的族群认同①时提到青海互助某村的李姓村民认为：

> 他是当地昂锁家后人，李家已经传了十辈子，在佐宁寺后还有历代昂锁之墓。据他说，他们李家也是从大通回族土族自治县某地迁来互助松多的，迁来之前是汉族，后转为土族，现在本村李姓都是土族。

但是，除此之外在村子中的另一种说法是：李姓昂锁自根是本地人，兄弟三人后迁到大通，老二兄弟后来担任昂锁，以后代代相传，祖坟现在还在大通。原来是汉民，丧葬习俗以前是土葬，后改为土族，同土族的火葬风俗。另外，在土族中广泛流行的是土族是蒙古人和当地的霍尔通婚结合而来的传说，还有多数土族中的草根阶层认为土族与蒙古族有一定的关联，成吉思汗在西征时，在互助、民和、同仁地区留有蒙古余部，留守待命，民和在解放前叫"撒马湾"，据说是蒙古人放牧的地方。而另一位土族老人却说：我们不是蒙古人，我们的先人是从别的地方迁来的，迁来的时候这里已经没有蒙古人了。由此看来，家族迁徙或族群的迁徙通过口传的形式形成了族群成员内部不同的认同边界，在这一过程中族群成员的记忆由于缺乏可靠史料的记载形成的"口述史"会产生不同的结论。这也是值得我们关注的。

2. 语言方面

语言具有"文化象征"意义和"交流工具"的双重意义。从"文化象征"意义讲，各民族间共享某一语言文化，意味着共享历史演变过程中的文化交流与文化价值。如，东部裕固语属于阿尔泰语系蒙古语族，居住在肃南裕固族自治县康乐乡、皇城镇和大河乡东部一带的人使用这一语言。东部裕固语中借用了大量的借词，如汉语借词、藏语借词以及突厥语借词等；再例如，在早期达斡尔族语言文化主要表现为单语（达斡尔语）即母语文化发展时期，到了中期由于达斡尔族语言文化主要受满族语言文

---

① 祁进玉：《群体身份与多元认同——基于三个土族社区的人类学对比研究》，社会科学文献出版社 2008 年版。

化的影响而开始了双语文化发展时期，这个时期几乎形成了全民性的达满双语发展时期。清末明初以后，达斡尔族语言文化则进入了全民性的达汉双语发展时期，同时由于各地的达斡尔语之间开始形成了一定的方言差异。① 因而，达斡尔族在语言使用上分别经历了单语化（母语话）、达满双语化、达蒙双语化、达汉双语化等过程，这是达斡尔族在经历数次迁徙之后与其他民族产生交流发展的结果，又因各民族之间的文化差异和接触的频率不同，遂产生了不同的语言使用区。表明与上述民族间共享语言文化。

从语言文化的"交流工具"功能来讲，表明共享类似的社会生活以及频繁的社会交往的程度。从蒙古语族民族的语言共享情况来看，由于历史的原因普遍使用蒙古语词汇；在社会生活和社会交往中，由于干部、生意人等具有一定数量的人口群众通用汉语，汉语成为与其他民族间沟通的"通用语言"、"公共语言"。

因而，我们研究民族间语言共享状况，是了解分析民族交往态势的重要途径；也是测量不同民族在各方面的交流与融合程度的重要指标。

3. 宗教信仰方面

除了宗教在意义系统上对个人的指导的作用之外，宗教在族群的现实生活中发挥更多的是其对群体实际生活的功能。正如社会学家涂尔干对宗教提出的一个根本性的思想主题就是"宗教乃是社会的凝聚剂"，宗教信仰是宗教履行社会整合功能的基础，这种共同的信仰往往会带来共同的价值观。索罗金在《当代社会学理论》一书中写道："价值的协调是社会整合的最重要的基本因素，就是说，某一社会体系的大多数成员所希望、所同意的那些共同的目标，是整个社会结构和文化结构的基础。价值体系是社会——文化体系的最稳固的因素。"② 我们看到，在东乡族、保安族的形成过程中伊斯兰教起到了凝聚作用。在土族、裕固族的形成过程中藏传佛教起到了凝聚作用。达斡尔族信仰萨满教，与蒙古族的早期信仰相同。因而这些民族不仅在宗教文化方面出现了文化共享，而且在社会结构与文化结构上趋同化。主要体现在宗教组织与制度、庆典仪式与日常生活的相

---

① 丁石庆：《双语族群语言文化的调试与重构——达斡尔族个案研究》，中央民族大学出版社 2006 年版。

② 戴康生、彭耀主编：《宗教社会学》，社会科学文献出版社 2007 年版。

似性以及就群体个体而言宗教信仰成为其身份建构与认同重要纬度之一。从而宗教对群体实际生活的功能，不仅是对本族内部具有凝聚力，还对共享同一宗教文化的群体之间具有一定的凝聚作用。体现这种功能的最常见是的宗教仪式，可以唤起群体成员的许多共同记忆并使族群成员强化其凝聚力。比如东乡族、保安族中的"圣纪节"是纪念穆罕默德诞生和逝世的日子，每年在伊斯兰教历的三月十二日在清真寺、拱北里举行大型的聚会，很少有在家里过的，在这次聚会中，人们要诵读《古兰经》，一起请阿訇宰羊、宰鸡，所有成员共食。① 通过不断循环、重复这样的仪式活动已将族群内外的人们如此经常地与凝聚力结合在一起，人们在其中形成对"我族"或"我群"的共识，衬托出人们对族群的极大关注，并将过去与现在连接组织起来。

　　然而我们还需要关注的是宗教文化共享过程中呈现的不同特征。譬如，中国十个信仰伊斯兰教的民族虽然共享伊斯兰教信仰，但是在实际生活中因每个民族的历史过程各异、生产方式的差异、文化积淀的不同，伊斯兰教文化在这些民族中呈现了不同的生活特点。又如，在同一族群内部，即使是信仰的是统一宗教也会在价值体系上出现分化，拿伊斯兰教中的门宦制度来讲，各个门宦都有自己特有的宗教仪式和对教义的解释，甚至在衣着、留须、留发等问题上也各不相同，门宦都有各自的教主，又被称为"老人家"，每个门宦都有多处"拱北"②。以裕固族信仰的藏传佛教的情形看，格鲁派在裕固族人民的社会生活中有着深刻的影响，新中国成立前，裕固族地区共有十个寺院，分布在各个部落，故有"什么寺院属什么家"（即部落）的说法。③ 这对我们较全面地认识宗教文化共享现象的分层问题，意义深刻。

（三）在构建和谐社会过程中，应关注在民族地区推动文化创新

　　社会主义和谐社会的基本要求，是要达到经济繁荣、政治民主、文化进步、社会安定、人与自然生息相融的良性互动的局面。因而，推动民族

---

　　① 《东乡族简史》编写组：《东乡族简史》，民族出版社 2008 年版。
　　② "拱北"原为阿拉伯语"圆顶建筑"之意，在我国被用来专指各门宦教主的葬地及其附属的建筑物，是该门宦宗教活动的一个中心。
　　③ 《裕固族简史》编写组：《裕固族简史》，民族出版社 2008 年版。

文化的创新和发展是构建和谐社会中不可缺少的重要内容，也是我们构建和谐社会过程中，制定合理的民族政策与文化政策、宗教政策时不可忽略的内容。

社会文化变迁理论认为，文化变迁的主要动因即发明、积累、传播和调适。发明是指创造新的文化形式，积累是指有效地延续文化形式的存在。二者也即社会发生较大变迁的两个最重要因素。发明越多，文化积累越大，社会发展的速度也就会越快。因此，在构建和谐社会过程中，我们应始终坚持各民族自身文化的积累过程，还应促进社会文化创新。同时，还要关注文化变迁的一般规律。即物质文化的变迁速度最快，而且往往会引起制度文化、精神文化等其他方面发生变迁。从而，在文化变迁的过程中还会出现文化滞后现象。也就是说，在新的物质条件下，原有的一些文化会出现"文化滞后现象"并引发文化失调。如果文化失调现象长期得不到解决，就会逐渐发展成为重大社会问题。就民族地区的文化发展规律来讲，在社会现代化的过程中，表面显现的是物质文化的快速发展的景象，然而当我们深入民族地区了解实情后会发现，在制度与政策、教育等方面的发展相对于物质文化而言却相对滞后。正因为存在着物质文化变迁与其他文化变迁之间的失调现象，制约了民族地区的发展速度，甚至还出现了一些不协调的社会问题。值得我们关注的是，文化培育着同经济发展相适应的社会心理、价值观念等精神状态，文化培育着人们的道德规范，行为规范。当代中国正处于社会转型期，人们的价值观趋向多元并呈现新旧交替的特征，文化发展呈现出多样性的特征，各种具有不同价值观念的文化，影响着人们的思想和行为。因此，如何开展文化建设，以坚持价值主导为战略，以社会主义核心价值体系为主导引领多样文化的发展，增强国民对社会主义核心价值的认同感，凝聚社会思想共识，激发民族文化的活力是当务之急的时代要求。一般而言，民族地区的文化变迁，一是在本民族固有文化的基础上的传承创新的，体现为在适应自然生态环境的原创性。二是吸收外来因素而促成发展，体现在民族群体之间借助于相互交流而发生的文化再创造。因而，我们在构建和谐社会过程中，应掌握民族地区的文化变迁规律，适时调整文化变迁过程中物质文化与其他文化间出现的文化失调现象，尽力避免并正确认识和处理民族地区出现的不协调的社会问题。

在现实生活中，欠发达地区往往在文化、经济和政治方面不同程度地被边缘化或被忽视。然而，推动欠发达地区社会文化的发展是构建和谐社会中一项重要方面。中国的广大农村以及民族地区基本上处于这种欠发达地区。如何引导欠发达地区实现社会和谐发展与良性运行，应引起我们的关注。

社会学家 M. 赫克托对当前民族社会变迁理论研究后，归纳的"扩散模式"，涵盖了多民族国家内各民族发展关系，亦包括核心与边缘的文化发展关系。他认为处于边缘的民族文化在自我适应与调整中，会主动向居于中心的文化靠拢呈现中心化趋势，并由此导致民族文化发生部分变异，产生"次生文化现象"，是文化变迁的重要形式。次生文化在向中心社会展示本民族的文化特性的同时，又主动趋同于中心社会主流文化，是跨越边缘—中心的共兼文化形式。次生文化不仅对边缘社会（边缘地区）有非常显著的、推动文化变迁的作用，对中心文化的发展也具有潜在的影响力。

我们通过以上分析蒙古语族各民族的文化次生过程，如，许多民族中存在使用汉语—本民族语言等双语或多语种现象；生活习俗上吸纳发达地区的生活方式、使用现代用品等现象，看到了欠发达地区的民族文化变迁中普遍存在次生文化。然而，这种现象在制定社会经济发展政策或执行政策的过程中，尚未引起我们的非常关注；又未有效地借助次生文化现象来增强中华民族多元一体的凝聚力作用。文化次生的过程，与民族地区的经济的发展、教育与文化的创新有着密切关联，也与民族关系、国际化等因素息息相关。我们同时也看到，文化次生的发展样态不仅是"中心化"的趋向，还有"多样化"的趋势。当一个社会不能共享趋同的文化价值体系的时候，其社会环境就会受到影响，社会结构与群体关系也会存在变迁的可能性。所以，在构建和谐社会过程中，我们不仅需要十分关注欠发达地区或民族地区的文化次生过程和次生文化的存在样态，来维护各民族的切身利益，还应正确引导其变迁趋势，增强中华整体文化的凝聚力，这些值得我们深入研究。

参考文献

一 著作

1. ［美］史蒂文·瓦戈：《社会变迁》，王晓黎等译，北京大学出版社 2007 年版。

2. ［美］C. 赖特·米尔斯：《社会学的想象力》，陈强等译，生活·读书·新知三联书店 2005 年版。

3. ［美］保罗·康纳顿：《社会如何记忆》，纳日碧力格译，上海人民出版社 2000 年版。

4. ［美］杜格、谢尔曼：《回到进化：马克思主义和制度主义关于社会变迁的对话》，张林等译，中国人民大学出版社 2007 年版。

5. ［美］杜赞奇：《从民族国家拯救历史：民族主义话语与中国现代史研究》，王宪明译，社会科学文献出版社 2003 年版。

6. ［德］哈拉尔德·韦尔策编：《社会记忆：历史、回忆、传承》，季斌等译，北京大学出版社 2007 年版。

7. ［德］尤尔根·哈贝马斯：《后民族结构》，曹卫东译，上海人民出版社 2002 年版。

8. ［美］C. 恩伯、M. 恩伯：《文化的变异》，杜杉杉译，辽宁人民出版社 1998 年版。

9. ［美］克莱德·M. 伍兹：《文化变迁》，何瑞福译，河北人民出版社 1989 年版。

10. ［美］鲁思·华莱士、［英］艾莉森·沃尔夫：《当代社会学理论——对古典理论的扩展》，刘少杰等译，中国人民大学出版社 2008 年版。

11. 高宣扬：《当代社会理论》，中国人民大学出版社 2005 年版。

12. 文军主编：《西方社会学理论：经典传统与当代转向》，上海人民出版社 2006 年版。

13. ［美］弗朗兹·博厄斯：《人类学与现代生活》，刘沙等译，华夏出版社 1999 年版。

14. ［英］马凌诺斯基：《文化论》，费孝通译，华夏出版社 2002 年版。

15. ［法］莫里斯·哈布瓦赫：《论集体记忆》，毕然、郭金华译，上海人民出版社 2002 年版。

16. 费孝通主编：《中华民族多元一体格局》，中央民族学院出版社 1999 年版。

17. 费孝通：《费孝通论西部开发与区域经济》，群言出版社 2000 年版。

18. 马戎、周星主编：《中华民族凝聚力的形成与发展》，北京大学出版社 1999 年版。

19. 马戎编著：《族群社会学：社会学的族群关系》，北京大学出版社 2004 年版。

20. 马戎编著：《西方民族社会学的理论与方法》，天津人民出版社 1997 年版。

21. 纳日碧力格：《现代背景下的族群建构》，云南教育出版社 2000 年版。

22. 周星：《民族学新论》，陕西人民出版社 1992 年版。

23. 何星亮：《边界与民族》，社会科学出版社 1998 年版。

24. 苏国勋等：《全球化：文化的冲突与共生》，社会科学文献出版社 2006 年版。

25. 王明珂：《华夏边缘：历史记忆与族群认同》，社会科学文献出版社 2006 年版。

26. 王明珂：《羌在汉藏之间——川西羌族的历史人类学研究》，中华书局 2008 年版。

27. 王明珂：《游牧者的抉择》，广西师范大学出版社 2008 年版。

28. 林耀华主编：《民族学通论》，中央民族大学出版社 1997 年版。

29. 黄淑娉、龚佩华：《文化人类学理论方法研究》，山东教育出版社 1996 年版。

30. 郭于华主编：《仪式与社会变迁》，社会科学文献出版社 2000 年版。

31. 侯钧生主编：《西方社会学理论教程》，南开大学出版社 2006 年版。

32. 夏建中主编：《文化人类学理论学派——文化研究的历史》，中国人民大学出版社 1997 年版。

33. 司马云杰：《文化社会学》，山西出版集团 2007 年版。

34. 菅志翔：《族群归属的自我认同与社会定义——关于保安族的一项专题研究》，民族出版社 2006 年版。

35. 祁进玉：《群体身份与多元认同：基于三个土族社区的人类学对比研究》，社会科学文献出版社 2008 年版。

36. 秦永章：《甘宁青地区多民族格局形成史研究》，民族出版社 2005 年版。

37. 孙东方：《文化变迁与双语教育演变——中国东北地区达斡尔族民族教育田野个案研究》，中央民族大学出版社 2010 年版。

38. 迈尔苏月、马世仁：《在"田野"中发现历史——保安族历史与文化研究》，中国社会科学出版社 2008 年版。

39. ［比］Louis Schram：《甘青边界蒙古尔人的起源、历史及社会组织》，李美玲译，青海人民出版社 2007 年版。

40. 李克郁：《土族（蒙古尔）源流考》，青海人民出版社 1993 年版。

41. 《东乡族简史》编写组：《东乡族简史》，民族出版社 2008 年版。

42. 《裕固族简史》编写组：《裕固族简史》，民族出版社 2008 年版。

43. 东乡族简史编写组：《保安族简史》，甘肃人民出版社 1984 年版。

44. 《达斡尔族简史》编写组：《达斡尔族简史》，内蒙古人民出版社 1986 年版。

45. 《土族简史》编写组：《土族简史》，青海人民出版社 1982 年版。

46. 《青海土族社会历史调查》编辑组：《青海土族社会历史调查》，青海人民出版社 1985 年版。

47. 《达斡尔族社会历史调查》编辑组：《达斡尔族社会历史调查》，内蒙古人民出版社 1985 年版。

48. 《裕固族、东乡族、保安族社会历史调查》编辑组：《裕固族、东乡族、保安族社会历史调查》，甘肃民族出版社 1987 年版。

49. 《甘肃肃南裕固族自治县概况》编写组：《甘肃肃南裕固族自治县概况》，民族出版社 2007 年版。

50. 《积石山保安族东乡族撒拉族自治县概况》编写组：《积石山保安族东乡族撒拉族自治县概况》，民族出版社 2008 年版。

51. 马少青：《保安族》，民族出版社 1989 年版。

52. 马自祥：《东乡族》，民族出版社 1989 年版。

53. 马克勋：《保安族文学》，甘肃人民出版社 1994 年版。

54. 马自祥：《东乡族文学史》，甘肃人民出版社 1994 年版。

55. 郝苏民主编：《甘青特有民族文化形态研究》，民族出版社 1999 年版。

56. 郝苏民、张国杰：《新世纪保安族经济文化发展研究》，中国社会科学出版社 2008 年版。

57. 妥进荣：《保安族经济社会发展研究》，甘肃人民出版社 2001 年版。

58. 马少青：《保安族文化形态与古籍文存》，甘肃人民出版社 2001 年版。

59. 马自祥、马兆熙：《东乡族文化形态与古籍文存》，甘肃人民出版社 2001 年版。

60. 贺卫光：《保安族文化形态与古籍文存》，甘肃人民出版社 2001 年版。

61. 王希隆：《积石山下的沧桑（保安族)》，云南人民出版社、云南大学出版社 2003 年版。

62. 杜鲜、彭清深：《保安族——甘肃积石山县大墩村调查》，云南大学出版社 2004 年版。

63. 郑筱筠、高自厚主编：《裕固族——甘肃肃南县大草滩村调查》，云南大学出版社 2004 年版。

64. 李志农、丁柏峰主编：《土族：青海互助县大庄村调查》，云南大学出版社 2004 年版。

65. 毛艳、毅松主编：《达斡尔族：内蒙古莫力达瓦哈力村调查》，云南大学出版社 2004 年版。

66. 秦臻、马国忠主编：《东乡族：甘肃东乡县韩则岭村调查》，云南大学出版社 2004 年版。

67. 董克义：《甘肃保安族史话》，甘肃文化出版社 2009 年版。

68. 杨进智主编：《裕固族研究论文集》，兰州大学出版社 1996 年版。

69. 张志纯：《甘肃裕固族史话》，甘肃文化出版社 2009 年版。

70. 钟敬文：《中国裕固族研究集成》，民族出版社 2000 年版。

71. 杨建新：《中国西北少数民族史》，民族出版社 2009 年版。

72. 迟钰骅：《保安族经济发展二十年》，《甘肃民族研究》2001 年第 2 期。

73. 吕建福：《土族史》，中国社会科学出版社 2002 年版。

74. 李克郁：《土族源流考》，青海人民出版社 1993 年版。

75. 郭璟:《土族》,民族出版社 1990 年版。

76. 编写组:《莫力达瓦达斡尔族自治旗概况》,内蒙古人民出版社 1985 年版。

77. 编写组:《中国北方民族关系史》,中国社会科学出版社 1987 年版。

78. 沈斌华、高建纲:《中国达斡尔人口》,内蒙古大学出版社 1998 年版。

79.《达斡尔族资料集》编辑委员会、全国少数民族古籍整理研究室:《达斡尔族资料集第五集》,民族出版社 2004 年版。

80. 巴图宝音、鄂景海:《达斡尔族史话》,民族出版社 2005 年版。

81. 丁石庆:《达斡尔族语言与社会文化》,中央民族大学出版社 1998 年版。

82. 丁石庆:《双语族群语言文化的调适与重构——达斡尔族个案研究》,中央民族学出版社 2006 年版。

83. 毅松、涂建军、白兰:《达斡尔族、鄂温克族、鄂伦春族文化研究》,内蒙古教育出版社 2007 年版。

84. 王文长:《哈力村调查(达斡尔族)》,中国经济出版社 2010 年版。

85. 刘金明:《黑龙江达斡尔族》,哈尔滨出版社 2002 年版。

86. 陈其斌:《东乡社会研究》,民族出版社 2006 年版。

二 论文

1. [挪威]弗里德里克·巴斯:《族群与边界》,高崇等译,《广西民族学院学报》1999 年第 1 期。

2. 关丙胜:《边界缓冲区:催生新族群的温床》,《青海民族研究》1999 年第 1 期。

3. 王继光:《青海境内民族迁徙与融合的几个问题》,《青海师范大学学报》2004 年第 2 期。

4. 刘同起:《新疆东乡族人口结构状况浅析》,《西北史地》1986 年第 4 期。

5. 陈文祥:《1950 年后东乡族移居新疆原因探析》,《新疆大学学报》2005 年第 5 期。

6. 马天龙:《东乡族农村劳动力转移特点及其思考》,《西北民族大学学报》2004 年第 1 期。

7. 陈其斌:《东乡经济社会特征分析》,《兰州商学院学报》2006 年第

1 期。

8. 陈其斌：《西北少数民族文化发展初探——以东乡族为例》，《社科纵横》2007 年第 6 期。

9. 陈其斌：《西北少数民族文化发展二论——以东乡族为例》，《社科纵横》2007 年第 8 期。

10. 陈文祥：《东乡族研究现状及其前景展望》，《黑龙江民族丛刊》2007 年第 4 期。

11. 陈其斌：《东乡族族源中藏族成分的历史考察》，《青海民族研究》2007 年第 3 期。

12. 杨新科：《保安族人口分布及特点》，《西北人口》1998 年第 4 期。

13. 施援平、张宏莉：《论保安族早期的民族过程》，《兰州大学学报》2003 年第 6 期。

14. 菅志翔：《国家构建中的族群身份转换——以保安族为例》，《广西民族学院学报》2004 年第 5 期。

15. 菅志翔：《宗教信仰与族群边界——以保安族为例》，《西北民族研究》2004 年第 2 期。

16. 菅志翔：《民族历史构建与现实社会因素》，《青海民族研究》2007 年第 2 期。

17. 菅志翔：《四寨子的族群演变——一项族群社会学的历史研究》，《青海民族研究》2006 年第 2 期。

18. 高自厚：《论裕固族源流的两大支系》，《西北民族研究》1995 年第 1 期。

19. 高自厚：《裕固族社会制度特征》，《西北民族研究》1993 年第 3 期。

20. 钟进文：《近现代丝绸路上的裕固族驼队文化》，《西北民族大学学报》1991 年第 1 期。

21. 钟进文：《裕固族宗教的历史演变》，《西北民族研究》1991 年第 1 期。

22. 钟进文：《裕固族民间文化中的多重宗教因素及其辨析》，《民族文化探秘》，天津古籍出版社 1993 年版。

23. 董晓波：《裕固族乡村家庭变迁调查——以肃南县红石窝乡巴音村为例》，《民族研究》2006 年第 4 期。

24. 董晓波：《裕固族民族语言使用现状的人类学调查研究——以红石窝、

韭菜沟、喇嘛湾三乡为例》,《科学·经济·社会》2006 年第 4 期。

25. 李克郁:《拨开蒙在土族来源问题上的迷雾》,《青海民族研究》2000 年第 3 期。

26. 李克郁:《民和三川地区土族来源之传说》,《青海民族学院学报》2005 年第 3 期。

27. 祁进玉:《土族研究一百年——土族社会历史、文化研究述评》,《西北民族研究》2005 年第 4 期。

28. 祁进玉:《家与族属的观念及其变迁——人类学视野下的土族社会文化变迁个案研究》,《青海民族学院学报》2007 年第 3 期。

29. 祁进玉:《"五屯"土族的族群认同》,《青海民族学院学报》2005 年第 3 期。

30. 祁进玉:《历史脉络中的国家观与国家认同意识变迁——以土族为个案的历史人类学考察》,《黑龙江民族丛刊》2007 年第 3 期。

31. 鄂崇荣:《土族民间信仰中的神衹与仪式——对民和土族村寨保护神信仰及相关仪式的人类学考察》,《青海民族学院学报》2006 年第 2 期。

32. 鄂崇荣:《村落中的信仰与仪式——土族民间信仰的宗教人类学田野个案调查》,《青海社会科学》2005 年第 6 期。

33. 鄂崇荣:《近十年来土族研究综述》,《青海民族研究》(社会科学版),2002 年第 1 期。

34. 秦永章:《浅谈土族地区土司制度长期存在的原因》,《青海社会科学》1992 年第 1 期。

35. 李克郁:《蒙古尔(土族)是历史上不同时期来到河湟流域的蒙古人》,《青海民族研究》1991 年第 2 期。

36. 赵英:《李土司家族的婚姻关系及其社会影响》,《青海民族学院学报》2007 年第 1 期。

37. 丁淑琴:《从波塔宁考察资料看土族族源》,《民族研究》2006 年第 4 期。

38. LOUIS. J. SCHRAM:《蒙古尔部族的组织》,李美玲译,《青海民族研究》2006 年第 1 期。

39. LOUIS. J. SCHRAM:《蒙古尔部族的组织》(续一),李美玲译,《青海民族研究》2006 年第 4 期。

40. LOUIS. J. SCHRAM：《蒙古尔部族的组织》（续三），李美玲译，《青海民族研究》2007 年第 1 期。

41. 赵菱贞：《土族宗教文化的多元性及其变迁原因分析》，《青海师范大学学报》2007 年第 5 期。

42. 索端智：《历史事实·社会记忆·族群认同——以青海黄南吾屯土族为个案的研究》，《青海民族学院学报》2006 年第 1 期。

43. 张发禄：《土族生活方式走向评析》，《中国土族》2001 年夏季号。

44. 莫日根迪：《十五至十七世纪达斡尔族历史概述》，《内蒙古社会科学》1980 年第 1 期。

45. 乌力斯·韦戎：《试探达斡尔人的哈拉·莫昆》，《黑龙江民族丛刊》1986 年第 1 期。

46. 陈烨：《求雨：达斡尔人的一种民间宗教行为的人类学解说》，《黑龙江民族丛刊》1999 年第 2 期。

47. 丁石庆：《达斡尔语渔业词汇与渔业文化历史变迁》，《满语研究》2002 年第 2 期。

48. 丁石庆：《达斡尔族早期狩猎文化的母语重建》，《满语研究》2004 年第 1 期。

49. 丁石庆：《哈拉与莫昆：达斡尔族父系家族社会的再现》，《中央民族大学学报》（哲学社会科学版）2004 年第 6 期。

50. 丁石庆：《论达斡尔族多神信仰及其相关的价值观念》，《宗教学研究》2005 年第 4 期。

51. 丁石庆：《达斡尔族狩猎文化之成因分析》，《北方文物》2006 年第 2 期。

52. 丁石庆：《达斡尔族语言文化结构与发展态势》，《满语研究》2001 年第 2 期。

53. 李晓林：《斡包节：追寻失落的记忆——新疆边境纪事之四》，《中国民族》2006 年第 1 期。

54. 孙东方：《达斡尔族的文化变迁》，《西南民族大学学报》（人文社科版）2007 年第 6 期。

55. 王洪志：《萨满教与达斡尔族传统文化》，《齐齐哈尔大学学报》（哲学社会科学版）2008 年第 6 期。

56. 于春梅：《达斡尔族民俗文化的特征与发展》，《黑龙江民族丛刊》

2002 年第 4 期。

57. 陈烨：《达斡尔族经济变迁略论》，《内蒙古社会科学》1999 年第
2 期。

58. 何莉：《达斡尔族人口年龄结构现状分析》，《理论观察》2003 年第
6 期。

59. 安英：《达斡尔族艺术及其研究现状》，《黑龙江民族丛刊》2005 年第
1 期。

60. 倪超：《达斡尔族传统民居初探》，《黑龙江民族丛刊》2005 年第
2 期。

61. 姜永文：《登科村达斡尔族调查》，《齐齐哈尔师范高等专科学校学
报》2007 年第 4 期。

62. 孟祥义、王建平、刘思游：《达斡尔族的氏族组织》，《黑龙江民族丛
刊》1999 年第 2 期。

63. 吴克尧：《黑龙江垦区少数民族调研报告》，《黑龙江民族丛刊》2005
年第 4 期。

64. 九月：《达斡尔文化走向多样化的影响因素分析》，《内蒙古民族大学
学报》2007 年第 2 期。

65. 敖爱玲：《达斡尔族历史上农业生产的特征》，《北京大学学报》（专
刊）2004 年。

66. 薛子奇：《达斡尔族的族源和文明》，《黑龙江民族丛刊》2002 年第
4 期。

67. 何光岳、何小宏：《达斡尔族的来源和分布》，《黑龙江民族丛刊》
2004 年第 4 期。